AF411114

直奔金牌

踏着戴德生的足迹

［美］大卫·麦卡斯蓝
（David C. McCasland） 著

苏心美 译

世界知识出版社

*Eric Liddell: **Pure Gold***

English Edition Copyright© 2001 by **David C. McCasland**
Translated and published by special arrangement with Discovery House Publishers,
3000 Kraft Ave., SE, Grand Rapids, Michigan 49512, USA

图书在版编目（CIP）数据

直奔金牌／（美）麦卡斯蓝著；苏心美译.—北京：世界知识出版社，2008.2
书名原文:Pure Gold
ISBN 978-7-5012-3321-2

Ⅰ.直··· Ⅱ.①麦···②苏··· Ⅲ.长篇小说-美国-现代
Ⅳ.I712.45

中国版本图书馆 CIP 数据核字（2007）第 206601 号

图字:01-2008-0585 号

责任编辑	张永椿
责任出版	林　琦
责任校对	张　琨
封面设计	门乃婷工作室

书　　名	**直奔金牌** Zhiben Jinpai
作　　者	［美］大卫·麦卡斯蓝
译　　者	苏心美
出版发行	世界知识出版社
地址邮编	北京市东城区干面胡同 51 号（100010）
电　　话	010-65265919（直销）　　010-65265928（发行）
网　　址	www.wap1934.com
印　　刷	环球印刷（北京）有限公司
经　　销	新华书店
开本印张	880×1230 毫米　　1/32　　10¼ 印张
字　　数	200 千字
版次印次	2008 年 2 月第一版　2008 年 2 月第一次印刷
标准书号	ISBN 978-7-5012-3321-2
定　　价	28.80元

版权所有　　侵权必究

目CONTENTS录

中文版序：我所认识的埃里克·利迪尔 ⋯⋯⋯⋯⋯⋯⋯⋯⋯ 1

序幕：请你不要走 ⋯⋯⋯⋯⋯⋯⋯⋯⋯⋯⋯⋯⋯ 1

第一部：冠军的塑成　1902～1924 年

第一章　在华北的孩提时代，1902~1907 年 ⋯⋯⋯⋯⋯⋯ 7

第二章　另一个世界，1907~1911 年 ⋯⋯⋯⋯⋯⋯⋯⋯ 21

第三章　爱尔生书院，1912~1919 年 ⋯⋯⋯⋯⋯⋯⋯⋯ 33

第四章　赛跑和橄榄球，1920~1923 年 ⋯⋯⋯⋯⋯⋯⋯ 45

第五章　转折点，1923 年 4 月 ⋯⋯⋯⋯⋯⋯⋯⋯⋯⋯ 65

第六章　赴巴黎之路，1923~1924 年 ⋯⋯⋯⋯⋯⋯⋯⋯ 73

第七章　奥林匹克冠军，1924 年 ⋯⋯⋯⋯⋯⋯⋯⋯⋯ 87

第八章　胜利之冠，1924 年暑假 ⋯⋯⋯⋯⋯⋯⋯⋯⋯ 97

第九章　全新的跑道，1924~1925 年 ⋯⋯⋯⋯⋯⋯⋯⋯ 107

第二部：最重大的竞赛　1925~1942 年

第十章　新学书院，1925~1926 年 ⋯⋯⋯⋯⋯⋯⋯⋯⋯ 125

第十一章　卷发的女孩，1926~1930 年 ⋯⋯⋯⋯⋯⋯⋯ 137

第十二章　四年离别时光，1930~1933 年 ⋯⋯⋯⋯⋯⋯ 155

第十三章　负担是轻省的，1933~1935 年 ………………………… 173

第十四章　乌云密布，1935~1937 年 ………………………… 187

第十五章　萧张县和日本，1937~1940 年 ………………………… 197

第十六章　动荡不安，1940~1941 年 ………………………… 217

第十七章　软禁，1942 年 ………………………… 231

第三部：终点线　1943~1945 年

第十八章　潍坊集中营，1943 年 ………………………… 245

第十九章　比赛到底，1944 年 ………………………… 261

第二十章　冲刺终线，1944~1945 年 ………………………… 273

第二十一章　继续赛跑 ………………………… 287

后　记 ………………………… 301

埃里克·利迪尔大事年表 ………………………… 305

我所认识的埃里克·利迪尔①

——中文版序

早在《烈火战车》(Chariots of Fire)这部影片获得 1981 年奥斯卡金像奖、银幕上的主人公引起举世瞩目之前，埃里克·利迪尔(Eric Liddell)多年来已经是我心目中的英雄了。抗日战争时期，我们曾一同被拘留在山东潍坊的日军集中营，我和其他男孩子一起围着这位埃里克叔叔，着了迷似的听他讲 1924 年在巴黎举行的奥林匹克运动会中打破了 400 米世界纪录的故事。他也提到在 1923 年的一次比赛中，他被一名参赛者绊倒了，结果爬起来，继续全力以赴地向前赶，追回了所损失的时间，在最后一刻越过跑在最前面的人，赢得了冠军。我们也很爱听他讲另一个故事：1928 年在大连参加一次田径比赛，赢得 400 米冠军后，他差一点赶不上当天回天津的船。当他来到码头，船只已经解缆，正在离岸，这时一个大浪袭来，正好将那已经离岸的船只推回岸边、靠近码头。这可帮了他的忙。他将行囊往船上一扔，纵身一跳，飞身跃上了甲板。

2008 年奥运将在北京举行，《直奔金牌》(*Pure Gold*)会是运动爱好者们爱看的一本好书，他们将从中感受到国际田径赛的各种兴奋激动——友好竞争、团队协作、体育精神、未圆的梦、打破纪录，还有以铜色、银色、金色铸成的一幕幕历史性场景。

---

① 埃里克·利迪尔(Eric Liddell)的中文名字是李爱锐，有的中译本译为李岱尔。——编者注

不仅如此，《直奔金牌》更是关于一个既普通又独特的人——埃里克·利迪尔的生平故事。本书作者从主人公的出生开始追溯其时代背景，埃里克在义和团庚子事变两年后来到世上；在20世纪上半叶的扰攘不安中成长于中国、苏格兰、英格兰；与其家人一起目睹了日本军国主义不断高涨的侵略野心与威胁；经受了民国建立时的动乱年代，也经历了第一次、第二次世界大战时期的危险和分离。

埃里克·利迪尔不仅是一位了不起的运动员，也是一位杰出的教育家。中国科举制度刚结束20年后，他回到中国，在天津新学书院（Tientsin Anglo-Chinese College）教数学和自然科学。从巴黎赢得奥运金牌后，在母校爱丁堡大学受到盛大欢迎、处在荣耀的顶峰时，埃里克·利迪尔宣告了他的教育理念。这一理念后来在天津、在潍坊也都没有改变。他说："体育是全人教育的一部分。人是由身、心、灵三部分组成的，唯有教育学生每部分都平衡发展，才能为大学培养最优秀、最扎实的人才。我们应当意识到，既要为自己的头脑储存知识，也要为奋进的人生培养强健的身体，更要牢记我们也是有灵性的人。只有这样，我们的学校才能够差派出在生活的方方面面都训练有素的毕业生。"

埃里克·利迪尔不但指出这样一种均衡的发展，更以此塑造了自己的生命。一方面在大学里全情投入田径、橄榄球运动，同时无机化学、物理化学等课程上与其他同学并列第一，而且是他所属教会里的一名青少年活动领袖，又在贫民窟的穷孩子中教主日学。

这样独特的人有哪些特点？他为什么可以如此卓越？

首先，埃里克·利迪尔活得真实磊落。他是一个正直、坚定、有原则的人，为坚守信念不惜牺牲自我和地位。在青年学生关注贪污腐败和社会道德的今天，埃里克·利迪尔真是值得效法的典范。公众范畴中应持守的原则，于个人生活中也同样重要。埃里克·利迪尔在运动、工作、生活任何方面，都绝不肯为达目的而不择手段。

当年在潍坊集中营他常给我们讲的一个故事，很能说明其价值观：有一回他坐在看台上，观看来自英国、美国的运动员进行跨栏赛跑。只见领先的一位参赛者撞倒了一个栏架，另一名跑在他后面内圈跑道的运动员其实可以捞个现成的便宜，趁机冲过留下的缺口。但是那位运动员却突然转向一边，越过一个栏架，然后再转回内圈跑道。埃里克·利迪尔永远忘不了当时的激动兴奋，以及观众席上的一片欢呼。他对我们说："那是当天最漂亮、最棒的一件事！"

爱丁堡的桑迪斯男爵如此概括了埃里克·利迪尔的人生哲学："这位年轻人以平常心来看待他的赛跑生涯。与持守真理的原则相比，他视赛跑的成就为尘土。在生命中有比运动更重大的事情，最要紧的，是忠于灵性的伟大法则。"

第二，埃里克·利迪尔坚持不懈。他为自己树立的理想和标准，不仅为了一时，乃为终生持守。这一坚持追求卓越的特点贯穿于其有关体育、教育、为民服务、宗教信仰各方面。1923 年在"三国国际竞赛"的 400 米赛跑中，当埃里克·利迪尔被另一名参赛者绊倒时，他没有让这一挫折注定这场比赛的结果，而是坚忍不拔地跃起再跑，以超人的毅力与决心继续争取，并且夺标。

在抗日战争的动乱年月里，无论在天津教学或到农村服务，即使没有直接的性命危险，也都危机四伏。当其他人为了安全而选择离开时，埃里克·利迪尔仍坚守自己的岗位。后来到了日军集中营，要教孩子们化学而手边没有教科书，他便凭着记忆自编教材。

埃里克·利迪尔婚前与芙萝之间的爱情长跑，也是他这种坚持精神的美丽写照。一旦知道"就是她了"，他可以耐心等待。

第三，埃里克·利迪尔谦逊虚己。当年报章上以醒目的头条宣扬他的胜利，人们热烈地向他欢呼喝彩，大卫·麦卡斯蓝（David McCasland）如此描述他所面临的挑战："22 岁的埃里克需要极其成熟的灵性和悟性，来应付这种自古以来就蛊惑人心、令人失足的成功。"他并未被这一切冲昏了头脑。

奥运结束后，在圣赛尔斯主教座堂里，当一大伙人再三要求埃里克·利迪尔即席演讲时，他安静地说："我在这样的场合真不知道要说什么才好，其实这里有许多人像我一样，都配得上这一荣耀。"

他非常感谢父母、老师、教练、同事在他一生的各个阶段给予他巨大的影响与帮助。他丝毫没有那种"上帝必让我得胜"的自负感，并不觉得因为自己拒绝在星期天参赛，所以上帝要祝福他。上主满有恩慈，但是并不见得非要在任何一场国际比赛中将金牌赐给那遵行他旨意的人。

日军占领天津期间，埃里克·利迪尔自告奋勇，为那些有小孩、不能及早上市场的人代劳，帮他们买面包。一次沙尘暴来袭，屋里的地上、家具都蒙上一层从戈壁刮来的尘土，埃里克·利迪尔寄宿的那家主人发现，他清晨 4 点 30 分已经起身，默默地洒扫。埃里克·利迪尔有一颗真实谦卑的为仆之心。

第四，埃里克·利迪尔由衷地关怀人。1924 年奥运获胜后，在一片赞扬阿谀声中，以及日后许多类似的场合，他溢于言表的由衷关切，温暖了那些没有赢得比赛的人。埃里克·利迪尔喜欢引用他在宾州大学运动场入口见到的警句来鼓励人："或因失败受辱，或因胜利得冠；若是尽力而为，就配得到荣耀。"

埃里克·利迪尔关心天津新学书院的学生，视如自家的子弟。他总是花时间与他们谈心，在功课、体育或其他家庭问题上帮助他们，备受学生们的爱戴。

在潍坊集中营，埃里克·利迪尔在我们这些与父母远离的孩子眼里，就像一个叔叔似的。虽然他自己曾经坚持不在星期日参加比赛，却愿意在我们周日下午的比赛中当裁判。当他知道有些年纪较大的青少年（主要是来自天津、北京商人家庭的子弟）在举行"性开放"舞会，他就利用个人空余时间在周一至周五的晚上组织有益的康乐活动。

1945 年在埃里克·利迪尔的追悼会上，我们校长透露了一个秘密：他听说埃里克叔叔曾打算将当年爱丁堡市赠送给他的金表卖掉，为集中营的康乐部添置一套垒球设备。埃里克·利迪尔对别人的关怀与同情简直没有止境。

第五，埃里克·利迪尔是一个大有信心的人。虽然生于一个敬虔的基督徒家庭，自幼就上教会，然而一直到 21 岁他才决定愿意侍奉神。他第一次答应去公开作见证，向一群苏格兰矿工说话，就确定了这样的身份。埃里克·利迪尔从此亲自遇见了上主，开始了他个人的信仰之旅。此前，耶稣基督只是一个可供景仰的历史人物，而今，成了他个人的救主、向导和良友。

此后 20 年中，借着经常读圣经、默想、祷告、与基督徒团契，这一关系不断深化。他从"牛津团契运动"（Oxford Group）受益良多，特别强调对于圣经必须准确地研读、忠实地解释、严格地实行。严格实行意味着每天要以四个绝对标准来生活：绝对诚实，绝对圣洁，绝对无私，绝对的爱。这就是埃里克·利迪尔为自己设立的新标准。他知道凭着个人力量根本无法达到这一标准，因此更意识到要追求圣灵的洁净、充满，不断从圣灵得力。

在集中营里，他最爱讲主耶稣的"登山宝训"，讲圣灵的恩赐。我们这些男孩子感受到，这一切并不是与日常生活无关的空洞口号或虚无缥缈的理念，而是埃里克叔叔展现在我们眼前有血有肉的品质，并且体现于他的生活、精神中。

第六，埃里克·利迪尔是一个怀着中国心的苏格兰人。他生于中国，葬于中国，他的躯体融入了中国土地。就如本书作者所说，23 岁的埃里克·利迪尔"在运动生涯的巅峰，天地在脚下任他奔跑的当儿，却转换了跑道，跑向中国"。

1937 年他在河北的农村写道："中国百姓正经历前所未有的苦难。在这样的时刻，我从城市被差派到萧张县来……让我能够在乡下与他们（老百姓）休戚与共，直到'他们的忧患成为我的忧患'。"埃里克·利迪尔投身于救灾赈饥，救助受伤的农民，将他们送去基督教医院治疗。

1941 年，为了保护怀着身孕的妻子和两个女儿，免遭日本占领军随时可能的侵犯，埃里克·利迪尔送她们上船回加拿大。他自己留下来继续教学、为民服务。他知道所要冒的危险，也明白其中的责任。真金不怕火烧。他用以激励他人、作为一生目标的诗歌，也正是他本人心志的写照：

> 我要真诚，莫负人家信任深，
> 我要洁净，因为有人关心，
> 我要刚强，人间痛苦才能当，
> 我要胆壮，奋斗才能得胜。

埃里克·利迪尔从未在"内地会芝罘学校"做过学生或教师，然而当他的人生道路与我们的人生道路一起交会于潍坊日军集中营时，他所产生的巨大影响简直难以估量。我们芝罘学校有一首校歌，其中最后一节正好总结了埃里克叔叔 43 载短暂的一生：

轻看人的喝彩掌声，
树立更崇高目标——
但求每日劳苦忠心，
荣耀上主伟大圣名。
耳边响起许多声音，
传来各种需求呼声；
但求未来年日蒙恩，
只留心听神的声音。

戴绍曾
于中国香港

序幕:请你不要走

远洋客轮"新田丸号"的引擎,远在吃水线底下开始隆隆作响——即将启航。脚下船舱的地板略微颤动时,芙萝(Flo Liddell)有点退缩。所有送行的客人很快就会被请离船只,连接着客轮和岸上的踏板就要被挪开。过去每一回横渡太平洋的旅程,总是让芙萝充满期待和兴奋,但今天不然。

她的眼光掠过船舱对面在地板上玩耍的 4 岁的海瑟,然后转向坐在埃里克膝上的翠西。当父亲以不太寻常的严肃声调说话时,这个小女孩淡褐色的双目直视着父亲的眼睛。

"翠西,"埃里克说,"你已经快要 6 岁,现在是个大姑娘了。我要你照顾妈妈、海瑟和这个快要出生的小婴儿。你要答应我照顾她们,直到我回来。"

翠西点头答应爸爸所讲的每句话,头上金色的鬈发随之上下晃动。

"我答应!"她说,"我答应!"

对芙萝而言,此刻坐日本船只旅行似乎很奇怪:正是日本侵略中国,才使得她和孩子们离开。但埃里克坚持那是最安全的方法。希特勒已经横行欧洲,没有人能预料亚洲会怎么样。芙萝和两个小女孩在加拿大会安全一些,她可以在那里生下老三,埃里克也会尽早和她们团聚。埃里克觉得在这种危难和不安定的时日,他要对伦敦会(London Missionary Society)以及其他的同事负责,在中国。他们会有两年时间的分离,但这是最好的办法。两年——不会更长的!

他们对这一天已经谈得够多,没有什么话好说了,只能以眉目传情和拥抱来表达心声。芙萝非常爱埃里克,她比世界上任何人都更加了解他。为什么他们好像总是要说"再见"?自从宣布订婚以来,他们始终聚少离多!

离别在即。铃声叮当,扩音器在广播,船笛低鸣,他们相拥、亲吻,然后埃里克离开了。芙萝和两个女孩呆坐在船舱几分钟,然后冲向楼上甲板,凭栏眺望。

****

翠西第一个认出走在码头上的父亲。他身穿运动衫、白短裤和及膝长袜,不会弄错的。"他在那里!"她叫道。埃里克头顶几乎都秃了,但脚步依然有力,毕竟在15年前他赢得过奥运会金牌。他突然转身,回头看着船只。两个小女孩拼命挥手,芙萝开始喊叫:

"埃里克,不要走!请你不要走!我要和你待在一起!请你不要走!"

芙萝想要跑向通往陆地的舷门,但双脚不听使唤。她又叫道:"不要走!"翠西双臂绕在妈妈腰上,想办法安慰她:"没事,妈妈,没事!"芙萝还是一面啜泣一面喊叫。埃里克渐渐从视线消失,她觉得自己被一双温柔的膀臂抚抱,慢慢地缓过神来。

****

翠西坐在芙萝的床边，抚弄着妈妈的白头发，安慰她那夜从可怕的梦魇所受到的惊吓。

"没事，妈妈，没事！"翠西说，"你做了个噩梦，现在都没事了！"

"这梦好像真的，"芙萝说，"埃里克就在那里，我不要他走。但他走的时候，我从来没有喊叫或央求他留下来！"

"那是很久以前的事了。"翠西说。

"是啊！"恢复了意识的芙萝说，"很久以前了。"

"我们现在是在加拿大的家里，"翠西说，"现在是1984年了。"

芙萝深叹了一口气。自从1941年她们乘船离开以来，发生了这么多的事。第三个女儿莫琳在多伦多出生之后，爆发了日本人偷袭珍珠港的惊人事件，埃里克和成千上万的人被监禁在中国华北。经过长年的等待和祷告，却收到他那令人震惊的死讯。

埃里克过世之后的六年时间里，家里只有她们四个人：芙萝、翠西、海瑟和莫琳。然后，芙萝改嫁加拿大一位农夫默里(Murray Hall)，生下另一个女儿贞妮(Jeannie Hall)。默里死于肺病并发症之后，《烈火战车》这部描绘埃里克赢得奥运金牌以及他坚定持守基督教信仰的感人影片，难以置信地轰动全球。这部奥斯卡金像奖名片重新激起芙萝的回忆。

她很喜爱这部电影，虽然剧情比现实生活有所发挥，但它的确捕捉到埃里克快活、谦逊的神韵。芙萝喜欢银幕上饰演埃里克那个人，但她更爱埃里克本人。她爱那个调皮地眨着蓝眼睛、却一本正经耍幽默的埃里克；爱那个公开讲话便会怯场、腼腆又害羞的埃里克；爱那个违抗法庭的规定，娶了比他小快十岁的姑娘、果断又坚决的埃里克；爱那个全心全意委身于上帝的埃里克。

这位安静的苏格兰基督徒，因个人信仰在奥运会上"拒绝在星期天赛跑"，引起世人瞩目，也赢得世人钦佩。芙萝对此并不觉得意外。但她所认识、所挚爱的这个人，还有更多不为人知的地方：他那种乐天的性情、深沉的爱心、无私的付出……有谁能诉尽这一切？

做了那场梦之后，芙萝跟翠西倾诉她满脑子的回忆，两人彻夜长谈。或许她感觉到自己的赛程将尽，往日她对埃里克、对女儿，以及对上帝的承诺，是她在这些年间继续奔跑的动力。这场比赛是那么的漫无止境，因为她要对抗的是无数心碎、绝望、孤单的黑夜，但她还是以极大的信心和热诚迎接每一道障碍，并决心继续活下去完成最重要的任务。

芙萝于 1984 年 6 月 14 日去世时，《多伦多之星》(*The Toronto Star*)的讣闻写道："《烈火战车》主人公的遗孀过世，享年 72 岁。"芙萝过世的时候，人们自然再次把她与埃里克联系在一起，正如他们生前那样。

世人经由一部感人的影片得以略知埃里克于 1924 年在巴黎奥运会竞赛中"直奔金牌"的故事。本书更加详尽地描述了这位

第一部

冠军的塑成

1902～1924 年

第一章

在华北的孩提时代

1902～1907 年

利迪尔牧师、玛丽、罗伯特（站立者）
和埃里克。1902 年摄于天津市。

埃里克的父母——利迪尔牧师和玛丽。
1899 年 10 月 23 日于上海大教堂结婚。

利迪尔牧师在华北向村民传福音。

埃里克身着当时典型的婴儿
装。摄于 1903 年。

冬天穿着厚棉袄御寒。
1906 年摄于萧张县。
（由左至右：罗伯特、埃
里克、珍妮、玛丽）

　　花了一个多星期的时间，经过 321 公里的旅程，詹姆斯·利迪尔牧师(Rev. James D. Liddell)及家人乘坐着窄长的覆篷船，从天津市沿着大运河蜿蜒南行，终于停靠在山东省德州市。接下来他们要面对的，是另一段难挨的陆路旅程：他们要坐两轮的覆篷马车，一路颠簸到河北省萧张县的宣教站。利迪尔抬眼望了一下 11 月的天空，暗自庆幸：看来不像要下雪的样子。

　　他们从甲板上看到留着传统发辫的中国男人在岸上走来走去，抬着用粗麻布和绳子捆扎起来的笨重行李。沿着码头，到处聚集的苦力在那里推挤、叫骂，争抢着去拿最笨重的行李，指望以此换取几个铜板。附近街头小贩叫卖吃的、喝的，旁边坐着一些磨剃头刀的妇女和为人理发的男人。在初来乍到的西方人眼里，这简直是一团混乱，但老练的宣教士知道，这在中国只是一个很普遍的景象。

　　利迪尔用汉语叫来了人，一下子就交代好行李的摆放，也讲好了价钱。两部黄包车把利迪尔一家连同家当带离嘈杂的码头，沿着拥挤的街道，拉到一家简陋的中国客栈，让他们在那里过夜。两岁的罗伯特叽里咕噜地讲着汉语，10 个月大的埃里克在妈妈的怀里酣睡，31 岁的玛丽疲惫地环视着现在已经习惯了的中国城市。比起天津市，德州这个小城给人的感觉像偏远地区。它虽然是个重要的贸易中心，除了住在城里和邻近平原的人，几乎没有人会来这里。它绝对不会作为观光景点列在旅游指南上。

　　玛丽第二天早上醒来之前，利迪尔已经把他们的家当仔细地装在两辆木制的两轮马车上。他认为一开始就要把每个行李摆在适当的位置，免得一路上还要重新整理好几次。由于两轮马车没有减震装置，他们要走的路又是羊肠小道，非得把行李绑紧不可。从这里到萧张县有 64 公里路程，如果一切顺利的话，大概需要花整整两天的时间——如果车轴断了或是遇到土匪，则又另当别论了。利迪尔在一大清早就把马车最后检查了一遍，然后在车夫使劲拉骡的一刹那，替他们拍了张照片。离开之前，他小心地把照相机密藏在玛丽在马车上所坐的那包衣服里面，土匪要翻半天才会找到那个宝物。

　　匆匆用过早餐和热茶之后，利迪尔把玛丽和两个男孩抱上一辆马车，然后跟在旁边一路走到大运河渡口。大运河南起杭州，北至北京，全长 1930 公里，是一条重要的贸易航线。舢板慢慢地把他们渡到对面去。安全上岸后，马车便带着利迪尔一家，在布满灰尘的小径上，朝西往萧张县颠簸前行。

　　一位经验老到的宣教士曾经说，乘坐中国的马车旅行，最舒服的办法就是：座位底下铺着许多条厚棉被，背后和身边塞着一大堆枕头，再预备几条厚毛毯盖在身上，可惜，即使这样，仍然会觉得颠簸不平，所以，还不如下来走路，安步当车呢！玛丽觉得这真是一条冗长、艰苦的路程；小罗伯特却认为是个很棒的冒险之旅；小埃里克只有在要吃东西的时候，才让人知道他的想法。玛丽没事就掀开盖在埃里克小脸上的毯子，注视着他那稀疏的金发和两颊上的小酒窝。她非常爱这两个小男孩，无法想象没有他们的日子会是怎么样。

　　尽管车轮扬起的尘沙让人不舒服，但在华北的平原上，这仍然是一个绝美的冬日。利迪尔为温暖的阳光感恩，他知道令人瑟缩的严寒就要来临。淡褐色的平原上风景迷人，布满了已经可以秋收的小麦、玉米。庄稼中的一大半是用来喂牲畜的五谷杂粮。大地原本年年都可以丰收，但在中国，却常常因为干旱、水患、虫灾或是军阀的部队来袭，而无法实现。

华北平原，从北京以南到黄河以北这片地区，有 13000 平方公里，是一片平坦、没有森林的地方。人口密集，精工细作，这片土地几乎供应了人们所需的每样东西，从做衣服的棉花到造房子的泥砖，样样都有。沧州市和萧张县就是在这个平原上（如果在伦敦，会称之为乡下或"乡村工场"），有一万多村民。

利迪尔放眼扫过那既无树木又无山丘的平坦大地，还是想不通这些车夫怎么找得到要去的地方。那里既没有街道又没有路标，他们经过的每个村庄看起来都和前一个村庄一模一样。一个早上过去了，他回想起过去这几年所发生的每一件事。

利迪尔牧师起初自愿到伦敦会服务时说："我很喜欢从事那种真要去开荒的工作。"伦敦会必须把他送到位于蒙古地区的朝阳县（北京东北，相距 400 公里）去受训。他离开了在苏格兰的未婚妻玛丽·雷丁（Mary Reddin），知道必须用一年的时间在宣教工场上证明他有资格做宣教士，而且，必须在玛丽获准许和他会合之前先通过汉语考试。利迪尔于 1898 年 11 月 10 日抵达中国，一个月之后就写了封信给在伦敦的伦敦会外事秘书，说他已经开始学习汉语，打算在来年 5 月参加考试，然后说："我预计你在收到我通过考试的电报时，就会把玛丽小姐送来和我相会。"

他说自己在到达的第一年期间，效果"很差"，但事实并非如此。他在 6 个月之内就去探访边远的村庄，向村民传福音，并且和中国的基督徒会面。他天性所欠缺的，就以不屈不挠的精神来弥补。因为渴望更多地认识这个国家和人民，他甚至旅行到伦敦会在中国最北的宣教站北祠府（音译），即使有人警告他那条路上有成群的强盗出没，他也勇往直前。

他在朝阳县的宣教士同事科克伦博士(Dr. Thomas Cochrane)，对伦敦会在蒙古地区所作的努力愈来愈悲观，觉得应该放弃这个宣教地点，让给爱尔兰长老会差会(Irish Presbyterian Mission)去做。他主张说："我们应该集中精力在那些愿意听的人（渴望听福音的人）身上。"利迪尔虽然绝对没有意思要接受那样的看法，但在7月，他和科克伦博士却因为土匪威胁要接管朝阳县，而被迫离开了几个月。

在中国，这是个几近无政府状态的时代，武装的游击队和军阀争着来统治城镇和村庄。无法无天的歹徒绑架他们认为有钱的中国男人，然后割下那人的眼皮或耳朵，写张纸一同送给家属，进行勒索。如果不赶快付赎金，另外一张纸和那人身上的其他部分便会送到，让人质饱受可怕的酷刑。土匪失去耐性时，通常就会把人质涂上一层油，带到公共场所焚烧，来警告其他人。妇女经常被抓。有位宣教士说："没有人敢讲那些可怜的妇女受到什么残酷至极的凌辱。"

玛丽于1899年9月11日启航到中国的时候，对这些事几乎一无所知。她只知道利迪尔通过了汉语考试，她爱他，而且，他们已经订婚6年了，她渴望成为他的妻子。不管前面如何，他们都会一起去面对的！6个星期之后，她在上海下船，投入利迪尔的怀抱。他们10月23日在上海大教堂结婚时，玛丽还对那些陌生的景象和声音感到头昏眼花。第二天他们就回到利迪尔在蒙古朝阳县的宣教站。

1900年5月，从天津来了几封信，警告说，号称"义和团"的一些人，在那里制造严重的扰乱和威胁。在朝阳县，愈来愈多的义和团开始公开演练，背诵那些他们认为会让子弹不进、刀枪不入的咒语。

利迪尔经过几个月颇有效果的工作之后，却发现民众如今在心态上对外国宣教士和本地信徒有明显的反感。6月初的一个星期天，他和几位中国基督徒一起前往礼拜堂的时候，有一群义和团开始推挤、恫吓那些中国基督徒。几天之内，情况变得很危急，迫使利迪尔和科克伦博士收拾起简单的行囊，在几位富有同情心的中国朋友帮忙下离开朝阳县。科克伦博士的妻子和子女坐一辆马车，怀了7个月身孕的玛丽由6位冒死帮他们的本地基督徒用轿子抬着走。科克伦博士和利迪尔排除万难，到沿海的城市沿水路坐船到上海。

玛丽在上海伦敦会大院(LMS Compound)相当安全的环境下，于1900年8月27日生下罗伯特(Robert Victor Liddell)，但他安全诞生的喜悦却被留在朝阳县那些中国朋友遭遇的危难所冲淡。利迪尔写道："我将分散的羊群交托给群羊的大牧人，祈求他、也相信他会在他们有需要时眷顾，供应他们所需。"

利迪尔一家于11月从上海搬到天津，这是一个在北京以南128公里的繁华港市和商业中心。他们在那里等待伦敦会的进一步分派。但在这段过渡期间，利迪尔并没有闲着。

1901年初，许多中国的基督徒开始偷偷回到他们的村庄。利迪尔的任务是帮助他们取得政府的补助，来重建被义和团毁坏的家园和教堂。由于很可能自己终生都要在中国做这样的侍奉，他决定把玛丽和小孩留在天津安全的地方，自己前往蒙古。义和团事变之后，混乱的状态造成联络上的困难，玛丽好几个星期无从得知丈夫是在和朋友喝茶聊天呢，还是落在土匪手中。利迪尔在锦州耽搁了相当长一段时间之后，先回到天津，然后再想办法出去，终于在 7 月抵达朝阳县。他用两个月的时间帮助留在那里的中国信徒，再回到天津和玛丽及小罗伯特相聚。

1902 年 1 月 16 日，利迪尔的第二个孩子在天津出生，他们给他取的英文名字是 "Henry Eric Liddell"——在伦敦发行的伦敦会杂志《大事记》(*The Chronicle*)如此记载。几个星期之后，利迪尔走到天津的大英工部局大楼去为小孩办出生登记时，宣教士同事皮尔大夫 (Dr. Ernest Peill) 问他："利迪尔啊，你给小家伙取什么名字？"利迪尔告诉他要取名"Henry Eric Liddell"。皮尔大夫说："他要是以后上学用 H.E.L.①作为缩写的话，会有麻烦喔！"利迪尔立刻回家和玛丽商量，便把名字改为"Eric Henry Liddell"（埃里克）。

埃里克出生 6 个星期之后，利迪尔又离开天津，这是他最后一次回到朝阳县——顶风冒雪而来。他坐了 3 天的火车到达锦州之后，和两位从爱尔兰长老会差会来的人碰面。有 12 位骑马的中国护卫，把他们从那里护送到当时仍然没有法纪，处于无政府状态的地区。利迪尔形容这趟旅程"艰难又危险"，他成功地监督了伦敦会把财产转给爱尔兰长老会差会的这件事情。

他和家人于 1902 年底旅行到萧张县。在他抵达中国这 4 年之间，竟然会发生这么多事，实在不可思议。他想："我像是活了四辈子似的！"他在旅途休息时，坐在马车和骡子之间的车辕上，用一块布盖在脸上遮挡呛人的灰尘。埃里克肚子饿的哭声，使他不禁抬眼望向即将落入地平线的夕阳。

他对玛丽说："离客栈不远了！"心想，玛丽真是个勇敢的女人。所有准宣教士的妻子都需要通过身体检查，玛丽的表格上写着"约一米六，五十公斤"。医生在有关她"一般情况"和"忍受力"的表格上，简单写着："健康、发育良好，但不够强壮"。如果说什么

---

①H.E.L.与 Hell（地狱）谐音。——译者注

国家需要宣教士的妻子既要有体力又要有精力，那就是中国！

第二天下午，马车到达萧张县伦敦会大院时，利迪尔指着一栋刚刚盖好的三层楼房，以及旁边两栋尚未完工的同样建筑物，笑着说："那就是你们的新家！"玛丽还没来得及参观，就被一群欢迎他们的宣教士和微笑的中国人包围。利迪尔把罗伯特放到地上，把埃里克交给一位站在旁边的女士，然后搀扶玛丽下车。玛丽的脚一碰到地面，就难以置信地看到一团一团的尘土，从她的衣服上纷纷掉落。

利迪尔即将开始工作的乡间，在义和团事变时有八十间教堂被毁，几百个中国基督徒被杀。在萧张县的伦敦会大院也整个被拆毁。宣教士的住所、诊疗所、学校，以及有着五百个座位的教堂，都被拆为残墙碎瓦。过去几个月，利迪尔和麦克法兰博士(Dr. Sewell McFarlane)一起，帮忙监督重建工程。

1902 年 12 月 6 日，利迪尔写信给在伦敦的伦敦会总部同工卡津斯(George Cousins)说："我们(我、我太太和孩子们)都在萧张县了。我们现在住的房子要到春天才会全部弄好，因为里头有各种细节还要花时间处理。另一栋房子已经接近完工，第三栋房子到 1903 年 3 月就会盖好。监督的工作很不容易，必须盯得很紧，才能够减少那些'生手'犯的错误。麦克法兰博士和我都认为这几栋房子是伦敦会的光荣，应当可以经得起长年的风吹雨打。"

在萧张县，利迪尔一家住在砖墙围绕的伦敦会大院里面。他们占了三大间西式房屋中的一间，第四间较小的屋子供单身女士居住。玛丽的中国用人替他们买东西、煮饭、洗衣服、清理房子，而"阿嬷"齐奶奶帮忙照顾孩子。玛丽原来做护士，她希望能够在医疗方面协助宣教的工作，或是参与对妇女的教育工作。她也的确暂时工作了一阵子，但因为虚弱的体质加上家里又要添孩子，负担加重，使她多数时间都很累，常常有病恹恹的感觉。

1903 年 10 月，玛丽生下了昵称珍妮(Janet Lillian Liddell)的小女儿。她在珍妮出生之后三天感染腹膜炎，萧张县的女宣教士日夜看护着她。皮尔大夫用尽医术，她还是没有起色。有一天晚上，玛丽毫无生气地躺在那里，皮尔大夫对利迪尔说："我已经爱莫能助了！"两个男人滑下坐椅，双膝跪在地上，为玛丽向上帝倾心吐意地祈祷。第二天，她竟然恢复元气，开始慢慢好转起来。

利迪尔在写给伦敦会外事秘书年度报告中说："请原谅我要私下跟你讲一点关于我太太的事。尽管有这么多阻挠和令人灰心的事情，她仍然很卖力地在学汉语，想办法去完成上帝交在她手中的工作，但因为家庭的责任加上母亲的死讯（1903 年）所带来的伤痛，令她力不能胜。除了别人归功于她的事情之外，她还默默地做了许多其他事情，很多时候，她实在是心有余而力不足，否则，她一定会做出一番大事来。"

孩子渐渐长大，齐奶奶陪伴在罗伯特、埃里克和珍妮身边，在萧张县的伦敦会大院里面照顾他们。起初，他们只被准许在楼下的三面游廊玩耍，后来，他们进一步尝试着溜进那些向中国孩童开放的大石头教堂、诊疗所和学校。齐奶奶起先还跟得上他们，后来随着他们活动量增加，她倍感挫折。以她裹了足的三寸金莲，怎么可能追得上他们呢？六岁的罗伯特、四岁的埃里克和两岁的珍妮，各跑各的，她只能在后头喊着："Lobbie (Robert)！""Yellie (Eric)！""Jei-nee(Jenny)！"通常他们会乖乖地回来，因为他们爱她，就像她爱他们一样。

每到晚间做家庭礼拜时，埃里克常常会不合时宜地咯咯大笑起来，每次他就会因此被罚离开房间。但他也是个害羞、敏感的孩子，常常要求大家唱"九十九只羊"那首歌，每次唱到那只小羊在山间走迷、孤独无依那一段，就呜呜大哭起来。他长大一点之后，明白了他们是属于上帝的，但也属于伦敦会。有一次小埃里克在游廊敲钉子，玛丽告诉他不准那么做，因为房子是属于伦敦会的。他失望地放下锤子问："我们也是属于伦敦会的吗？"

利迪尔大部分的时间都花在探访邻近的村庄上。他在赶集的日子公开传福音，和当地教会的中国基督徒会面，鼓励弟兄姐妹以及他们的牧师。尽管在华北的平原上旅行让人如此精疲力竭，他还是非常殷勤地做工。春天他要和戈壁沙漠刮过来的呛人沙暴搏斗；阴雨连绵的秋天，往日布满车痕的道路上淤积着 60 厘米厚的淤泥；冬天所带来的是疾风劲雪和摄氏零下二十多度的严寒。然而，利迪尔很少受天气拦阻，也从来不生病。

唯一让他受不了的是酷热。华北平原超过摄氏三十七度的炎炎夏日耗尽人的精力。万里无云，在炙热的阳光普照之下，那个冬天暖洋洋的小屋，变成热烘烘的烤炉。晚上又没有电扇，一家老小只能任汗水肆意流淌，在酷热中辗转入睡。小孩饱受痱子折磨，大人却要努力打起精神工作。唯一解决之策就是每年经过长途旅行到北戴河避暑。

从萧张县到北京以东 321 公里的北直隶湾（即渤海湾）海滨小屋，需要忍受四天难熬的旅程。但是一到那里，妇女和孩子们通常会待上整个暑假，丈夫们会在八月到他们那里。有些好批评的人认为这种年假很奢侈，但宣教士却把它看做是重获活力的必要时段。那里有各个宣教机构的朴素平房，也有商业行政部门（如开滦矿务局、太古洋行、英商驻华英美烟草公司）以及其他国际公司"大班"（洋行老板）的豪华夏日别墅。西方人可以自由、安全地沿着海滩漫步，到村庄里去参加网球队、音乐会活动，或是跟着人家一起唱歌。晚上，有生意人的鸡尾酒会，也有请伦敦著名的迈尔博士(Dr. F. B. Meyer)来演讲之类的宣教士圣经研习会。秋日，当小屋钉上木板，宣教士要返回他们服务的工场时，总会倍觉感伤。

利迪尔一路继续探访萧张县的村庄，也愈来愈认定，中国基督教的未来不是由他来做主。他在1904年的报告中指出，尽管花那么多时间旅行，这既缓慢又累人，但一天下来通常得不到什么成果。他认为最好的方法，就是由住在村庄里的当地牧师来做，因为他终究会离开，但这些人会留在那里，他的目标必须放在训练和鼓励他们。利迪尔在给朋友传阅的信件和给伦敦会的正式报告里面，小心地指名道姓地提到他的中国同事，并且嘉奖他们对基督忠心的服侍。

他在1905年的报告中写道："在这份简短的回顾报告结束之前，我不能不为章松茂（音译）、包丰国（音译）、崔常推（音译）这三位中国教会带领人说几句称赞的话，这些人过去一年来为我们提供帮助，使我们得到力量。其他的传道人也很卓越，但这三位最为杰出。"

在这些年间，罗伯特和埃里克把萧张县发生的每件事，都看做是冒险活动。夏天，当倾盆大雨把伦敦会大院变成岛屿时，他们在水坑里面高兴地泼溅；秋天，当虫子泛滥成灾，毁坏了80%的当地农作物时，他们比赛看谁拾到的作物最多，装在罐子里，留作种子；当别人被偷袭的歹徒吓得躲在一边时，两个小家伙却站在靠近伦敦会大院的大门那里，猜测外头游牧民族的马匹吃田间谷物时，用力咀嚼的声音听起来像什么；1月的大风雪封住所有的街道两个星期，这却成为他们穿着厚棉袄、棉裤，在雪地里嬉闹玩耍的机会。

他们并不能感受在边远宣教地区的孤单，但对大人来说却可能非常难受。当两个小男孩礼貌地跟要出发到北京就任新职的皮尔夫妇道别之后，他们不能理解，为什么母亲会为这些朋友的离去恸哭这么久。或许他们就像大部分的宣教士子女一样，居住在一个安全、宁静的天地，没有父母所要背负的重担，也远离大院墙外那些中国人的忧患。

1907 年 3 月，罗伯特和埃里克带着莫名的兴奋，看着用人把衣服和一些家里的物品收拾到旅行用的大型提箱里面。利迪尔和玛丽一直在讲"回家"探望的事，但由于罗伯特和埃里克向来只知道萧张县这个家，他们无法想象将会经历什么。离别将近八年之后，首次要回到苏格兰的家乡，玛丽感到心情激荡难平。

不管她如何努力，都无法从明亮的地平线挪开那片乌云——当返乡述职的时间结束，他们再回到中国时，她必须把两个小男孩留在家乡。

第二章

另一个世界

1907～1911 年

1908 年利迪尔独自回中国，玛丽和珍妮
留下来帮助两个男孩安顿住宿学校事宜。

罗伯特（左）、埃里克（右）。摄于
1908 年。

　　苏格兰绿草如茵的山丘和华北平原真是迥然相异。五岁的埃里克忍不住东看西看、指指点点。"佛斯—克莱德铁路"的短程火车，把利迪尔一家从格拉斯哥(Glasgow)带到克罗泰密的德里门(Drymen)站。1907年5月，利迪尔、玛丽和孩子们一跨下火车，就被成群的亲戚朋友拥进怀抱。利迪尔的三个姐妹简恩、丽慈、玛吉，连同73岁的父亲都在那里。他们连人带行李挤进一辆四轮的货运马车，乘坐了近两公里路，来到利迪尔青少年时代居住的德莱门村。

　　距离村庄广场50米远的坡上，坐落着一栋称为"灰土坡"(Ashbank)的两层楼房，利迪尔已经跟柯克家(Kirk family)租了几个房间。罗伯特和埃里克可以从楼上的窗户眺望壮丽的斯特拉斯大河谷，或是观看赶牛的人在星期六早上把牲口聚到广场拍卖。但是，光看还不够过瘾，终于有一次他们获准出去自由探险，留下妈妈陪伴三岁的珍妮在家。

　　在这个三百多人口的小村庄，利迪尔家两兄弟到哪里，都会有人知道他们是谁和他们在做什么。在斯特林路以南靠近广场那里，玛吉姑姑和爷爷就住在自家开的小杂货店楼上，两个饥肠辘辘的小家伙总是能够在那里吃到新鲜的姜饼。丽慈姑姑(Lizzle MacFarlane)和罗伯特姑父(Robert MacFarlane)就住在隔壁。

　　这两个男孩生平第一次住在没有围墙的地方，也第一次过上没有"中国阿嬷"随时在身边照顾的日子。罗伯特和埃里克跟着当地的男孩子在村子里漫游，兴致勃勃地探索着他们的新世界。暑假期间，他们非常愉快地享受了3个月的自由。他们一家人在安德立克河堤上野餐，在雄伟的五拱石桥下涉水，到附近布坎南城堡远足，又到罗莽湖宁静的巴马哈湾参观，任凭自己的想象力飞翔。利迪尔随身携带的照相机，记录下了一家人的欢乐，也经常捕捉到玛丽开怀的大笑。

8月13日，两个男孩进入德里门公立小学时，又开始一个新的冒险。校长霍尔先生(Mr. John Hall)一面抚弄着他那浓密的八字胡髭和滑溜的头发，一面监督着威尔逊小姐和另外一位老师，在两间按年龄分班的教室里上课。下课时，罗伯特会带着一把木制的步枪走来走去，而埃里克则沉迷于用树枝滚木环的游戏。不过，利迪尔家两兄弟的名字，从来没有出现在记录特优或特差学生的学校日志上。

9月的周末，孩子们在靠近德里门的路旁和水沟到处搜采黑莓。当罗伯特和埃里克满手满嘴深红地回到灰土坡的时候，都会带着满满一袋当地的黑莓，放在火炉后面的铜制果冻盆里面。10月，山梨树的叶子转为焰红，带来霜降的初兆；火炉中灰黑的煤烟袅袅上腾，直达夜空。即使冬雪也像适时来临的柔软白毯，覆盖在沉睡的山丘上。

光阴荏苒，岁月如梭。利迪尔一家人参加了当地一间教会，也参加了"希望群体"(Band of Hope)的晚间聚会，唱着美国布道家慕迪和桑吉(Moody and Sankey)所作的生动的诗歌。利迪尔一家深受许多家庭的欢迎，他们描述在遥远的中国的情况。对生活在苏格兰乡间的朋友而言，这些异国风情非常刺激。利迪尔通常一个星期只出外一次，代表伦敦会去不同的教会讲道。有时候他似乎急着回萧张县事奉，但玛丽却细细地品尝每一口家乡的味道。

复活节在即，当山楂树开出芳香袭人的白花时，罗伯特和埃里克已经长高到竟然穿不下苏格兰呢料套装了。随着春天的来临，玛丽的情绪更加起伏，对未来的忧虑笼罩着眼前的喜悦。6月份学期结束后，利迪尔一家还有不到3个月的相聚时间。述职结束时，她和丈夫就要把两个儿子放在宣教士子弟学校。玛丽从灰土坡的门廊环视着围绕德里门的山丘，仔细考虑着未来。把孩子带到住宿学校，和他们吻别，告诉他们要做乖孩子，然后离开他们7年——这在伦敦会几乎人人都习以为常；但她情感上却接受不了。当她看着孩子从学校走上山坡回家时，心中起了一个新的念头：她决定利迪尔9月回中国的时候，先不跟他走。

他们早先拜访的宣教士子弟学校，让玛丽认定她必须这么做。这个宣教士子弟学校位于布莱克西斯(Blackheath)这个离伦敦市区以东14公里沿着铁道旁边的村庄。学校就在一栋阴暗的四层砖造建筑物里面，现任校长形容它是个"不方便、又冷又暗的地方，给那么多男孩子住实在太小了！"。男孩子自己则称它为"旧谷仓"。

学校里面，大教室的两旁，有两条幽长的石廊，一直延伸到建筑物的尽头。八十个住宿生的父母都是去国外宣教的宣教士。他们住在楼上两间大寝室和几间小一点的寝室。光线穿过铅条镶嵌的拱形大窗，费力地照进教室里面，而小小的菱形旋转窗，只能透进少许新鲜的空气。

这所学校正好和"东南铁路"的车站侧面相接，每天从早到晚，烧煤的火车辘辘作响，冒出团团含有煤灰粒的黑烟。在学校前面有一片铺了沥青，被称为"熊坑"的操场，比一条私人的小路低了3米。路的尽头坐落着布莱克西斯公理会教堂(Blackheath Congregational Church)。

1908年9月14日，利迪尔在宣教士子弟学校注册簿上，登记了两个儿子的名字。虽然要把他们留下很不好受，但利迪尔认为这样做对每个人都好。第二天，他独自乘船返回中国，而玛丽和珍妮则要留在英国一年，看看两个男孩在学校适应的情形如何。

那天晚上，玛丽对着宣教士子弟学校的一张合影凝视良久。对她而言，它可能称得上是个学校，但绝不能说是个"家"。于是，她和珍妮在附近租了一间备有家具的屋子，打算至少待到整个圣诞长假结束。这样，一个星期有半天放假的时间，再加上星期天的下午，两个男孩就不必请当地的家庭或监护人照顾，可以来她这里住。

她的两个儿子必须自己去面对住校的生活。就像其他的男孩子一样，老师和同学都只知道他们的姓，便用罗马字的小写数字来表示他们的出生次序。罗伯特被称为利迪尔家老大(Liddell Ⅰ)，埃里克则被称为利迪尔家老二(Liddell Ⅱ)。

在宣教士子弟学校，罗伯特和埃里克开头几天要忍受其他大男孩惯用的嘲弄和不算太严重的威胁。可能大部分刚开始的处罚规矩是：在手执打结手帕的两排男孩子之间奔跑，被他们拍打。他们也领教了"为高年级学生服务"的制度——年纪较小的男孩要为大孩子跑腿和干粗活。埃里克在做这些事情的时候都紧跟在罗伯特旁边，经常依赖哥哥的力气和支持。

每天早上，男孩子要穿上黑长裤和白色硬宽领外套的制服。半个小时的梳洗时间后，就集合吃早餐—通常是冷麦片粥、面包和一小块奶油。每隔一天就会以少许果酱取代冷麦片粥。

他们的课程包括科学、历史、外文、圣经、数学、英文和地理，一直上到中午。午餐通常包括一些肉类，男孩子戏称午餐中的羊肉是"死宣教士"。从外国宣教工场回来的父母探望之后，一成不变的伙食就会稍微改进。通常的饭后甜点是牛脂布丁上面浇上糖蜜；而一个星期结束后残羹剩饭做成的混合物，被戏称为"复活派"。

下午着重体育和户外运动，然后是喝茶时间。晚上是温习功课的时间。晚上9点钟，男孩子们就会得到一片面包，上面涂着白天烤肉滴下的油脂。埃里克觉得这种东西很难消化，不止一次想办法把满嘴吞不下去的面包丢到垃圾桶。

由于不是每天供应热水，男孩子就站在一个小盆子里面，随便擦一擦运动和游玩后脏兮兮的身体。他们每个星期一次到地下室放靴子的房间，10到12个人一组，轮流泡在装满热水的大水槽里洗一次澡。可想而知，定期去附近的"圣母泉浴池"参加游泳训练，也可以既游泳又洗澡。

宣教士子弟学校的校长海沃德(W. B. Hayward)认为，纪律主要是为激发学生们的自觉性，但也要用打屁股来惩戒。那些公然违反校规的孩子，就会被他请去"弯下身来结结实实地挨三下打"。海沃德建立一套严格的制度，让高年级的男孩负责大部分日常的管理工作，他们可以打"秩序分数"，或是记录缺点，不听话的孩子会因此失去每周一次的自由时间。班长还可以自由使用厚木条来责打犯规的孩子。

当罗伯特和埃里克体验这种有时候挺吓人的新生活时，至少第一年他们有个安全的避难所在身旁。玛丽在圣诞节和复活节那整整两个月，把两个孩子接回她和珍妮待的"家"。6月26日，因为学校里有两个孩子分别感染白喉和猩红热，被送到当地医院，那个学期提前结束。玛丽赶快把罗伯特和埃里克带到特威德河畔贝里克区(Berwick-upon-Tweed)，和她的家人一起过暑假。

但她不能一直和他们待在一起。1909年9月14日，玛丽最后一次拜访布莱克西斯，跟两个儿子说"再见"。他们谈话、拥抱，并且答应每个星期写信。他们都想强忍着不哭，但最后拥别时还是忍不住流下眼泪。然后两个男孩就借口出去玩了。

　　玛丽和校长谈了一会儿，讨论了监护人和假期的细节之后，穿过厚重的前门离开。她有点犹豫地走到这栋建筑物的墙边，望向操场。罗伯特、埃里克正和其他几个男孩全神贯注在玩橄榄球，没有看到她。玛丽很想叫他们，但知道这样拖拖拉拉是不对的，只好转身抽噎着快步离开。她第二天就会和珍妮坐船回中国，她知道要等到 6 年之后利迪尔下一次述职时才会再见到他们。

＊＊＊＊＊＊＊＊＊＊＊＊＊＊＊＊＊＊

　　一位旁观者描述宣教士子弟学校的宗教生活"非常生动活泼，没有那么多清规戒律"。他们必须参加星期天早上的教会崇拜，大部分男孩都去隔壁的公理会教堂。当麻疹和流行性感冒突然爆发，每个人都要接受检疫时，校长和高年级的学生就在学校里面自己主持主日崇拜。

　　低年级学生都很敬重那些维持纪律的班长和其他高年级的学生。当埃里克和同班同学在饭厅的台桌玩"桌上橄榄球游戏"时，就用当时学校橄榄球英雄的名字，来给对手命名。这些颇具运动本领的大孩子，在小男孩眼中像神人那般备受崇拜。当然，大孩子的榜样作用不仅在运动方面，他们也帮助树立道德和属灵的校风，使诚实、正直和美好的品格深入学校生活的方方面面。

　　他们每个人都能复诵学校的校训："子以父为荣"。它取自《箴言》17 章 6 节："父亲是儿女的荣耀"，意思是"身教胜于言教"。宣教士子弟学校并没有试图督促学生一定要成为宣教士，但明确教导这是一种光荣又高尚的职业。宣教士们经常来向男孩子们演讲，全体学生一起参加在伦敦西敏斯特教堂举行的宣教年会展。

父母和子女都接受这样的说法：“牺牲和分离”是宣教呼召的一部分。没有人喜欢它，但很少有人质询这样做的必要性。

尽管宣教士子弟学校纪律严明，惩罚严厉，但校园里的孩子们非常可爱。在布莱克西斯这个阴暗的建筑物里面，有这样一群以寻找“生命乐趣”为己任的孩子们。他们来自世界各地，通常印度语、阿拉伯语或是汉语讲得比英语还好。只要有一刻自由时间，他们就马上在饭厅打弹珠，或是在操场上继续玩橄榄球。橄榄球是宣教士子弟学校最受欢迎的消遣活动，只要接住一只球冲到操场对面墙边，把球碰到墙上，就算作“达阵”得分。这个游戏要求快速穿越和闪电般迅速的反应。这方面的训练，使得宣教士子弟学校较矮小的男孩，后来面对外校较高大的球员时，在橄榄球赛的投接上颇为管用。

男孩子们也在操场一个称为“鸟舍”的小角落，一面照料鸟笼里面形形色色的宠物鸟和蜥蜴，一面设法把他们名字的缩写刻在红砖拱门上。他们带着冒险和探索的热诚，很快就熟知建筑物里面可以躲藏的偏僻、隐蔽角落。他们在阴暗的寝室里面打过枕头仗之后，就听那些吓人的、关于蛇的印度故事，也听关于珊瑚礁的碎浪打进一个土著的独木舟的南太平洋神话故事。

他们春季远足到邻近的市区海斯，在公共场所漫游的时候，很快就分起战营，把当地树上供应的“弹药”（松球之类的圆锥物）拿来打仗。他们把蜥蜴收集起来带回学校；把蝌蚪放在混装着池塘水和午餐喝的有气矿泉水的瓶子中。在回到布莱克西斯之前，大部分蝌蚪都死在这种致命的混合液体中。

任何没本事吸引学生注意力和维持秩序的老师，就会被这些年轻的宣教士子弟取笑和对付。有一位刚从大学毕业、饱受孩子们戏弄的年轻讲师，正在朗诵主祷文时大脑一片空白，这些喜欢看他好戏的学生,谁都不肯帮他讲半句话。因为维持不了课堂的秩序而在几个月之内卷铺盖走人的新手老师可不只一位。

然而,格里菲思先生(Mr. George Griffiths)却非如此下场。任何一个决心去试验被昵称为"GG 老师"的新学生,很快就会发现敌不过这位身材矮小的威尔士人。GG 老师虽然身高不足一米五二,却能够以火热的性情,在必要的场合占尽优势。

如果跟一个沉闷的老师学拉丁文,日子可能很不好过。GG 老师却让拉丁文变得很有趣。他机智又幽默,让课堂上趣味盎然且井井有条,完全用不上权威那一套。有一位学生回忆说,有一次,班上学生请他讲解"遗迹"(Vestige)这个拉丁文的现代意义。这位和蔼可亲的老师回答说,有一天,他们这些男孩可能因为光着身子在河里游泳而被警察逮到,被诉以"一丝不挂"(Vestige of Clothing)的罪名。他幽默地继续说,在法庭上他们或许可以辩护说,警察的控告没有事实根据,因为他们当时穿着吊袜带。男孩子们大笑之余,格里菲思老师再次把他们的注意力导向《恺撒大帝本记》(*Caesar's Commentaries*)中的高卢战争。

GG 老师从来不会忘记学生的面孔或名字。许多学生毕业 12 年后第一次来参加一年一次的校友返校日活动,都惊讶地看到他叫着每个人的名字欢迎他们。而最重要的,是他的仁慈、公平和对工作的委身,他在校任职期间,29 年如一日,每天走 4 公里的路程往返于家和学校之间。

另一位深受男孩子们喜爱的是穆尔先生(Mr. Sydney Moore)。他于 1903 年来学校,带来一股新鲜的风气。他曾经到处旅行,会讲六种欧洲的语言。最初分配给他教的课程真是吓人:指导学校里的每一个学生学习法文;指导四分之三的学生学习德文;教导部分学生圣经、英文和欧洲历史。这位热心的年轻老师不但把这些工作都做好，而且还神采飞扬地穿着飘逸的学位袍，冲进法文课教室，叫道："Bon jour!"（早安）他在课堂上只讲法文，并且坚持学生也要这么做。宣教士子弟学校的男孩子们在他的影响下，开始在那些更大、更有名气的英国学校也参加的语文竞赛中，拿走头奖。除此之外，他还带领一个学生自愿参加的查经班——参加的人很多。

像格里菲思和穆尔这样的教员，是宣教士子弟学校海沃德校长最希望招揽的。海沃德校长的活力和前瞻性的思想，不仅塑造了学校的精神，也克服许多学校在物质资源上的欠缺。海沃德校长几年来一直希望把宣教士子弟学校搬到新的地方——不是为他自己，而是为了孩子们。1912年，他终于实现梦想，把学校搬到莫亭汉姆前皇家海军学院的校址，这就是后来众所周知的爱尔生书院(Eltham College)。

男孩子第一次有了他们自己可以打板球和橄榄球的球场——有地方可玩，有空间可跑，正合10岁的埃里克所需。

第三章

爱尔生书院

1912～1919 年

罗伯特（右上）喜欢参加爱尔生书院学生军训队，埃里克（左上）却觉得难以忍受。

1918 年埃里克获得爱尔生书院"布莱克西斯杯"最佳全能运动员头衔。

玛丽极其想念成长时没有她相伴的两个男孩。

　　1912 年 2 月 3 日，星期天，埃里克一觉醒来的时候，发现皑皑白雪覆盖着大地。他希望教会主日崇拜结束、午餐和强制写信时间过后，还会继续下雪，这样的话，他和其他男孩子就能够做个雪橇，到外面去玩。

　　埃里克眺望着窗外，心想：这里所看到的树木和田野是多么迥别于布莱克西斯热闹的街道啊！而且，他们的大寝室也很温暖，不像那个四处漏风的"旧谷仓"。男孩子们都渴望靠在暖气管旁边，享受新环境所带来的舒适和愉悦。自从 1 月 30 日返校之后，他们每一天都能在爱尔生书院这个新地方，发现一些可喜的新鲜事。

　　那天下午，埃里克有太多的消息可以写在学校要求他们每周写给父母的信里头。他讲到体育馆、草地网球场、游泳池和球场；讲到学校有小礼拜堂，也有疗养室来隔离有传染病的孩子；讲到学期结束之前，学校里面有一半的孩子因为流行性感冒而病倒，但是他和罗伯特还是享受了很愉快的圣诞假期。最后，他就照惯例祝他们在中国一切顺利。

　　然而，就像以往一样，在中国并不是样样顺利。在过去的 3 个月，清政府残余分子以众多的军队毫不留情地攻打革命者；在西安府城，估计有一万满族的男女老少被杀，他们居住的地方被夷为平地；与革命者无关的反洋暴民摧毁了城里一些差会的建筑物，杀死了八个外国人。全国各地，人们四处逃难，躲避敌军，许多外国人担心生命的安危。5 岁的溥仪在北京被废黜，成为众所周知的"末代皇帝"。圣诞节那天，孙中山先生抵达上海，高呼推翻清朝政府，在军阀割据的状态之前，成为新共和政府的临时总统。

这个满头乱发的10岁男孩写信给父母的时候，对所有发生在中国的这些事可能一无所知，或者至少不感兴趣。埃里克赶快在信尾署名，封上信封，交给班长，就和其他孩子冲到外头玩。当时，他对滑雪橇的兴趣远超过对中国政治情况的关心。只要每个星期收到母亲来信，他就认为在萧张县的家人平安无事，即使那些消息经常都是至少6个星期以前的事。

在新学期开始，刚刚从剑桥大学毕业的奥古斯塔斯·卡伦(Augustus Pountney Cullen)加入爱尔生书院的教师阵容，教授古典文学。他很讨厌自己的名字，宁可同事叫他"卡伦"。22岁的卡伦蓄着浓密的八字胡，有着美国著名电影演员道格拉斯·范朋克(Douglas Fairbanks)一般英俊的相貌。他能文能武，全力投入书院的教学生涯——既能谈论希腊古典文学的英雄，又会训练学生游泳。他对年轻的埃里克最初的印象是：第一，这个孩子不太可能在学术界出类拔萃；第二，他在教室和寝室里跟人家开的玩笑，不像外表看来那么无辜。

搬到爱尔生书院后，学校也招收不住宿的"走读生"，他们有许多是与差会无关的当地居民子弟。这些走读生所交的学费，有助于巩固学校的经济状态。

这一学年中，有许多令人热切期待的事件：塔克先生(Mr. Tucker) 每年带着他所搜集的令人着迷的机械玩具来访；7月到望远楼的文生(Vinson)草莓庄园郊游，孩子们可以在那里尽情采摘、吃个痛快；暑假期间，利迪尔家的两个孩子像通常一样和德里门以及特威德河畔贝里克区的亲戚一起度过。

＊＊＊＊＊＊＊＊＊＊＊＊＊＊＊＊＊

1912 年岁末，罗伯特和埃里克意外地得知，他们的弟弟欧内斯特(Ernest Blair Liddell)12 月 12 日在北京出生。9 岁的珍妮最初也不懂为什么在北戴河度过暑假以后，她和妈妈要到北京和朋友同住，而不回去萧张县。由于玛丽在生完珍妮之后差点丧命，他们认为住在大城市设备齐全的教会医院附近，似乎是个明智的选择；但是玛丽在中国始终没有办法长久维持健康的状态。

1913 年 10 月底，在萧张县的玛丽周期性地肚子疼痛，利迪尔派一位信差到沧州市去请他们的老朋友皮尔大夫 (Dr. Sidney Peill)过来。皮尔大夫第二天给玛丽检查以后，怀疑是胆结石，但建议问另一位医生的意见。有一位医生从北京过来，肯定了皮尔大夫的诊断，并且说玛丽应该尽快回去英国开刀。于是，1913 年 12 月 18 日，利迪尔、玛丽、珍妮和一岁的欧内斯特，从青岛乘"艾丽斯王妃号"返回英国。

得知家人会在 1914 年 1 月底抵达伦敦，罗伯特和埃里克都很惊讶，因为这比他们父亲原定的述职时间提前一年。不过，一看到母亲苍白的脸色，重逢的兴奋中便多了一丝忧伤。比起 4 年多以前最后一次见面时，母亲显得憔悴，皱纹也更多了。罗伯特和埃里克与家人待了一天之后就回学校，家人则动身前往爱丁堡。手术很成功，加上回到家乡有亲人陪在身旁，玛丽很快就恢复了健康。

4 月下阵雨的时候，爱尔生书院每年一度的运动会都会在湿透的运动场举行。学校前面高耸的筱悬木下，路易森工业学院(Lewisham Industrial School)的军乐队前来助兴，整天热闹非凡。埃里克在 13 岁以下的低年级组赢得跳高、跳远和 100 米赛跑冠军。罗伯特在高年级组和年纪较大的选手比赛，得到跳远第一名和

200 米赛跑第三名。

利迪尔一家人暑假 6 个星期的时间，都待在特威德河畔贝里克区附近斯毕托海滨避暑胜地的一栋住宅。每天早上利迪尔、罗伯特和埃里克一起在令人神清气爽的北海游泳。10 岁的珍妮很想跟哥哥们展现她的游泳技术，哪晓得一只脚才碰到冰冷的海水，就马上缩回海边小屋前廊那张晒太阳的躺椅上。她还是喜欢北戴河的温暖。

之后，8 月初的时候，利迪尔有一天下午回家时带回一份报纸，整个头版只有几个大字："英国开战了！"玛丽深吸了一口气，跟自己保证说，英国和德国的战争在她的两个男孩被征召去从军之前就会结束。埃里克 12 岁，罗伯特再过几个星期就要 14 岁，当战争的热浪横扫全国时，年轻人开始志愿加入成千上万的人潮去从军。"别让我的孩子去！"玛丽每天早上都在祷告，"主啊，求你让战争赶快结束！"

罗伯特和埃里克 9 月回去爱尔生书院的时候，珍妮进入英格兰肯特郡七橡树的沃尔汉斯多宣教士女子弟学校 (School of Daughters of Missionaries, Walthamstow, Sevensoaks, Kent)就读。尽管学校周围的环境十分优美，富同情心的大姑娘们不断鼓励她，珍妮就是想家想得厉害。圣诞假期稍微舒缓了一下这种情绪，但 1 月底回到七橡树，她在信中写道："父母春天要和欧内斯特回中国，把她留在英国"。她对这样的前景十分悲痛。她学校里面的一个朋友坦白地说："珍妮若留下来的话，就会死掉！"

玛丽再次面对"她回中国时把孩子留在半个地球之远的英国住宿学校"这种令人生厌的景况。如果这是唯一的出路，她只好这么做，但这是绝对必要的吗？伦敦会已经把利迪尔从偏远的萧张县重新分派到北京市，那里有很多很好的学校，即使珍妮去上中国内地会(China Inland Mission)在烟台的住宿学校，她一年里面也可以有 3 个月的时间回到家里住。玛丽决定自己来安排这件事，便从格拉斯哥坐火车途经 643 公里来到七橡树，找沃尔汉斯多女校的校长苏菲小姐(Miss Sophie Hare)谈话。

玛丽问她："如果我想把珍妮带回中国，您会认为我很傻吗？"在她们坦诚的谈论之间，这位满头银发又略带威严的女校长对玛丽表示出极大的同情。她告诉玛丽当看到宣教士父母 7 年不见，回来以后认不出自己女儿时，自己那种难过的感觉。很多女孩子毕业以后回来跟她说，她在她们心中的分量更胜于自己的母亲。玛丽谢谢校长这么坦白的一番话，便说："如果是这样的话，珍妮几个星期之后就离开学校，和我们一起回中国！"

1915 年 3 月 13 日是难过的离别时刻，利迪尔、玛丽、珍妮和欧内斯特，跟罗伯特和埃里克告别。再过两个星期就是复活节，学校会放一整个月的假，但是航行的日期已定，不能延期。罗伯特送给珍妮一枚戒指和一个她的娃娃屋用的小火炉，她眼泪汪汪地拥抱罗伯特。埃里克逗弄着两岁的欧内斯特，他扭着身子跑开去看珍妮的新宝贝。

玛丽搂着罗伯特的肩膀，惊讶他已经长得比她还高。再过几年，下次父亲回来述职时，他就会是个成人了，埃里克也可能上大学了。她让父亲再说几句话，因为他强而有力的握手、祷告和道别，会保佑这两个男孩，直到他们再见面。

＊＊＊＊＊＊＊＊＊＊＊＊＊＊＊＊＊＊

埃里克从 6 岁半到 13 岁这 6 年半的时间，只有 100 天和父母一起住在家里。有一位和他同时期的校友，写到爱尔生书院宣教士子弟的往事时说："我们会计较小节，但通常不会太久。大部分的人在放假的时候都留在学校，以现在的标准来看算是很少外出，因此，我们彼此之间的关系很密切，就像兄弟一样互相团结。学校就是我们的家，它为我们所提供的，就像是一个家庭为其家人所提供的那样。"

埃里克的兴趣着重在数学和科学。在布莱先生 (Mr. D. H. Burleigh)的指导下，化学成为他新的冒险。埃里克在实验室里面学会用嘴巴把硫酸吸进移液管，同时注意力集中在小心运作的过程，而不是潜在的危险。课堂内，布莱先生喜欢自己所教的科目，也因为他的热心，引发年轻的埃里克对化学的兴趣。课堂外，布莱先生以 26 秒的成绩赢得 1915 年教师 / 校友 200 米赛跑第一名，使得埃里克对他更加钦佩不已。

步入青少年阶段，埃里克和罗伯特显现出截然不同的性情。罗伯特健谈又外向，埃里克安静而害羞；罗伯特参加文学社和辩论社，埃里克却避免在团体里面公开发言——即使是在每周必到的穆尔先生的查经班里，埃里克也从来没有在讨论当中提出意见。罗伯特参加许多戏剧的演出，埃里克只在学校排演的"艾丽丝梦游仙境"(Alice in Wonderland)剧中登台演过一次睡鼠。有人说，埃里克不过是以他一向害羞和安静的方式来表演，却博得满堂喝彩。同学戏称他"老鼠"，在爱尔生书院这几年期间，这个诨名一直跟着他。

罗伯特无论做学生领袖或公开演讲，都潇洒自如，而埃里克却在这些方面想尽办法推托。遇到紧急或重大事件逼着要作决定时，埃里克通常会用"问我哥哥罗伯特，他会处理"来回应。或许因为罗伯特年长，天性也比较认真，通常就会去处理这些事。

但他们既是忠诚的兄弟，又是亲密的朋友，即使他们之间有什么冲突，也不会记在心上。尽管年龄不同，他们总是在同一个板球队和橄榄球队里面。由于第一次世界大战征召了英国各学校年纪较大的男孩去从军，使得罗伯特、埃里克和他们的同学，比正常情况更早地代表学校去参加比赛。罗伯特在 16 岁的时候就担任学校橄榄球队的队长，而 14 岁的埃里克也是校队成员。他们在黯淡的球季里取得三胜七负一平手的成绩，被认为还算不错，但是当然上不了校刊的头版。1916 年 12 月号《爱尔生书院期刊》(*Eltham College magazine*)在头版刊登了书院的"战士阵亡名册"，副题是："又有 5 位勇敢的战士阵亡，总共有 12 位死于现役"。

在战争刚开始的那几个月，男孩子们要是看到征兵大队经过，或是瞥见飞机从高空掠过，都觉得很刺激。即使食物的配给有困难，也被当作"为战争尽我们的一份力量"。但是，有些人认为英国大概在几个月之内就会打赢的战争，却致命地僵持在西方前线泥泞的战壕里面。1916 年夏天的索姆河战役 (Battles of the Somme)，不仅夺去两个交战国上百万人的性命，而且看不到战争何时可以结束。玛丽那个"主啊，求你让战争赶快结束！"的祷告，没有得到明显的回应。

1916 年初，爱尔生书院组织学生军训队的时候，罗伯特和埃里克都参加了。罗伯特在纪律约束和各种挑战中日渐茁壮，升级为军训队队长。他穿军服的照片面带微笑，潇洒从容，显出十足的领袖风度；而埃里克似乎把参加军训队当作不得不忍受的义务，内心里对战争的整个想法，就像他穿着不合身的军服一般，觉得既不自然又不舒服。埃里克并不是和平主义者，但内心深处他接受和平的理念，宁愿把争强较胜限制在体育方面。

和平主义仅仅是个人的信念，这在英国并不是一个普遍的立场。大部分的人认为，真正勇敢的人是那些"为上帝、为国王、为国家"打仗和牺牲生命的人。适龄男人如果没有身穿军服，通常在家乡会受到妇女的鄙视，有时候还会在街上被拦下来，指责为"懦夫"。

但是，并非仅仅是英国及其欧洲的邻国受到战争破坏。利迪尔在1917年的年度报告中说："这个冬天，中国正在遭受水灾、饥荒、瘟疫和战争。我在写这封信的时候，南北双方彼此对立，看不到什么和解的希望。国家似乎被推向绝望的混乱状态，很难从现在的一团乱麻当中看到如何产生未来的秩序。"

* * * * * * * * * * * * * * * *

1918年4月，罗伯特快要从爱尔生书院毕业之前，他和埃里克在年度运动会的九个主要运动项目上，分别赢得其中六项的第一名和第二名，运动会就像是利迪尔家的竞赛一样：

越野赛跑：	第一名，罗伯特；第二名，埃里克
跳远：	第一名，埃里克；第二名，罗伯特
跳高：	第一名，罗伯特；第二名，埃里克
100米赛跑：	第一名，埃里克；第二名，罗伯特
跨栏比赛：	第一名，罗伯特；第二名，埃里克
200米赛跑：	第一名，埃里克；第二名，罗伯特

埃里克在100米赛跑以10秒8平了学校的纪录，但在当天运动会结束时，罗伯特在总成绩上略胜弟弟一筹。

复活节假期之后，罗伯特进入爱丁堡大学攻读医学，埃里克在爱尔生书院继续学业。这是埃里克生平第一次和哥哥分开。

1918 年 10 月，罗伯特在伦敦第 28 军团第 2 营的"能手步枪队"服短期指派的现役，但没有被送到海外。几个星期之后，交战国签订停战协定，和平终于来到。听到这个消息，没有人比在中国的玛丽更加欣慰。

11 月 11 日 11 点钟，埃里克和爱尔生书院的全体师生参加一个特别的礼拜，纪念战争结束。他们为和平及胜利向上帝献上感恩，并纪念那些在战争中牺牲的人。当有人高声念着战士阵亡名册的时候，埃里克过去十年的生活场景又浮现出来。他在布莱克西斯年代所崇拜的那些橄榄球英雄（罗林森、柯拉顿、卡内基、华艾理、哈蒙、席尔斯）都牺牲了；他在爱尔生的队友贝得格(Badger)和派波(Piper)再也无法上场比赛了。这场战争教导了他们，所有的生命都是脆弱的，每个人随时都可能被无法掌控的事物波及。

如果有哪一句话可以总结埃里克在爱尔生书院年间所持的人生观，那就是"遵守比赛规则"。这不是像现代的年轻人那样，假装光明正大地比赛，乃是具体表现出正直、公义、公平和容忍的理念，"强调并遵守比赛规则"。这些理念大体上形成了幅员广大的大英帝国道德和伦理的主干，其挑战是：如何以最高的个人行为准则来生活，并尽责把这些理念传达给似乎对这方面一无所知的人们。

罗伯森校长(George Robertson)在对全校的演讲里面，把基督徒"遵守比赛规则"的责任，与以色列百姓"接受应许之地为全能上帝所赐恩典的礼物和托付"作比较。罗校长说："我们就像以色列百姓一样，受命去改正所犯的错误，去做在与上帝之约里面该做的事情，认清所承受的产业里面涵括的重大责任。我们原本不配得到上帝所赐的信心、健康和知识这样的恩典，因此，绝不可以用它们来培养骄傲，乃要无私地用它们帮助别人过更好的生活。"

《爱尔生书院期刊》每年会出版 3 期(4 月、7 月和 12 月)，登载该时段的消息。在校 12 年来，埃里克的名字只有一次出现在学术的荣誉上，此外还有一次是在木工方面的成绩表现，而其他所有提到他名字的地方，都和运动有关。他在爱尔生书院最后那一年半的时间，继续在体育竞赛上表现出卓越的能力，并且获得"布莱克西斯杯全能运动员奖"。他在 1918 年赛季担任橄榄球队队长，《爱尔生书院期刊》写道："在整个赛季里，埃里克显然成功地领导了整支球队。他是全场的灵魂人物，球技绝佳。他的速度和非凡的曲线前进，决定了几场比赛的胜负。他也是最佳的擒抱手。但这支队伍有点过于依赖他，而他对敷衍取巧的队友似乎过于宽大。"

虽然埃里克在朋友当中广受欢迎，并且得到高度的敬重，但是爱尔生书院的一项荣誉与他擦身而过——被誉为无畏无过之武士的"贝亚德奖"(Bayard Prize)。这个奖由男孩子们自己投票，选出他们当中一位当年对大家影响最大的人。罗伯特在 1918 年得到了贝亚德奖。1919 年，埃里克极有可能获奖，这个奖却颁给另一位高年级同学。埃里克安静、害羞、不爱出风头的个性，使他显不出领袖的气质。他自己虽然在道德上持守最高标准，并且做事情非常努力，却从来不坚持别人也要像他一样；而且，他也不可能去惩戒偷懒的橄榄球队友——这就是埃里克的作风。

埃里克 1902 年春天离开爱尔生书院，希望攻读纯科学方面的学位，但是有一个问题：爱丁堡大学不收他。

第四章
赛跑和橄榄球

爱丁堡大学　1920～1923 年

从这张1922 年的照片，看到左起第二位的埃里克，于 1921 年 5 月在爱丁堡大学运动场初显身手。

埃里克，左起第二位，于 1921年和同伴前往朋尼维斯山骑自行车旅行。

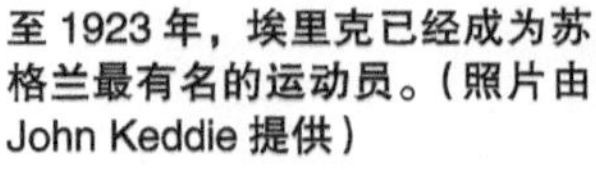

至 1923 年，埃里克已经成为苏格兰最有名的运动员。（照片由 John Keddie 提供）

1920 年 3 月，埃里克从伦敦一路北上，旅程中仔细地思索着他的现在和未来。

要是穆尔这位天才的法文老师没有在 1915 年离开爱尔生书院的话，埃里克就可能完成他法文的全部学分。事实上，他现在必须提升语文的水平，并取得入学证书，才能够成为爱丁堡大学的学生。

18 岁时成为爱尔生书院的毕业生，加上离开多年的住宿生活环境，令埃里克觉得很不习惯。他不会怀念被称为利迪尔家老二的日子，虽然在罗伯特离开爱尔生书院之前，这个头衔一直容许他享有把该做的重要决定委托给利迪尔家老大的特权。但他会怀念其他男孩子的友谊，也会怀念大部分老师真诚的关怀和学术上的专长。如果他将来做老师的话，绝对有各种榜样可供效法或避免重蹈覆辙。

再过一个星期，他的母亲、妹妹和弟弟就要抵达爱丁堡。玛丽再次在利迪尔述职时间未到就提前一年离开中国，为的是帮罗伯特和埃里克安家。这可能是这两个男孩结婚建立自己的家庭之前，最后一次机会帮他们了。埃里克期待再度和罗伯特像一家人般住在一起，但他自己也有很多事在接下来的几个月要完成。他需要找到一位法文的家教，也需要做工赚点钱供自己读书。

4 个小时往北的旅程中，火车隆隆驶过特威德河畔的皇家边界桥，埃里克回想起他和罗伯特在暑假期间与母亲家的亲戚在这附近共度的时光。他们俩有好几次在特威德河边玩耍，打水漂，看着火车从道桥高大的拱石穿过去。

特威德河发源于苏格兰边界地带，最后那 32 公里在苏格兰和英格兰之间形成一道波浪形的国界。靠近派斯敦的地方，河界先向北，再转向东，河面越来越宽，一直到伯立克，才流入北海。

虽然伯立克几百年前由苏格兰易手给英格兰，但它的归属仍是争论未定的事。当游客问说："伯立克是在英格兰吗？"当地的人总是会回答说："暂时是。"

埃里克知道，只要他在爱丁堡一开口说话，人们就会好奇他的原籍在哪里，因为他讲话没有半点苏格兰腔。如果他们问："你是苏格兰人吗？"对一个具有苏格兰血统、在中国出生、在英格兰受教育的年轻人而言，"暂时是"恐怕是最好的答案！

4 月初的时候，罗伯特和埃里克在爱丁堡魏菲利车站的月台，热切地等着从中国回来的玛丽、珍妮和欧内斯特。一辆出租马车把重新团圆的家人载到吉尔斯皮街一栋布置好的公寓——那里离大学不远。经过 5 年的分离之后，他们需要花点时间重新彼此认识。将近 20 岁的罗伯特已经完成两年的医科课程，正在交女朋友。玛丽和珍妮都坦白承认一方面替他高兴，但也因为要和丽雅小姐（Miss Ria Aitken）共有他而相当失望。玛丽上一次看到埃里克时他 13 岁，现在已经 18 岁，还需要人家巧言诱哄，才肯说出在爱尔生书院运动方面的成就和荣誉。

玛丽很快就感觉到：这两个过去需要她的小男孩，现在都是独立的青年人了。在成长过程中，每个人对新的角色都要适应一阵子。7 岁的欧内斯特使人欢笑和放松，很快把每个人拉在一起，在短短的几个星期之内，他们非常愉快地享受彼此在一起的时光。

埃里克找到一位法文家教，也在爱丁堡城外的农场得到一份工作。他整个暑假每天早上 6 点钟骑自行车到乡下，然后在那里整天辛苦工作。秋天来临之前，他们一家人搬到麦奇斯顿广场靠近"圣街角"(Holy Corner)的一间较大的公寓。"圣街角"之所以得名，是因为那个交叉路口的四个角落都是教堂。其中晨曦公理会教堂(Morningside Congregational Church)成为利迪尔一家人聚会的地方。罗伯特在两年前就加入这家教会。埃里克活跃地参与青年联合会(Young People's Union)，大家都知道他是一位很有原则、很委身、默默地跟随基督的青年人。

那年秋天，埃里克开始在赫里华特学院(Heriot-Watt College)上课。他在这个学院所上的数学和科学课程，都会算作他将要进入的大学的已修课程。他第一年在无机化学课上取得 94 分的成绩，在那个班上得了第一名。埃里克获得苏格兰大学入学委员会颁发的证书之后，在注册入学簿上签了名，于 1921 年 2 月 23 日正式进入爱丁堡大学。

几个星期之后，埃里克走向教室的时候，有一位同学赶上他。

"我知道你在爱尔生书院参加过赛跑。"

"偶尔吧。"埃里克回答。

"你 5 月底为什么不出来参加大学运动会比赛呢？"

"我实在太忙了。"埃里克说。虽然学业的负担很重，但这些话他自己听起来也觉得很奇怪。忙得不能赛跑？忙得不能做他喜欢的事？

"我可以帮你。"同学提议。

"谢谢，但我的物理和化学不是那么需要帮忙。"埃里克说。

"我不是在讲学习，我是在讲赛跑。我可以帮你练习。"

埃里克有点犹豫："要是我能找得出时间的话……"

"你明天三点钟和我在运动场见面，怎么样？"那位自充教练的同学问。

"我想,我可以空出一个小时来做点热身运动。"埃里克说着。他们握手言定。

埃里克和他的新朋友对赛跑的技巧和训练所知有限,但绿色草坪和露天场地的确有刺激作用,并让他了解到自己是多么怀念赛跑。他们有一个星期都在练习,每天下午先练习起跑和冲刺,然后进行几次 100 米计时跑。刚刚开始练习,一个月长的复活节假期就打乱了他们的练习时间表。

当埃里克愉快地宣布说他要和四个朋友一起骑自行车旅行一个星期时,他的新教练坚决不同意。"那绝对是你所能做的最糟糕的事,"他强烈反对说,"你回来的时候,会僵硬得像块木板,肌肉会像没有煮过的意大利面! "

埃里克谢谢他的关心,但不想错过这个一辈子没尝试过的自行车之旅。他们要从爱丁堡穿越苏格兰高地到威廉堡。他和朋友计划去那里爬英国最高峰朋尼维斯山(Ben Nevis),并在山顶观赏日出。他们一行人穿着苏格兰呢料西装,配上白衬衫、背心和领带,骑了 200 公里,一路经过了苏格兰几处最为壮观的奇景。抵达该城的西北边,他们沿岸而行,穿过幽绿的河谷,又骑过遍地羊群的山坡,这时可见白雪覆盖的山峰。

清晨,天还未亮的时候,他们按照约定悄悄地离开威廉堡的青年旅舍,开始了攀登朋尼维斯山的艰苦路程。在多石的小径上徒步行走 8 公里路之后,终于抵达 1340 米高的山顶,却发现整个山头笼罩在团团雾气里。太阳虽然出来了,但那天早晨他们在光秃秃、雾蒙蒙的朋尼维斯山顶,并没有看到日出的景象。

6 天很快过去,他们回到爱丁堡时虽然疲惫,但是很开心。当埃里克回到跑道上的时候,他很痛苦地发现:那位新手教练说得没错，他几乎不能走路，没有什么冲劲，肌肉毫无弹性。离大学运动会只剩一个月，他开始努力练习，想办法达到他在爱尔生书院100米比赛时10秒2的成绩。

* * * * * * * * * * * * * * * *

1921年5月3日，罗伯特和埃里克在爱丁堡迎接父亲。他的头发和胡子都变白了，但精力仍然没有减退。利迪尔虽然已经50多岁，体力依然充沛，他的幽默和笑声使整个家庭气氛快活起来。他要代表伦敦会去到英国各地公理会演讲，此前有几个星期自由的时间可以和家人待在一起，而他尤其渴望看他的老二赛跑。

5月最后一个星期六，埃里克沿着科林登路，前往位于克雷洛克哈特（Craiglockhart）的爱丁堡大学运动会场——离利迪尔家住的公寓约有近2公里路。克雷洛克哈特人傲称它是苏格兰少数几个有笔直的200米跑道的田径场之一。木制的露天看台在一栋两层楼的建筑物前面，这栋建筑物的楼上是俱乐部会所，楼下是运动员更衣室。埃里克穿过一扇标有"运动员专用"的门，进入温暖的更衣室。他把外套挂在钩子上，然后选择一个木制小橱，坐在橱盖上脱鞋。

大家都看好史华特（G.Innes Stewart），觉得这次他会再夺得100米和200米比赛项目的冠军。他在第一次世界大战的时候曾受过重伤，并且两度被授予勋章。他是一位极受欢迎的运动员，在参加这场比赛之前，保持着严格的训练和有规律的生活。他那天下午上场的时候，没有太留意这个站在他右边、身穿黑短裤和白背心的不知名的大一新生。100米预赛时，史华特一直用眼睛余光看着这位直到冲刺时仍不肯让步的新手；他只赢了这个小男生不到一步的距离。在100米决赛的时候，埃里克反败为胜，以10秒4的成绩第一个冲刺撞线。

那天在200米决赛的时候，史华特以23秒4的成绩，仅以半步之遥领先埃里克冲线。有些观众注意到年轻的埃里克奇特的跑步姿势：他双臂摆动很大，膝盖几乎抬到胸膛。撞线时，他猛地抬头——如果他睁开眼睛的话，能够看到天空！

有位嘴里叼着烟斗的男人，从牙齿缝里冒出这么一句话："那个小伙子跑步的姿势真难看！"

"是啊！"他旁边那个人回答说，"但是他第一次赢了史华特，第二次又差点赢了他。不管他的姿势怪不怪，他可是快得很！"

埃里克在克雷洛克哈特表现优异，马上被选去参加爱丁堡大学的赛跑队，和那些代表格拉斯哥、阿伯丁和圣安德鲁斯大学的运动选手比赛。他只受了三个星期的训练，就被带到爱丁堡的包德厅运动场(Powderhall Stadium)，参加各学校代表队之间的比赛。埃里克生平第一次看到煤屑跑道。他跪在那里，抓起一些煤屑，让这些奇怪的材料在手指头之间滑落。在他旁边那些职业选手到处蹦跳，好像踩到炭火上一般，然后脚尖抵在挖好的起跑洞上，不停地练习起跑。他们也期望他那样出洋相吗？显然如此！

埃里克开始难为情地做着人家指示他的那些练习动作。他耸肩、扭身来放松肌肉，觉得每个人都在看他。他踮脚蹦跳、弯腰、伸展，然后开始一连串的10米短跑，心里却怀疑这一切会有什么帮助。因为他什么都做了，就是没有比赛跑步！

包德厅运动场除了给职业选手赛跑之外，也用作赛狗。在这里每一场比赛之后，赌金就会落入不同人的腰包，此外，场地也提供给业余跑步的人做练习。在椭圆形跑道的一边，埃里克和其他短跑的选手在赛跑；在运动场的另一边，英格兰短毛赛狗在那里吠叫、跳跃，等机会去追"兔子"，选到第一名赛狗的人将会发一笔横财。

有一天下午，在包德厅有一位头戴典型苏格兰式便帽、结实矮小的男人走上前和埃里克握手。

"麦科查(Tom McKerchar)。"他说出自己的名字。

埃里克介绍自己，然后紧紧握住那个男人的手。

"你太僵硬了！"麦科查唐突地冒了一句话。他用手指压一压埃里克背上靠肩膀底下的位置说："你这里的肌肉很硬，腿部的肌肉也很硬。如果不弄软的话，它们就会绷断！"

埃里克看过这个人在训练其他赛跑选手，对他一无所知，只觉得他讲话带着知识和权威。

麦科查对着一群赛跑选手比个手势说："你加入那边那些小伙子，跑一圈给我看！"

埃里克按照他的意思跑了一圈，并且轻易地赢得这场即兴的比赛，在冲刺终线后马上停了下来。他走近麦科查，很有自信地问："怎么样？"

麦科查双臂交叉胸前，看着地面好一阵子之后，才抬眼看埃里克。"如果你想要搞坏身体，"他说，"就用刚才那种姿势去跑步吧。绝对不要在冲刺终线之后马上停下来。要慢跑一下，走一会儿，让你的肌肉好好放松一下！"

埃里克后来回想和麦科查的首度邂逅，说："我彻底地失尽颜面，觉得自己的声名受辱，自尊在泥坑中打滚。但是，我如果不赶快找一位教练帮我，我身上的肌肉就都会断掉，一辈子都会残废。自那以后，我就调整心态，开始了运动员生涯。"

麦科查从事印刷业为生，但是他发现自己适合做运动教练。他在包德厅首次和埃里克握手的时候，已经 44 岁。他身高约一米六五，腰腹突出，使他看起来像结实短毛的英国牛头犬，而不像善跑眼锐的猎犬。他跑不过包德厅速度最慢的人，却了解身体的肌肉、张力和组织。当他嘴里叼着雪茄在看一个人跑步时，就可以直觉地知道该怎么帮那个人进步。他虽然可以从训练职业选手得到一些报酬，但他爱护埃里克，纯粹是因为自己喜欢这么做。埃里克在当日严格的"业余选手规章"管制下，不能雇用教练，但麦科查自愿帮他训练而不收一分钱。

麦科查在跑道上给予埃里克指正时，几乎从来不用再多说一次。事实上，他们之间的对话不多，但信任和尊重却与日俱增。每次训练之后，埃里克会脱掉衣服，躺在练习室的桌上，让麦科查彻底替他按摩肌肉——这样做有时候很辛苦。麦科查时而推拿、揉捏，时而放松、重整，以使坚韧的肌腱更好地带动腿部活动。埃里克从一开始就把自己交托在麦科查的手里。

6月18日，埃里克和史华特在圣安德鲁斯的运动场，分别夺得100米和200米赛跑的第一名和第二名。一个星期之后，埃里克再度在格拉斯哥举办的"苏格兰业余运动员协会锦标赛"中，赢得这两项短距离赛跑第一名。暑假剩下的时间，他在麦科查的监督之下，一个星期到包德厅练习两三次。8月中旬赛跑季结束之前，埃里克在苏格兰和爱尔兰完成了11场竞赛，他每到一处，往往使当地为之震惊不已。

1921年8月11日，《格拉斯哥先驱报》(*Glasgow Herald*) 的一篇文章很肯定地说："爱丁堡大学业余运动社的埃里克，即将成为英国的冠军，甚至可能成为奥运会上的英雄。他的成就非凡，事实上，是业余比赛中的一个传奇。他4个月以前默默无闻，但今天他成为顶尖的英国短跑选手。在下一赛季的这个时候，他可能不只是苏格兰的冠军，也会是英国的冠军。埃里克因为无上的勇气和惊人的速度，成为近代体坛一位杰出的人物，将来注定会更为出色！"

* * * * * * * * * * * * * * * * *

　　埃里克因为运动方面的成就在报界引起骚动，同时，利迪尔家可以使用的空间愈来愈少——奖杯、奖品、刀叉餐具、绶带、奖章，似乎到处都是。业余运动员不会赢得奖金，但是每场比赛都会得到很多值钱的奖品。玛丽开始担心窃贼会闯入家门，珍妮则比较担心谁来负责擦亮所有的银杯。她郑重声明："当然不是我！"

　　罗伯特在庆祝 21 岁生日时向丽雅求婚，得到欣然应允。他们互赠戒指，正式订婚，但是要等到罗伯特医科毕业再举行婚礼。罗伯特宣布说，他决定从事医疗宣教的事业，希望能够到中国工作。利迪尔很满意罗伯特的决定，玛丽一想到儿孙们（如果能有孙子的话）都将在中国与自己相伴，不禁欣喜若狂。这可能是她长年忍受与他分离的报偿吧！

　　1921 年秋天那一学期，罗伯特和埃里克一起为爱丁堡大学打橄榄球。他们两人都是后卫，在旁翼打球可以充分利用他们的速度和灵活的头脑，来取得优势。报界并没有忽略他们兄弟俩自爱尔生书院年代以来，沉寂一阵之后再度合作这件事。有篇文章写道："埃里克在爱丁堡大学的橄榄球队任后卫，相当出风头；但不要小看他同在这支队伍中的哥哥罗伯特，他也一样出名。罗伯特计划投身到中国东北的宣教工作。利迪尔家两兄弟在球队里的亲密合作，对这支球队非常重要。如果明年你看到他们联袂在几个大赛里面打球，不必感到意外。"但只有罗伯特知道，这是他的最后一个球季，他必须为医科的学业放弃运动。

　　埃里克身高一米七五，重七十公斤，很难把他和需要使用蛮力的橄榄球队员联想在一起。他欠缺体力，就以快速和全然的决心去弥补。与赛跑相比，他更喜欢这种橄榄球比赛。许多橄榄球队的行家很少使用短跑运动员作为队员。那些跑惯煤屑跑道的人，经常被人称作"贵妇人"，因为他们不肯去擒抱对手，只想"抱球快冲，疾速越过殿卫的防守，达阵得分"这样光彩的事。但这些指控从来没有针对埃里克而发。有位体育记者描述埃里克是个"不停尾随你的防守员，当他死命擒抱你的时候，你就会被抱得死死的"。

《爱丁堡学生杂志》(*The Student Magazine*)说，埃里克在球场上"有着罕见的组合，他既有速度又有橄榄球员的头脑和技巧；他开球、抢机会、善用'假动作'，必要时，在防守中他一个人可以当作三个人用，无私地承担到几乎过分的程度"。

那些在工厂和煤矿里工作的人对大学的橄榄球赛兴趣不大。对他们而言，城市或地区之间的球赛更为重要。至于看国际对抗赛，则是爱国行为。1921 年 12 月 8 日，为苏格兰国际队的选拔所作的第一场选拔对抗赛，吸引了 8000 名观众到爱丁堡东南 56 公里的加拉希尔斯(Galashiels)观赛。埃里克在对抗赛中五次达阵得分。他在飞跑当中，一直和变化多端、不按常理前进的葛莱西(A. L. Gracie)并驾齐驱。

埃里克和葛莱西虽然曾经同时在爱尔生书院就读，但因为年纪的缘故，从来没有在校队一起出赛过。葛莱西比埃里克大 6 岁，是英国圣经公会派到锡兰（现称"斯里兰卡"）的宣教士葛莱西牧师的儿子。他在 1915 年进入牛津大学(Oxford University)之前，在爱尔生书院轻易地赢得各项学科、运动和领导方面的奖。在第一次世界大战的时候，这位年轻的英国陆军中尉因为在服役中表现出色，而获得十字勋章。

圣诞节前一天，埃里克和葛莱西在爱丁堡印佛莱斯运动场

(Inverleith Stadium)第二场的选拔对抗赛中，联袂上场。他们再度以惊人的速度和闪电般迅速的反应，使苏格兰队取得压倒性的胜利。葛莱西那种无法预料的移动和传球，从来没有让埃里克感到意外，他们的配合看来像是心灵感应般天衣无缝，常常让防守员眼花缭乱、四脚朝天地倒在地上。史都普(Adrian Stoop) 曾是橄榄球"半飞人"式的传奇人物，后来担任英国哑剧谐角俱乐部会长。他形容葛莱西那种非正统的打球模式："他样样都做错，但速度快到没有人能抓得到他的错！"

一个橄榄球运动员最光荣的事莫过于入选本民族的代表队了，而那正是 1922 年初埃里克所得到的荣誉。苏格兰队要和法国队、威尔士队、爱尔兰队、英格兰队打四场对抗赛。如果他们四场都赢了，就可以声称自己为"大满贯"(Grand Slam)；打败英国另外三个对手，就可以有权自夸为"三冠王"(Triple Crown)；苏格兰对英格兰比赛的胜者，就可以得到加尔各答奖杯(Calcutta Cup)——这是令人觊觎的银杯。在英国统治印度期间，由居住在印度的英国橄榄球社会员用溶化的印度货币制成。

比起在晴朗天气穿着白裤打板球、保龄球、棒球等绅士型的比赛，橄榄球赛通常是泥泞又血腥。1922 年 1 月 2 日，37000 名观众挤在巴黎的科伦布运动场(Colombes Stadium)，希望看到法国队给苏格兰队一个教训。球场已经被大雨浸透，两支队伍搅在泥淖里拼命猛攻，下半场更是在倾盆大雨中苦战，最终以 3 比 3 打成平手。2 月初在印佛莱斯那场与威尔士的对抗赛，以 9 比 9 平手结束。埃里克打球很实在，但没有什么惊人的表现，也没有像他 12 月参加选拔赛时带球冲向球门触地得分的成绩。三个星期之后，苏格兰队在印佛莱斯球场设法赢了爱尔兰队 3 分。《苏格兰人报》(*The Scotsman Newspaper*)如此评论："这场比赛真正让人失望的，就是埃里克没有令人满意的表现——并不是他真的有什么失误，而是他的速度没有如预期般地那样惊人。但值得称赞的是，他能够抓住机会来赢得比赛。他无疑是一位成长中的杰出球员，但有时候在比赛中还是显得经验不够，在被逼至困境时，缺乏应变能力。"

埃里克再次被提醒，在立场分明的体育界，他很难达到人们预期的标准，也很难一直有球迷想要的惊人表现。他没有太为报纸上的批评而苦恼，但是当他因为在一场即兴的橄榄球赛中受伤，而不能在伦敦崔凯南运动场(Twickenham Stadium) 参加与英格兰的对抗赛时，没有人比他更失望了。他只能告诉自己，已经赢得三项国际对抗赛的选手帽，而且每次都尽了最大的努力，要以此为满足。

即使参加了校际和国际的橄榄球赛，埃里克在大学二年级的时候，还是在无机化学和物理化学科都得了第一名，他还在晨曦公理会教堂的青年联合会担任秘书的工作，又在爱丁堡贫穷的放牧区教那些赤贫的儿童主日学。

这年冬天，利迪尔大部分的时间都代表伦敦会旅行到英国各地，分享他在中国的工作。但这一次，许多听众来听他讲道，不是因为他在中国待了 25 年，而是因为他是埃里克的父亲。玛丽已经习惯了利迪尔外出，但现在能和两个长大的儿子有一点时间在一起，就会感到安慰，因为他们不仅要完成大学的课业，还要从事那么多运动，能够在吃饭时间看到他们，她已经觉得很幸运了。

埃里克对未来如何还不清楚，但既然罗伯特已经表达出去中国做宣教医生的浓厚兴趣，父亲在他认为方向正确的事上，也就没有进一步推动。1922 年 1 月 14 日，利迪尔写信给伦敦会外事秘书尼森(Nelson Bitton)，鼓励他直接和罗伯特联系有关在伦敦会服侍的可能性。"他对主耶稣基督的委身，以及为主得人的心志，都是毫无疑问的。"利迪尔写道，"至于其他的事情，在他摆上自己的一生时，最后都会借着时间、经验得到调整。我们会竭尽所能地在'用宽广的胸襟包容不同意见的人'、'看每个人最好的一面'、'宣教的方针'、'审视原则'等事情上帮助他，也十分肯定他会成为一个可敬又勤奋的宣教士。"

罗伯特很不喜欢那些不注重领人归信耶稣基督的宗教企业，而且很坦白地这么说出来。负责同工希望他老练一些，他的直言不讳导致伦敦会的人对他有些顾虑。伦敦会一份早期对罗伯特的评估是这样写的："他现在已经准备好，将自己奉献在伦敦会在华北的医疗工作上。他是个很诚恳、很吸引人的人，但目前他在神学观念方面相当僵硬，而且倾向于接受爱丁堡福音派圈子中比较狭隘的看法。在罗伯特身上显然有极大的发展潜力，他也拥有非常坚强的个性。"

埃里克不像罗伯特，他几乎不曾在任何事上表示过强烈的意见，当其他人热烈讨论时，他始终保持旁观的态度，脸上半笑不笑地思考着那个议题，什么话都不说。他的信念像深水底下强烈的激流，有力却安静地带着他前进，只是从来没有侵入到别人的生命领域。

* * * * * * * * * * * * * * * * *

1922 年 5 月 27 日，埃里克在爱丁堡大学运动会上以 10.2 秒取得 100 米赛跑第一名。他同时获得 200 米和 400 米决赛第一名，以此开始他的新赛季。他担任大学田径队的队长，参加在阿伯丁举行的校际比赛以及在包德厅举行的苏格兰锦标赛。暑假过后，利迪尔家再度装满他在各项业余比赛中得到的战利品。玛丽和珍妮各得到一只背后刻了她们名字的金表；橱柜里暂时摆放将要送给亲戚朋友的玻璃制品和餐具；壁炉台上各式各样的时钟滴答滴答地走着，利迪尔一家人秋天就要回中国了。

9月有两个星期，在"寒溪"这个地方的一间小木屋里，回荡着利迪尔家六人的笑声和谈话，他们享受着共聚一堂的最后假日。利迪尔拍下了将近10岁的欧内斯特站在特威德河上那座桥梁中间，一脚站在苏格兰、一脚站在英格兰的照片。珍妮当时快要19岁了，长得越来越漂亮。罗伯特的未婚妻丽雅有几天的时间和他们待在一起，以她的音乐天赋带着家人一起唱歌。晚上他们一起玩游戏，白天就去探索一个自17世纪初以来即属于何姆勋爵家族所有、壮丽的小区庭园。埃里克平时事务繁多，负荷过重，现在，他很享受这段短暂、安静的喘息时间，因为他很快就要开学，还要回去参加大学校队之间的橄榄球比赛。

玛丽在离开之前，最后一次坐在罗伯特和埃里克中间，用手梳弄他们俩越来越稀少的头发。这些头发是那么快速地从他们的前额往后退。她坚持说："你们冲了太多热水澡！"其实，看一眼她丈夫光秃的头顶，就可以证明这是遗传，但玛丽就是拒绝这么认为。当两兄弟躲避她在他们头顶上按摩时，她再次说："不要太常洗头！"

10月中旬，利迪尔、玛丽、珍妮和欧内斯特，花了六个星期的时间乘船回中国，到天津市的新宣教站事奉。罗伯特和埃里克搬进乔治广场56号(56 George Square)由爱丁堡医疗宣道会资助的青年旅舍，他们几乎没有时间为离别而哀伤。

利迪尔一行人在12月初抵达中国的时候，埃里克在国际橄榄球赛的第二球季中确定被选上参赛。体育记者预测这将会是比上一季更精彩的球季，因为埃里克和葛莱西双双为苏格兰队效力，还有一群去年也曾参赛的球员。1月，他们干净利落地打败法国队，为2月在加的夫双臂球场(Cardiff Arms Park)与威尔士队决定性的对抗赛做好准备，苏格兰队33年以来没有赢过威尔士队。

有些苏格兰人把在加的夫与威尔士进行对抗赛，比作在地狱与魔鬼进行对抗赛——指主场作战所带来的优势。主场加上威尔士观众所投出来的符咒，可以施魔法让有力的对手犯愚蠢的错误而导致失利。还有，就是天气的问题。

对抗赛之前连续下了几天雨，使场地上积了很多水，因此，加的夫市的消防队员开着装载抽水机的卡车，想办法把场地的积水抽干。苏格兰队的队长葛莱西说，在这种场地湿软、球很滑的情况下，只有靠体力拼命向前打到中间，而不是让跑得很快的后卫想办法从外侧冲阵来决定胜负。结果证明葛莱西错了。

在2月3日(星期六)开赛之前，加的夫双臂球场早已挤满了4万名观众。球场的门关上之后，2000个喧闹的威尔士人被驱逐离开，他们中的许多人已经在附近的酒吧等了一个早上。只有那些眼疾手快、雷厉风行的执勤警察，才能阻止门被撞破或群众越墙而入。对抗赛开始之前，球场内的观众都肃静下来，然后站起来唱威尔士国歌。有力和谐的男声掺和着威尔士语独特的风味，唤起一股热情洋溢的情怀，一直响彻云霄，回荡在威尔士土地上空。 对许多人而言，单是听到露天球场里面威尔士男人在唱的"哦！我列祖之地，哦！我所爱之国！"就已经值回票价。不过，矿工、农民和工人并非来听歌曲，他们只是为了来看橄榄球对抗赛。两支队伍迫不及待等待开始这场球赛。

在整个上半场，双方都令人困惑地失去许多大好的得分机会。琼森向来并非以速度取胜。当他距离球门线不到1米的地方从后面擒抱住埃里克时，威尔士人都欢呼起来。在上半场结束时，威尔士队因为罚踢得分，以3比0领先。下半场刚开始的时候，球传到外侧的埃里克手中，他昂首阔步地冲过球门线，就好像他在200米短跑时冲刺撞线那样，观众都跳将起来。但威尔士队快速反攻，恢复领先，在终场前不到两分钟的时候，威尔士队以8比6领先。葛莱西抱着球作长距越场冲阵，他闪避、迂回地穿过威尔士队的中卫，突破擒抱，巧妙地逃脱殿卫的防守，达阵得分，使苏格兰队获胜。

比赛一结束，几百个威尔士球迷跳过栅栏，笔直地朝着葛莱西走过来——他将胜利从他们手中夺走。在苏格兰队意识到发生什么事之前，他们已经把葛莱西抬到肩上，带着他离开球场，朝观众席走去。苏格兰队惊奇地看着威尔士人如何对球队英雄激动人心的表现表达敬意。在威尔士语中有一个字"Hawl"（即有胆识、有决心、有勇气之意），他们用这个字来尊荣任何一个人，即使那人刚刚才打败了他们！

报界刊载的埃里克对这场比赛的评语是："一场开心的好球赛，是我打过最精彩的国际对抗赛！"至于人们所有的荣耀都归给了葛莱西，他并不觉得有什么不妥。

苏格兰队在蒙蒙细雨中以13比3打败爱尔兰队之后，就泰然自若地等着在苏格兰印佛莱斯的主场打败英格兰队，以便赢得"大满贯"和"三冠王"之誉。3月17日，在天气绝佳的情况下，苏格兰队在32000名观众面前输了两分。虽然埃里克在对抗赛中没有得分，报纸仍然对他在比赛中的不懈努力以及对团队的贡献表示赞赏。埃里克和获胜的英格兰队的队员握手之后，离开了球场，他知道这可能是他最后一次参加国际橄榄球赛。

奥运会再过一年就要开赛，有很多关于他要被选去参加100

米和 200 米赛跑的传言。许多人都指望他在未来的赛季，在田径场上成功。如果他被选上，就要放弃橄榄球比赛，以避免在来年夏天的竞赛之前受伤。

但目前所有这一切都只是推测而已，没有一件事是明确的。能够肯定的就是，埃里克将会使用上帝所赐的恩赐服侍基督。但他不知道在体育方面的才能要怎么样才能为上帝的国度使用。依他所见，自己似乎拥有太少在基督教事工上所需要的技能。他不仅不是一个能言善道的人，而且一想到在公众面前讲话就害怕；4 万名球迷在露天运动场上大吼大叫对他来说算不了什么，但 40 个安静坐在礼拜堂里面的人就会使他害怕。

有一天晚上，他立下心志跟主说，自己想要服侍主——主要求他什么，他就去做什么！埃里克跪在乔治广场 56 号房间里面，做了个简单的祷告。当他关灯上床时，一点都没有意识到，他很快就会成为被别人讨论的话题，并从此改变自己生命的轨迹。

第五章

转折点

1923 年 4 月

埃里克，后排右起第二位。与苏格兰国际橄榄球队一起打了七场对抗赛。中排持球那一位是队长葛莱西，后排左起第二位是马泰德，摄于 1923 年。（照片由 The Scottish Rugby Union Library and Archives 提供）

埃里克与教练麦科查。（照片由 John Keddie 提供）

"我们为什么不为男士专门举办一场聚会，邀请埃里克来演讲呢？"

这个提议既直接又突然，每个人都愣在那里。就像一颗小石子丢入平静的池塘，溅起的涟漪扩散着，几秒钟后，这群年轻人似乎才听到这句话，开始思索这样做的可能性。

"他会来吗？"

"他曾经在公开的聚会中讲过他的信仰吗？"

12 位挤在教会地下室煤炉旁边的大学生提出质疑。他们来自格拉斯哥学生布道团 (GSEU Glasgow Students' Evangelistic Union)，该布道团当时在爱丁堡以西 32 公里的亚马戴尔 (Armadale)煤矿城举办了为期两周的基督教布道活动。尽管他们努力尝试着去接触这个城里的年轻人，但收效甚微。现在布道活动快要结束，只剩下三天了，他们一直在找寻办法，看怎么才能引起那些宁可坐在酒吧板凳上豪饮，而不愿坐在教堂长椅上听道的矿工和铸造工人的注意。

"我们对埃里克了解多少？"

"宣教士的儿子，一间教会的信徒。"

"跑起来像风一样的人！"

"似乎很赞同基督教的信仰。"

"他的哥哥罗伯特去年和我们一起布道。"

"谁要去问埃里克可不可以来？"

所有的目光都本能地转向汤姆森(David Patrick Thomson)。他是一名神学生,一年前与别人共同创立格拉斯哥学生布道团。汤姆森站起身来说:"要是苏格兰最知名的运动员来到亚马戴尔,将是个为基督传福音的好机会。让我们求主差派他来!"他们在温暖的煤炉旁低头向主祷告。这与埃里克在几天前向主所说的话竟然如此契合。

第二天中午,当汤姆森敲响乔治广场 56 号房门的时候,罗伯特出来应门。汤姆森开门见山地说明来意。罗伯特上楼去叫埃里克。几分钟以后,汤姆森第一次和苏格兰跑得最快的男人握手。

任何认识汤姆森的人绝对难以想象,他竟然只是简单地邀请埃里克去亚马戴尔,然后没有再多说什么。照理他的邀请应该有一番生动的描述:那些工人们原本连走到街对面去听讲道也不肯,现在却愿意从城里各地远远赶来,听参加过许多国际比赛的橄榄球员演讲,这可是个高举基督的大好机会!汤姆森是一个颇具感染力的热诚之人。如果他用这些话来邀请,不仅会让埃里克觉得自己必须去演讲,而且可以消除他对在公共场合演讲的恐惧,觉得这是完全做得到的事。许多人都曾在汤姆森的魅力感染之下自愿去承担他们原本认为力所不能及的任务,因为他们根本无法对一个这么肯定他们的人说"不"。埃里克犹豫了一下,考虑着这个邀请,然后抬起眼来,带着开朗的笑容说:"好,我会去!"汤姆森雷鸣般高兴地大叫一声,他邀请罗伯特一起去演讲。他告诉他们有关聚会的一些细节之后便离开了,沿街而行,为完成使命雀跃不已。

第二天早晨,埃里克正在拼命努力不让自己事后怀疑所作的决定时,正好收到妹妹珍妮几个星期以前就从中国寄出来的信。信尾附了一节经文:"你不要害怕,因为我与你同在;不要惊惶,因为我是你的神。我必坚固你，我必帮助你，我必用我公义的右手扶持你。"（以赛亚书 41 章 10 节）这节经文此时为他带来肯定：他处在正确的跑道上，上帝会赐给他所需的力量。

亚马戴尔这个城市的人以粗鲁闻名，这是个陌生人在星期六晚上不敢上街的地方——除非是要找人打架。住在附近巴斯门 (Bathgate) 的那些较有文化素养的居民，认为这些满脸煤灰的邻居是一群野蛮的坏人，只差没吃掉自己的孩子。对访客而言，亚马戴尔的男人似乎冷漠又无情，几乎不会在街道上向外人说声"你好"。但这其实是错觉。实际上，矿工之间轻轻点个头或是眨动一下眼睛，就是打招呼了。当他们坐着电梯下到井下时，通常不会再跟伙伴多说一声"早上好"。他们之间是忠实的乡亲，除了看顾自己的需要，在别人有欠缺或困难时，都会守望相助。但他们把感情和对永生的看法，藏在心灵深处，就像埋在硬土里要他们费很大的劲才挖得出来的煤层一样。

专为男士举办的聚会星期五晚上 9 点钟在亚马戴尔的市政厅开始。有将近 80 个男人从市中心而来，他们所走的路大半是陡峭的山路。当他们坐下时，并不十分清楚会发生。罗伯特先讲，但汤姆森认为他讲得不是那么连贯，似乎这并不是他最好的表现；埃里克接着讲，他沉着、简单地表达耶稣基督对他的意义；最后由汤姆森作结束。后来汤姆森评论说，埃里克第一次公开露面就表现得非常好，而且说了一些很有意思的事情，每个人都认为参加这个聚会很值得。

很少有人知道，他们那天晚上所看见的那个苏格兰最受欢迎的运动员，是第一次公开表明他对基督的看法。但无论他们认为他讲的内容如何，表达得怎么样，都不会怀疑他的真诚。那天晚上对讲员本身的意义，远超过那些听他演讲的人；只有埃里克知道，那天晚上他的信仰跨出了多么大的一步！

一个星期之后，埃里克和格拉斯哥学生布道团的团员，一起在格拉斯哥附近的鲁瑟格兰 (Rutherglen) 布道。他和汤姆森在一个晚间聚会上，向 600 位年轻人演讲。在所有的学生布道活动里面，并没有要求公众在聚会结束时作回应，但汤姆森邀请那些关心属灵问题的人在另一栋楼相聚，更多地学习关于接受基督以及献身基督是什么意思。学生带领人随时可以和想要个别约谈的人一起谈话和祷告。

4 月，埃里克决定正式加入格拉斯哥学生布道团，只要情况许可，他都愿意投身于布道的活动。这不是因为他想做个名讲员，而是因为他实在愿意将自己摆上为主所用。大部分学生布道活动是在大学放假的日子举行，格拉斯哥布道团在各地教会的邀请下，通常会在当地待上两个星期，睡在教会地下室的草垫上，自己煮东西吃。大家分担贴海报，挨家挨户发邀请单，在学校的小组、教会以及露天聚会当中讲道的责任。格拉斯哥布道团的 34 位团员里面，没有一个自命不凡的人。

* * * * * * * * * * * * * * * * *

1923 年 5 月 26 日，埃里克在爱丁堡大学的年度运动会上，赢得 100 米、200 米和 400 米比赛冠军。8 月中旬赛跑季结束之前，还有十几场竞赛等着他。但他在布道活动中所经历的信心之赛以及为基督所作的个人见证，带给他新鲜的动力和目标。5 月 28 日他写信给汤姆森，说到自从被邀请到亚马戴尔演讲以来，他已经变了一个人，新的喜乐进入他的生命。

埃里克后来记载他自己的信仰之旅时，是这样说明这个转折点的：

　　我在信仰基督的家庭长大，对于圣经故事耳熟能详，在学校里面也因为接受许多圣经的教导并学习基督的教训，令我开始羡慕基督徒美善的生命。当基督对我的吸引力变得更切身时，我才明白这是个会影响我生命的信仰，而且在认识基督的过程中，也认识到了罪，我觉得能被主呼召，为我绝对不够资格去做的事摆上自己，没有什么比这更为美好的了！

　　我原本抱持"各人自扫门前雪，休管他人瓦上霜"的人生态度，但现在基督似乎在引导我朝相反的方向前进；对于前面要走的路，我有点畏缩。但此刻，我终于决定将自己全部交托给基督——毕竟，他若是召唤我去做什么，就会供应我所需的能力，使我可以靠着那加给我力量的继续往前行。自那以后，我真的感觉自己是天国里面活跃的一分子，我对上帝的恩典、人的罪，以及对圣经的奇妙，时常会有新鲜的体认，而这些新的体认让我对主有崭新的看见。

"去亚马戴尔演讲"似乎只是一个简单的邀请，而"好，我会去！"的响应，却改变了埃里克的生命。

第六章

赴巴黎之路

1923～1924 年

后排最左边的埃里克，参加从美国回英国的"共和号"航轮化装舞会，摄于 1924 年 5 月。（照片由 Sir Arthur Marshall 提供）

"我在上半场尽可能地快跑，然后靠着神的帮助，在下半场跑得更快。"

英国奥林匹克运动委员会下令委员们要仔细评审 1923 年在伦敦举行的"业余运动协会锦标赛"。委员们坐在史丹福桥运动场 (Stanford Bridge Stadium)得天独厚的位置上,仔细观看英国最有希望在奥运会上取得名次的运动员的表现,希望初步草拟出一份可能参加 1924 年巴黎奥运会的队员名单。

7 月 6 日（星期五）,剑桥大学的短跑选手哈罗德(Harold Abrahams)第一次和埃里克交锋。哈罗德参加过 1920 年安特卫普奥运会的比赛,但在 100 米复赛中被淘汰。他决心在巴黎赢得金牌,公然违抗大家都遵守的业余选手规章,雇用一位职业教练穆萨比尼(Sam Mussabini)来训练他。在史丹福桥运动场,许多观察员都认为哈罗德和埃里克会在 100 米和 200 米比赛项目上争夺英国冠军。但大家所预期的一决雌雄并未成为事实。在 200 米复赛中,埃里克领先哈罗德五米撞线,哈罗德因为速度太慢而不能参加决赛。在 100 米短跑第二轮初赛,哈罗德就被淘汰,没能参加复赛和决赛与埃里克竞争。

7 月 7 日（星期六）晚上,汤姆森得知:埃里克赢得 200 米决赛冠军,同时在 100 米比赛中以 9.7 秒打破英国纪录。"一年之后,他很可能夺得这两个短跑项目的奥运冠军,"汤姆森喃喃低语,"成为世界上跑得最快的人！"那天晚上,他开始思考和埃里克大学毕业后,于 1924 至 1925 年冬季一起去作世界巡回布道的可能性。他寻思着:"我们可以彻底地接触全国的年轻人！"汤姆森开始了更大的梦想计划。

　　一个星期之后，"三国国际竞赛"在英格兰出名的制陶城——被昵称为"冒烟城"的斯多克特伦(Stoke-on-Trent)主办。埃里克被安排与哈罗德在100米比赛中同场竞技。虽然这两个人并没有非要争个高下不可，但大家还是希望在100米预赛中同时看到他们。然而，在竞赛开始之前，哈罗德说他感染了流行性喉咙炎，退出比赛。埃里克在100米比赛中的成绩是10秒4，然后，在200米预赛和决赛中都赢得第一名。此前，他从未在苏格兰、爱尔兰和英格兰运动员参加的三国年度竞赛中赢得胜利。许多人都认为这一年是属于埃里克的。

　　200米决赛之前，埃里克非常放松。他似乎更关注其他选手取得好成绩。他走到一个又一个对手那里，让他们用自己的小铲子在煤渣跑道上挖起跑洞。然后，这位"苏格兰飞人"一路笑着和每位选手握手，祝他们一切顺利。有些观众笑称，埃里克只不过在跟对手说"再见"，因为枪响之后，他们再也见不到他的影儿。他在这一天以及此前参加过的200米比赛中确实如此。但在比赛中他当仁不让。

　　三国国际竞赛时，埃里克在参加200米比赛之前的举止，是他每一场竞赛前的典型表现。他的队友和对手都很尊敬他在场内的友善，也很佩服他在跑道上必胜的决心。有一位阿伯丁大学的对手回忆说，自己有一次在一个狂风大作的日子，穿着短裤及汗衫坐在寒冷的草地上等着比赛开始。埃里克注意到他，一言不发地把爱丁堡大学的蓝色运动夹克披在对手的肩上，然后继续走他的路。在克雷洛克哈特运动场比赛那天，有位黑人赛跑选手独自徘徊，无人搭理他，但埃里克走近他，挽着他的手臂和他谈话，直到那个年轻人要投入比赛。他和蔼可亲、体现出体育运动的精神、真心关心他人。这虽然没有使他成为头条新闻，但却赢得许多运动员的敬佩。

埃里克在斯多克特伦相继赢得 100 米、200 米和 400 米比赛的胜利。在 400 米比赛时，获胜的梦想差一点破灭。英格兰赛跑选手季理斯(J. J. Gillis)在变线时想挤入内线，撞倒了埃里克。埃里克觉得自己没希望了，呆站在那里。有位苏格兰裁判大声叫他继续跑。此时他落后了其他选手足足 18 米。

眼前的情景令麦科查难以置信：埃里克脚上穿的钉鞋，使得大雨浸透的跑道扬起泥土。他的双腿飞快地跑动，逐渐缩短自己与领先选手之间的差距。麦科查指导过几百个运动员，教他们在比赛时要拼命、要倾全力，但从来没有看过任何人像埃里克现在的跑法。他把雪茄丢在地上，和观众一起鼓掌欢呼。

在最后一个弯道的时候，埃里克跑到第四名，只落后季理斯 10 米。埃里克在剩下 40 米的时候超过所有选手，像脱缰的野马一般仰头狂奔。他比季理斯领先两米冲刺终线，然后倒在队友的怀里。群众全都为之疯狂。埃里克大口喘着气，低声呻吟，被队友抬到休息亭，他用尽余力拒绝了别人送上的白兰地酒，想喝几口浓茶。

埃里克躺在桌上，麦科查花了一个小时来帮他按摩，让颤抖的肌肉重新恢复生气。

"你的成绩是 51 秒 2，"麦科查说，"苏格兰队赢了半个点数。"

埃里克欣慰地笑了。尽管被撞倒了，他只比一个月前在苏格兰代表队竞赛时所创的纪录多了一秒。

那些目睹这场比赛的人都不得不摇头惊叹，没有一个赛跑选手能够在 400 米的比赛中弥补那样的落差，但是他们看到，埃里克做到了，没有人会忘得了这一幕！埃里克如果不再参加其他比赛，苏格兰人的心中就只会铭记他的这份勇气。

　　这场胜利耗尽了他的体力，两个星期之后在格陵诺克(Greenock)的葛林公园举行越野竞赛，埃里克没有得到名次。这是三个星期前才在伦敦的比赛中创下英国纪录的同一位年轻人吗？许多来看苏格兰飞人的观众都很担心埃里克是否缺乏后劲。

　　埃里克在星期六的比赛之后留在格陵诺克，第二天晚上在一个露天的聚会演讲。《格拉斯哥先驱报》报道了那个聚会："整个暑假期间，每个星期天晚上举行一次这样的基督徒聚会，著名的板球运动员柯尔先生(Mr. John Kerr)是主席，有很多人参加。

　　"埃里克先生在演讲中说道，在基督教信仰里面没有所谓的中立，每个人在他人生的某个阶段都会遇到十字路口，他必须决定要赞成或是反对这位主耶稣基督。"

　　此时距埃里克在亚马戴尔城公开表明他对基督的忠诚，才过了4个月的时间。他自己承认，那个决定改变了他的生命。但下一个转折点比他预料的来得更早！

＊＊＊＊＊＊＊＊＊＊＊＊＊＊＊＊

　　暑假剩下的四个竞赛，埃里克都没有取得名次。8月在伦敦史丹福桥运动场举行的英国竞赛，他在100米赛跑只得第四，也没有去参加200米比赛。在另外几场苏格兰的竞赛中，他也表现平平。但他在径赛项目上的整体成绩，使他有可能入选英国奥运会代表队。他同意放弃冬季的橄榄球赛以避免受伤。巴黎之行似乎行程已定，但是埃里克所作的一个决定，产生一个重大的障碍……

　　大部分有希望入选的队员，都会在1923年底收到比赛项目的日程表。埃里克一读到100米赛跑要在星期天举行时，马上就知道必须怎么做。他要告诉委员会他不能参加那个项目——并非傲慢地说"我拒绝！"或顽固地说"我不愿意！"，而是诚心诚意地说：
"我不能！"

埃里克认定基督徒的礼拜日属于上帝，应当守为敬拜和安息的日子。当时许多敬虔的苏格兰人也都对星期天持守同样不可妥协的信念，但他们没有一个人有那特殊的天赋，可以在即将来临的奥运会中赢得 100 米赛跑。埃里克并没有向人夸示他的决定，但最终造成的宣传效应非他所能掌控。许多人称赞他是位有信念的人，为了忠于他的原则而愿意牺牲几乎唾手可得的 100 米赛跑金牌；但也有许多畅言无忌的批评者认为，在奥运比赛里面，个人的宗教信念应该居于爱国心和国家荣誉之下的次要地位。埃里克对自己所作的决定并没有丝毫烦恼，在他心里面那就是一件该做的事。

赛跑并不是埃里克心中唯一的事情，再过几个月他就要大学毕业，他思索着生命中的召唤。他考虑去中国当老师，但还没有打算对任何一个差会机构作长期的承诺。他认为可以考虑读神学或是接受一年的教师训练。

埃里克不像他哥哥罗伯特那样对未来的道路那么肯定。罗伯特在 1923 年 12 月完成医科学业，就认定他到中国做医疗宣教士的方向。他和丽雅很高兴地向大家宣布了在 5 月的婚期。伦敦会初步的指示是这样的：如果候选人委员会赞同罗伯特去做医疗宣教士，罗伯特和丽雅就会被分派到中国华南边远的内陆宣教站"汀州府"（今福建省长汀）。在委员会确定之前，罗伯特会先在爱丁堡医疗宣道会经营的"医务所"担任住院医生，以增长实际工作经验。

圣诞节前几天的一个晚上，罗伯特和埃里克与在中国华南的伦敦会宣教士华亚梅医生夫妇(Dr. & Mrs. Ahmed Fahmy)聚在一起。华亚梅医生出生在埃及亚历山德拉城一个回教家庭，18 岁时将自己的生命奉献给主。即使家人告发他，甚至和他断绝一切关系，他也不肯背叛自己的信仰。随即，他在爱丁堡受完医科教育后，到中国漳州市设立了一个开拓性的医疗宣道工作机构，在那里一待就是 33 年，方才退休。

华亚梅医生逼真地描述在中国宣教的生活体验，罗伯特和埃里克都很专注地倾听。这是一个危机重重且持续不断的国家，宣教士为人们的身体和灵魂所做的每一点工作，都是在水灾、饥荒、劫匪横行、政治腐败、战乱四起的状态下完成的。中文"危机"这个词包含了"危险"和"机会"这两个词的特性，正因为此，无数宣教士甘愿冒着生命危险，把福音带到罗伯特和埃里克的出生之地。

利迪尔家两兄弟在这个晚上把所有的话都听进去了——不是小孩子那种事不关己的听听而已，而是年轻人带着热切渴望终生从事神的工作的心态在听。中国的需要是毋庸置疑的，罗伯特很肯定对他的呼召，那天晚上的分享更激发了他渴望被派到拓荒宣教站的心志。埃里克也很希望去中国，但还不知上帝为他预备的道路具体在哪里。

当罗伯特可能被指派去华南的消息传到在天津的玛丽耳中时，她坐下来恸哭。伦敦会干脆送他到南美洲去吧！从天津到汀州府直线距离 1600 公里，在中国没有一个人能够走这么远，甚至没有一只乌鸦能够一直飞这么久。几个星期以来，玛丽一直为这一惨淡前景忧心忡忡。最后，她写了一封情文并茂、倾心吐意的信给伦敦会外事秘书尼森，希望伦敦会可以重新考虑他们的决定，把罗伯特和丽雅派到华北来。

她信里如此写道："自从他 8 岁以来，我们除了述职时间能看到他之外，其他时间一直都骨肉分离。不是说我们不相信上帝的引导，也不是说为了基督的缘故我们不愿意面对和忍受经常分离的痛苦（如果必要的话），只因为我做母亲的心一直在呼唤着儿子。但是，如果上帝指示我，他的旨意和心意就是要我的儿子在汀州府为他工作，我也会顺从他的旨意，并且说'愿你的旨意成就'，因为我知道，一个人唯有处在上帝要他所处的岗位上，才会将其恩赐发挥得淋漓尽致。"

毫无疑问，玛丽很明白自己所说"顺服神的旨意"是什么意思，但当决定尚未达成时，她施加了一点压力，以影响伦敦会把罗伯特转派到华北来。

罗伯特收到伦敦会华北区委会的一封请求信，邀请他考虑去华北的医院工作。罗伯特告诉尼森，他觉得没有呼召他到华北去，他自己的心是向着汀州府的。尼森处在心碎的母亲和坚定的年轻准宣教士的夹缝中，左右为难。他写信给玛丽说，他们起初想要送罗伯特到香港的医院受训一年，再让他去福建省的宣教站，"但是，自从收到你星期六的来信，我想了很多，我必须承认这封信相当触动我的心"。

虽然宣教士是蒙上帝呼召，并得到上帝所赋予的超自然能力来事奉，但他们仍然也有绝对不容忽视的强烈的人性。利迪尔夫妇就像许多其他的宣教士一样，付上了极高的代价来服侍上帝和中国百姓。15年以来大半的时间，玛丽都为着和两个儿子分离而苦恼，她的同工们最能感受到她对孩子那种强烈的思念。当他们考虑整个服侍工场紧迫需要的同时，也不能忽略一个母亲的心肠。因此，伦敦会想了一个折中的办法，决定前面几个月的时间先把罗伯特和丽雅派到上海服侍，让他们前往华南之前，在暑假期间可以与父母团聚。

* * * * * * * * * * * * * * * * * *

埃里克在 1924 年 1 月新的学期开始时，清楚知道两件事：其一，上帝爱他；其二，汤姆森为他的人生制定了一个美好的计划。这位令人难以抗拒的格拉斯哥学生布道团领袖（汤姆森）邀请埃里克和他一起，从 9 月开始，用一年的时间到英国各地巡回布道。正如以往一样，汤姆森不只是向他发出邀请，更是向他描述了一个在年轻人当中传福音的空前绝后的大好机会。埃里克同意考虑这个计划，于他而言，布道的吸引力并不亚于去中国。

与此同时，他是否参加奥运会的问题也需要解决。他把自己的决定告诉奥委会工作人员之后，也十分乐意和他们探讨其他的可能性。委员会想说服埃里克改变观念。100 米预赛的确是在奥运会开始后的第一个星期天七月六日，但要到下午才会举行，埃里克有足够的时间去参加早上的崇拜，然后在那天下午比赛。但埃里克不是这么看的。当一位态度坚决的奥运会委员提醒他说，欧洲大陆的安息日是在中午结束时，埃里克却说："我的安息日是一整天的！"

施铎德爵士 (Sir J. E. K. Studd) 是一位知名的英国奥委会委员，他很欣赏埃里克的基督教信念。他 40 年前是一位杰出的英国板球选手，并且于 1882 年在剑桥大学组织慕迪布道大会。施铎德的弟弟施达德(C. T. Studd)同样是一位出名的运动员，他在三年后乘船到中国做宣教士，是备受称赞的"剑桥七杰"之一。施铎德和一些会员都支持埃里克守主日的立场，但另一些人要他重新考虑。

埃里克除了要放弃 100 米赛跑，还要放弃另外两项英国极有希望赢得金牌的项目——100 米接力赛和 400 米接力赛的预赛和复赛都在周间举行，但决赛却定在 7 月 13 日（星期天）举行。有些人再次试着说服埃里克，说他可以在早上参加主日崇拜，然后在下午为上帝的荣耀而跑，这样做一点都无损于他的信念。但是埃里克就是不为所动。

英国奥委会组织向国际奥委会请求说："那些反对在星期天赛跑或不愿意在星期天参加任何比赛的运动员，都应该将他们的比赛安排在其他日子。"1924 年 1 月 22 日，有消息传来，国际奥委会拒绝这样的请求，说他们无法请包括主办国在内的其他国家奥委会做出这样的改变。

既然埃里克心意一定，比赛项目的时间表也无法改变，他同意为参加 200 米和 400 米赛跑做练习。他在这两个项目中并不被看好。即使让他跑内道，他也不会夺冠。麦科查并不是一个有虔诚信仰的人，他对星期天可否比赛并没有意见，但是既然埃里克的心意已定，他就接受，并开始为埃里克同意参加的比赛备战。他认为只要埃里克赢得 400 米赛跑的预赛，就会赢得决赛。但麦科查比谁都清楚，要赢得较长距离的比赛，需要花更多努力去准备。在剑桥，穆萨比尼向哈罗德保证，自己可以训练他 100 米跑得更快；而麦科查不但要训练苏格兰飞人努力去跑 100 米，还要训练他加倍努力去跑那剩下的 300 米。

由于埃里克很少谈到他的运动员生涯，以至于一同住在爱丁堡医疗宣道会青年宿舍的十二位舍友都没有留意到他在认真地练习。对不经心的观察者而言，埃里克似乎不是那么用心地在准备奥运的比赛，但他每星期都会用两三个下午在克雷洛克哈特运动场或包德厅与麦科查会面，学习如何掌握 400 米赛跑的速度和策略。一个短跑选手，如果以全速来跑前面的 200 米，就不会有后劲，很可能在最后 20 米输掉。但如果他在一开始便放慢速度，保留太多，就没有什么希望在最后冲刺之前弥补落差。若想在速度和耐力之间保持最佳的平衡，就必须在跑表的那一声滴答响起时，迅速作出反应。通常在比赛时，胜负就取决于运动员对这 0.1 秒的滴答声的反应快慢程度。

埃里克在青年旅舍并没有要求享受受训运动员的饮食，他很满意于供应给大伙吃的东西。他定期召聚惯于久坐的同屋人，绕着乔治广场公园附近跑步。他让他们穿上自己参加国际橄榄球队时收集的运动衫，带着他们向前跑，直到大家精疲力竭为止。在一次长跑快要结束时，有一辆路过的公共汽车按起喇叭，向他发出挑战。埃里克欣然接受，轻易地超过公交车，快速跑上那道冗长的山坡路。

* * * * * * * * * * * * * * * * *

在 1924 年复活节假期，埃里克没有参与格拉斯哥布道团的布道活动，而是跟随剑桥大学跑 3200 米混合接力赛的队员出发去美国。他被邀请去宾州大学参加宾州接力赛。这个一年一度的运动比赛通常会吸引 500 个大专院校的 4000 名运动员前来参加，而这个机会可以让埃里克提早开始他的赛季，让他体会一下美国的比赛。

这趟旅程一开始就很糟糕，埃里克先是丢失了一只皮箱，然后是饱受长途航行的晕船之苦。竞赛前三天，当埃里克战战兢兢地踏上富兰克林运动场的跑道，正要开始他到达美国后的首次练习时，就遇上一大群记者和摄影师。"埃里克刚开始似乎不敢跑太快，"《费城询问者报》(*Philadelphia Inquirer*) 的一位记者写道，"但是当他以比赛速度很快跟上施塔尔(Starr)时，的确让在场的大批观众乐不可支。这位高瘦的苏格兰人似乎速度惊人，他用美国人不太常用的姿势在跑步。"

接力赛开始之前的二十四小时，有份报纸的广告大肆宣传第一天最叫座的节目："英国剑桥大学明天要参加春季的混合接力锦标赛，爱丁堡大学的埃里克明天要与美国大学比赛的冠军在200米国际竞赛中一决高下。"

然而，众目睽睽之下，这位苏格兰飞人令人大跌眼镜，他在200米决赛中名列第二，落后约翰·霍布金斯大学的路易斯(Louis Clarke)将近1米。第二天他在一场成绩十分接近的100米决赛中名列第四，而前四名选手仅相差70多厘米，在正式宣布结果前大家都不知道谁输谁赢。美国人高兴地庆祝他们在短跑项目上赢了埃里克，同时在4×100米和4×800米接力赛上赢了剑桥队。

埃里克一点都不气馁，他认为学到了很多东西，自己成绩也不错。他如往常一样，无论失败或获胜都很谦和。"民主号"回航途中，埃里克参加了化装舞会。舞会上不乏仰慕这位出名运动员，想要和他约会的年轻小姐，但埃里克巧妙地规避了这样的邀约。有少数几个女孩子的确吸引埃里克的眼光，但没有虏获他的心。

埃里克很乐意结交各种不同社会背景的人，虽然他不抽烟也不喝酒，但从来没有轻视这么做的人；他根据自己的基本信念来生活，但不去指责没有这种信念的人。他极其享受这趟美国之旅，虽然又有两只装满纪念品的皮箱不幸失踪。

埃里克一回到爱丁堡，生活步调就急剧加速。在接下来的90天里，他要完成大学最后一学期的学业，参加期末考试，并要在5月17日做罗伯特的伴郎。他也决定了前往中国服务，希望能在天津的新学书院(Anglo-Chinese College)教科学。他会在秋天和汤姆森一起布道，并在接下来一年的时间为成为宣教士做准备。

从5月19日暑期赛跑季开始，到巴黎奥运会之前，埃里克还有七场竞赛，当时参加奥运会的英国代表队并未正式组成。将近 5 月底的时候，英国奥委会向法国奥委会递交了一份对方要求必须提供的临时队员名单，但清楚声明参赛选手不受这份名单的限制，等到在伦敦举行的业余运动协会锦标赛之后，最后的入选名单才会确定。不管一位运动员过去的成绩如何，只要在史丹福桥运动场上表现拙劣、受伤，或是惨败，都会结束他参加奥运会的梦想。

6 月 20 日（星期五）晚上，埃里克要在三个半小时之内参加四场比赛：200 米及 400 米预赛、复赛。虽然任务艰巨，但他四场都赢了，取得参加决赛的资格。第二天，埃里克终于被确定入选奥运会代表队。他在 200 米决赛时落后南非的秦斯曼(H. P. Kinsman)，取得了第二名。但不到一个小时之后，他在 400 米比赛中取得了第一名。他 49 秒 6 的成绩比以前有进步，但很难说他是 400 米赛跑的顶尖奥运选手。

赴巴黎的最后名册终于出来了，哈罗德参加 100 米赛跑、200 米赛跑和跳远比赛，埃里克则要参加 200 米赛跑和 400 米赛跑。许多英国人都希望能够目睹哈罗德和埃里克在巴黎争夺 200 米赛跑金牌的精彩比赛。

第七章

奥林匹克冠军

1924 年

1924 年 7 月 11 日，巴黎奥运 400 米决赛，埃里克获得金牌。（照片由 Corbis 提供）

1924 年 7 月 5 日（星期六）上午，来自全世界 45 个国家的运动员汇聚一堂，参加巴黎圣母院大教堂的崇拜仪式。当天下午的开幕典礼上，两千多位奥运选手行经马拉松门进入科伦布运动场，宣誓高举奥林匹克运动精神和公平竞争的理想。

埃里克几乎认不出来两年前首次参加国际比赛登场过的这个橄榄球比赛场地。看台扩充了，看上去可以容纳七万观众，而且还涂上了蓝色和金色的漆，光彩夺目。英国队穿着轻便又鲜艳的蓝色运动夹克、白色法兰绒裤或米色折裙，头戴草帽，随着美国、芬兰和法国的代表队绕场一周。两架小飞机在上空低旋，可以清楚看见操作摄影机的工作人员。但最精彩的还在后面：运动员一起站在运动场上，表情热切，充满期待。奥林匹克运动会会旗冉冉上升，75 毫米的礼炮轰轰鸣响！接着是一连串的演说和宣誓。再过不久，就会知道谁将具体实现奥林匹克"Citius, Altius, Fortius"（更快、更高、更强）的理想。

星期天早上，英国代表队全体聚集在无名战士公墓前，威尔士亲王献上一个花圈，向为国捐躯的同胞致敬。那天剩下的时间，埃里克照常守他的安息日，哈罗德则开始参加 100 米金牌角逐。当哈罗德从下午的预赛到复赛一路晋级时，大家都可以看得出来他的专注和决心。

第二天下午，埃里克坐在靠近起跑线的看台上，观看六位决赛者为他们生命中最重要的比赛作准备。在跑道上，哈罗德小心地把脚指头抵在起跑洞上，脑海中回响着穆萨比尼的话："只想两件事——枪响和终点线！"10 秒 6——哈罗德领先美国短跑健将修尔兹(Jackson Scholz)一步，成为英国首位百米奥运金牌得主。在经历了无数次训练、考验，以及不知是否能夺得冠军的苦恼之后，他终于成功了！哈罗德成功了！

埃里克加入雷鸣般热烈欢呼的人群，一直到英国国旗升起，《神佑吾王》(God Save the King) 这首国歌响起时，群众才肃静下来。埃里克真为哈罗德高兴，也稍微松了一口气——自己拒绝在星期天赛跑，毕竟没有导致英国失去一枚金牌！但埃里克在奥运会做观众的时间也告结束，明天开始就是连续四天的竞赛。先是 200 米赛跑，然后是 400 米赛跑，大家认为他在这两项比赛赢得金牌的希望渺茫。有位悲观的英国记者写道："可惜埃里克因为宗教顾忌，不愿在星期天赛跑，失去在 100 米赛跑中得冠的良机。至于他在 400 米赛跑能否得冠，我可是一点把握都没有！"

第二天早上，埃里克稍事练习之后，趴在桌上让麦科查按摩他那紧张的肌肉。麦科查是英国田径队指派的正式教练之一，但他在接下来的四天主要是照顾埃里克。

在训练室外面，半满的观众席屋顶上方热气腾腾。票价昂贵、气温炎热，令无数本想前来的观众望而却步。

"绝佳的赛跑天气。"麦科查喃喃低语。埃里克表示认同，但他也知道，虽然热力能使他手脚灵活，但也同样会在接连几场的比赛中耗损他的体力。他必须在星期二的两场预赛和星期三下午的一场复赛取得资格，才能够参加晚上的 200 米决赛。

哈罗德在第一场 200 米预赛时，领先世界业余选手纪录保持者贝多克(Charley Paddock)，英国人充满了希望。哈罗德和埃里克一起晋级到第二回合的 200 米预赛之后，他们的队友罗道格

(Douglas Lowe)一路猛跑，赢得 800 米决赛冠军，令观众大为震惊。英国队现在拿下了从未被看好的两项比赛的金牌，他们指望哈罗德继续赢下去。一份爱丁堡的报纸问道："哈罗德会赢得双料冠军吗？"

7 月 9 日（星期三）晚上 6 点钟，200 米决赛即将开始。哈罗德和埃里克一同站在起跑线后，身边的劲敌则是席尔(George Hill)、诺顿(Bayes Norton)、贝多克和修尔兹这四位势不可挡的美国人。这四位健将都是有实力打破奥运纪录的人，即使早上下过雨，赤色煤屑跑道上湿滑，他们也照样能疾跑如风。黄昏时分，仍然艳阳高照，几千名英国人紧握小国旗，希望能够为哈罗德梅开二度助一臂之力。

在干净利落的起跑之后，这群运动员在前面 80 米齐头并进。但在转弯时，哈罗德落后了两步，他看来像泄了气一般，每跨一步就落后一点。埃里克的双臂转动得像风车一样快，健步如飞，拼命追赶领先的选手。最后，比赛结果出来了：修尔兹 21 秒 6；贝多克 21 秒 7；埃里克 21 秒 9，比修尔兹仅仅差了一点点。哈罗德位居末后，比起第一名，相差 1 秒。

第二天，许多英国报纸着力描述哈罗德令人失望的表现，而对埃里克的成就未置一词。《爱丁堡晚报》(*Edinburgh Evening News*) 奥运消息栏的标题是："英国黯淡的一天——200 米赛跑失利！"《苏格兰人报》更明确地说："哈罗德在 200 米比赛中辜负国人期望！"只有《格拉斯哥先驱报》(*Glasgow Herald*)宣布了这条似乎每个人都忽视的消息："埃里克在 200 米比赛中名列第三。"苏格兰人竟然对他们的宠儿赢得铜牌缺乏热情，似乎很不寻常。

* * * * * * * * * * * * * * * *

　　对许多运动员而言，奥运竞赛最累人的地方，不在于比赛本身，而在于期待和等候。星期四的 400 米预赛一共有十七场，埃里克参加第十四场。第一场排在下午三点钟，所以他不得不等上几乎一个小时。好在他终于轻松地赢得该场比赛，费奇也脱颖而出，在第二轮复赛时，场上缩减为十二位赛跑选手，瑞士的应巴赫(Joseph Imbach)以 48 秒的成绩刷新世界纪录，震惊了观众。

　　不幸的是，埃里克的队友汤姆斯(E. J. Toms)比赛中碰到用来支撑跑道标示线的立桩而跌倒，英国队面临失望。这里的跑道除了用白粉画线之外，还用高达膝盖的细细的立桩拉住白线，来区分跑道。大部分的运动员从来没有在这种场地上参加过比赛，很怕犯规。不少观众觉得奇怪：埃里克头往后仰又闭上眼睛跑步时，怎么不会绊到立桩？

　　埃里克在所到之处广交朋友。他态度友善，在每次赛跑前与对手握手，深受运动员和观众的喜爱。他并非刻意如此，只是随意而为。

　　那天晚上在巴黎的旅馆里面，一群教练围聚一桌，讨论第二天谁会赢得 400 米赛跑金牌。有些人看好费奇，但其他人认为也不能小觑刷新世界纪录的瑞士人应巴赫。他们来来回回地猜了半天，这时备受尊敬的美国康乃尔大学田径教练莫克礼(Jack Moakley)发言。他称埃里克是个"怪异的赛跑选手"，不过他也承认："埃里克拥有某些东西，我认为他有成功的条件！"

　　第二天早上埃里克离开摩登旅馆时，英国队的一位教练把一张对折的纸条塞在他手里。埃里克谢过他，并加了句："我到运动场的时候会打开看。"后来在科伦布的更衣室有段安静的时刻，埃里克打开那张纸条，上面写着："旧约圣经说'尊重我的，我必重看他'(撒母耳记上 2 章 27-30 节),祝你永远成功!" 对于自己放弃在星期天赛跑的决定,埃里克从来没有动摇过,但有人认为他把个人信仰置于国家利益之上,是"不忠而自私"的行为,这些讽刺性评论一直很伤害他。现在知道有人赞同他的信念,对他是个极大的鼓舞,也提醒他,上帝所给予的尊荣,才真正至关紧要!

费奇在第一回合 400 米复赛,以 47 秒 8 刷新世界纪录,队友纷纷向他道贺,并且说没有人能够在决赛的时候打败他。埃里克在第二回合复赛的成绩是 48 秒 4,很接近费奇的成绩。六人参加决赛,他们现在有两个小时的时间可以休息,也可以好好想想如何去跑生命中最重要的这 400 米赛程。在更衣室里,麦科查默默为埃里克按摩,他们俩都知道,再没有什么可说的。

当选手抽签决定决赛的跑道时, 加拿大的琼森 (David Johnson) 抽到最让人羡慕的内道, 埃里克的队友布特勒 (Guy Butler)抽到第二跑道,他虽然扭伤了大腿肌肉,但并无大碍,只是他不能像其他赛跑选手那样蹲伏起跑,而是必须站着起跑,很明显地吃亏。瑞士飞人应巴赫在第三跑道,脚踝负伤的美国选手戴科德 (Coard Taylor)抽到第四跑道,费奇抽到第五跑道。埃里克很不幸,抽到最外侧的跑道。英国队很失望,因为外道选手赛跑时无法精确估算其他选手的位置,非常不利。

埃里克在爱丁堡医疗宣道会青年旅舍的两位室友,把金属丝绑在床垫底下的金属弹簧上,当作收音机天线。他们负担不起去巴黎观赛的费用,便收听无线电转播。这倒不失为一个好办法。当播音员激昂的声音传入乔治 (George Graham-Cumming)的耳机时,他示意格伟 (Greville Young)安静。比赛就要开始。

下午八点半,夏日的艳阳仍然高照,哈罗德没有坐在起跑区上方给奥运选手提供的免费座位上,而是付了十先令(注:不到一美元或一欧元），在靠近终点线的地方找个位子坐下。当赛跑选手在跑道起点准备他们的起跑洞时，埃里克依照惯例和他们一一握手。站在场内附近的女王苏格兰军乐团团长腓力(Philip Christison)，让乐队为埃里克吹奏风笛，以祝他一马当先。当大会的起跑发令员拿着白色亚麻掸子逐一地检查跑道时，风笛手乘机吹出了八小节《英勇的苏格兰》(Scotland the Brave)。

发令员举起枪时，扩音器传出声音要大家保持安静，运动场顿时一片肃静。然后，大家都听到了指令："预备！"枪响声和干净利落的起跑引起观众一阵喊叫，当赛跑选手在跑道上猛冲时，观众喊叫的声音愈来愈大。哈罗德看到埃里克全速猛跑，像是在跑100米，而不是在跑400米，不禁皱起眉头，喃喃自语："他不可能一直保持这种速度的。"接近半程时，埃里克领先3米，很显然仍是以全速在跑。那些在看台上用手表计时的人，看到埃里克跑到200米时只用了22.2秒，都难以置信地摇头惊叹。他不可能全程都保持这种速度的！

只剩100米时，应巴赫因为绊到分界线的立桩而跌在跑道上站不起来，观众都吓得透不过气。但埃里克只顾猛跑，无视一切。

在爱丁堡，乔治跳着脚，紧扣着耳机。广播员大声叫着："他们已经通过最后的弯道，埃里克仍然领先！他还在增加领先的距离！还在增加！还在增加！哦！好一场赛跑！"

费奇在接近终点的直道上尽力追赶，他认定埃里克一定会慢下来，他随时会追上。没想到埃里克昂头猛冲，赢了他五米。接着，费奇、布特勒、琼森也陆续到达终点。戴科德因为脚踝支撑不住而跌坐在跑道上，但这位意志坚定的美国人还是缓缓地跑完最后十米，得到第五名。

群情激越。在运动场上有人挥舞着一面巨大的英国国旗。埃里克在跑道上到处走动、喘着气。他和费奇握手,笑容可掬地面对拥挤在他周围的摄影师。群众安静聆听着广播宣布比赛结果,再次爆出惊叹声:埃里克以47秒6创造新的世界纪录。

在爱丁堡,两个年轻人绕着房间蹦跳,止不住大叫:"他赢了!他赢了!"

罗伯特把埃里克胜利的消息以电报发送到北戴河,那些正在度假的宣教士和商业界人士包围着利迪尔一家人,诚心祝福他们。玛丽惊奇地摇头,回想起埃里克小时候在萧张县有一回因为生病很虚弱,一位好心的朋友悲伤惋惜过:"这个男孩肯定再也不能跑了!"

第二天早上,一份曾经对埃里克在400米赛跑得冠的可能性闪烁其词的报纸,现在开始报道他的伟大成就:"惊人的胜利!""动人的比赛!"那些英国新闻记者,过去抱怨总是听人弹奏《星条旗永不落》(The Stars Spangled Banner)这首美国"悲歌",现在拼命赞扬埃里克在科伦布运动场所取得的成绩挽救了英国体育,使得那里奏响英国国歌。

埃里克极其喜悦。他并非觉得"我拒绝在星期天赛跑,因而得到上帝祝福",而仅仅是来自胜利的喜悦。根据原则所作的决定不需要附带的证明。全能者是有恩典没错,但没有义务要让遵行他旨意的人在任何属世的比赛赢得第一名。

7月13日(星期天)是田径比赛项目的最后一天,守安息日的信念使得埃里克再次退出奥运比赛。在4×100米和4×400米四人接力赛决赛中,英国分别夺得银牌和铜牌。埃里克那天没有去赛跑,而是在巴黎的苏格兰长老教会讲道。一份英国报纸发布一张埃里克和牧师握手的照片,标题写着:"讲坛上的英国奥运冠军"。这份报纸在高度赞誉埃里克绝佳的表现之后,在照片下还是附加了一句既含着敬意，又带着遗憾的评论："如果埃里克参加，英国队就有可能赢得接力赛金牌。但他的信仰不容许他在星期天赛跑。"

星期天晚上，英国奥委会在欧陆大酒店为英国外国选手举办欢送会。埃里克也被邀参加。会上，有位苏格兰小姑娘，因为早上听了埃里克讲道，晚上希望和他跳舞，但她就是没有办法穿过那些围在埃里克身边的运动员。埃里克整晚都在和人握手，并不断称赞其他选手。他从来没有想到自己是英国队唯一一个在个人比赛项目上赢得两面奖牌的人。他的可爱之处在于：他功绩显著，却不居功自傲。

费奇在他的奥运日志上写下对埃里克的称赞："虽然他的长项是 100 米比赛，他却使顶尖的世界级 400 米选手疲惫不堪；虽然他体型矮小，却快步如飞，足以打败高瘦的竞争者；他跑步时身体后倾、下巴朝天，这样的姿势按我们的标准完全错误，但他却以胆量和耐力赢得比赛；而且最不简单的是，他必须安排好自己全程的速度，稍一犹豫就会导致失败。"

作为一名声名远扬的苏格兰运动员，埃里克在过去三年总是很无奈地接受公众的褒贬臧否。但他却不知道，这回有个盛大的欢迎会正等着他这位奥运英雄！

第八章

胜利之冠

1924 年暑假

……然后，在 400 米赛跑勇夺金牌，震惊体育界。美国选手费奇（右）获得银牌。（照片由 John Keddie 提供）

爱丁堡大学毕业典礼后从马艾文礼堂出来，埃里克被大学生抬上轿椅，游街去参加大学庆典。摄于 1924 年 7 月 17 日。

　　埃里克在奥运折桂，最兴奋的就是汤姆森了。他们已经计划一起进行一连串的布道活动。汤姆森知道，埃里克能够凭借他所获得的奥运金牌会吸引成千上万不太关心基督教的年轻人，成群结队来听奥运冠军演讲。汤姆森顿生妙计，把他朋友"赛跑的钉鞋"与"传福音之人的脚踪"联系起来。

　　7 月 14 日（星期一），埃里克和其他的英国田径队队员横越英吉利海峡回家。汤姆森在《格拉斯哥先驱报》发表一篇标题为"埃里克——苏格兰奥运英雄"的文章，轰动了大街小巷。这篇文章着重描述了埃里克的家庭背景以及运动方面的成就之后，用下面这段话作结论：

　　　　埃里克昨天在巴黎苏格兰长老教会讲道的新闻报道提醒了我们，这位奥运冠军主要的兴趣不在体育界。普通百姓对橄榄球或赛跑所知有限。埃里克很快将成为向年轻人演讲的知名讲员。他出现在讲台上使我们意识到，他在田径赛场上，技艺高超；在属灵工作上，也同样热诚有力。埃里克在田径赛场上的生涯可能将近尾声，但他会全心致力于在年轻人当中传扬基督教，以及开展门徒训练事工。这一伟大工作才正要开始，其效果可能影响深远，硕果累累。摆在埃里克面前的目标是去中国宣教。他即将拿到爱丁堡的科学学位，在追随其兄长去

宣教工场之前，他希望有一段时间接受神学训练，并参
与布道的活动。

　　埃里克回到爱丁堡两天之后，头戴科学系毕业生的绿色领巾，
身穿黑色学士袍，进入庭院深深的马艾文礼堂参加毕业典礼。在这
座宏伟的圆顶建筑物里，大学部学生经常聚在顶楼的座位、走道和
楼梯间，对被授予学位的毕业生们评头论足一番，肃穆庄严的典礼
因而变得气氛活泼起来。但在1924年7月17日这一天，爱丁堡大
学的校长尤英博士(Sir Dr. Alfred Ewing)的品评更胜一筹。

　　到了颁发学位证书的时候。先是有十二位成绩卓著的名人接
受荣誉法学博士的学位，观众或是出于礼貌，或是由衷地鼓掌致
敬。接着，有将近一半的毕业生按着名字的字母次序接受学士学
位，程序一如既往。然而，当埃里克随着他那一排的毕业生站在那
里的时候，观众开始低语和鼓掌。他沿着台阶上台时，欢声雷动，
全体观众都站起来热烈鼓掌，直到尤英博士请求大家安静。

　　尤英博士一反常规，出乎意料地直接对埃里克说："埃里克先
生，除了考官，没人能够超过你(pass you)①。"听众都笑起来，然后
长时间鼓掌、欢呼。尤英博士高兴地继续说："在古代的奥林匹克
竞赛中，诸神之王宙斯用野橄榄叶编成的花冠为胜利者加冕，并
献给他一首表示敬意的诗词。校长不是诸神之王，他只是代表大
学说话和行事。我谨代表学校向你表示敬意，你为母校带来新的
荣誉，母校也将以你为荣。我们要献给你一首梅尔教授(Professor
Mair)用希腊文写的短诗，也要把这顶野橄榄叶编成的花冠戴在你
的头上。"

　　埃里克面颊发红，腼腆地笑着接受戴在头上的荣誉花冠。当他

______

① 这里是双关语。英文 pass you 的意思是："使你通过考试"或"超过你"。

走回座位时，顶楼的大学生突然唱起《因为他是个好汉》(For He's a Jolly Good Fellow)这首歌。典礼之后，他从马艾文礼堂出来时，被一群年轻人抓住，硬要他坐上一个类似轿椅的撑杆，举到他们的肩膀上。埃里克看到无法拒绝，便笑容满面地让人们抬着他，沿着爱丁堡的街道，到宏伟的圣寨尔斯主教座堂去参加大学的庆典。

在圣寨尔斯主教座堂里面，一大伙人对着埃里克再三喊着："演讲！演讲！"埃里克环视大家，安静地说："我在这样的场合真不知道要说什么才好，其实这里有许多人像我一样，都配得上这一荣耀。"

群众以大叫回应："不行！不行！"

埃里克停了一下，继续说："在宾州大学的大门口上面写着：'或因失败受辱，或因胜利得冠，若是尽力而为，就配得到荣耀。'在这里，有许多人已经尽力而为，只是还没有得到胜利之冠，其实这些人一样也应当得到荣耀。非常感谢各位热烈的欢迎！"

这天，埃里克实在已经得到够多的赞扬了，然而，这还只是开头而已。在一个为荣誉毕业生举办的大学联盟午餐会上，大家除了举杯祝颂埃里克在奥运会上的胜利，还要求他对这群杰出的与会者演讲。

埃里克以他惯有的自嘲作风，告诉他们他之所以成为短跑选手，要归因于体格上的缺陷。他说自己是个说话容易上气不接下气的人，因此不会占用他们太长的时间。他继续说："报纸告诉你们我的跑姿实在很难看，但那可能要追溯到我的祖先吧！大家都知道，住在苏格兰边界的居民时常去侵袭英格兰，一旦溃败，便飞奔而逃。无疑，我祖先的这种逃跑速度，似乎代代相传了下来。一个侵袭不成、落荒而逃之人，当然不会想到要纠正自己的跑姿。这可能足以解释我的跑姿为何比较难看吧！

“体育是全人教育的一部分。人是由身、心、灵三部分组成的，唯有教育学生每部分都平衡发展，才能为大学培养最优秀、最扎实的人才。我们应当意识到，既要为自己的头脑储存知识，也要为奋进的人生培养强健的身体，更要牢记我们也是有灵性的人。只有这样，我们的学校才能够差派出在生活的方方面面都训练有素的毕业生。”

埃里克好不容易讲完话，坐下来松了一口气，几乎没有意识到大家给他的热烈鼓掌与喝彩。

第二天晚上，一百多位爱丁堡的市政首脑和神职人员在马基餐饮俱乐部，举行晚宴，向埃里克致敬。接二连三的演说，都是在赞美、称颂、推崇埃里克在体育上的成就以及他尊重基督教的礼拜日的行为。

埃里克知道他们期望他讲一点参加奥运会的感想，便讲到他在 400 米决赛那天，从英国队的一位教练那里收到一张纸条。“纸条上写着：‘尊重我的，我必重看他’。这可能是我在巴黎所经历最美的一件事。我很惊喜，因为居然有人赞同我对主日的观点。今年冬天，我希望能够为教会做点事。如果你们愿意在那样的工作上帮助我，请为我祷告。真的非常感谢你们今晚给我这样一份殊荣！”

晚宴将近尾声时，有人读了一份正要传送给埃里克父亲的电报：“爱丁堡的盛大聚会！主席桑德斯男爵（Lord Sands）为埃里克非凡的成就，为他坚守基督徒的原则而作出的高尚见证，诚心恭贺他的父母。”

晚宴之后，有部出租车把埃里克载到相距不远的魏菲利火车站，他要坐夜车到伦敦去。总算剩下他一个人了，火车还没有发动，埃里克已经体力不支地倒在铺位上沉睡过去。他明天还要参加与美国队的赛跑对抗赛。

* * * * * * * * * * * * * * * * * *

　　英美对抗赛的十四场比赛在史丹福桥运动场举行，每一场都是接力赛，都要靠团队的努力来完成，而且每一个竞赛项目的成绩由每一位选手的积分合计而成。这些运动员都在巴黎交锋过，只是今天的安排稍微不同。埃里克精神抖擞地抵达运动场，准备开始两场400米赛跑。一场是各段距离不等的混合式1600米接力赛，另一场是4×400米接力赛。他跑最后一棒。

　　在1600米的混合式接力赛时，埃里克没有安排好全程速度，一开头跑太快，在200米赛程中输给布鲁钦(Charley Brookins)。英国队因传接棒不好导致两场比赛失利。那天结束的时候，美国队以11比3赢得竞赛。虽然对整体失利很失望，但三万名英国观众对埃里克的英勇表现印象深刻。他在4×400米的接力赛跑最后一棒。在接到接力棒时，他已经落后了美国飞人费奇7米。费奇在奥运400米决赛中曾落后埃里克不到一秒，这次，他决心要为美国队争回一口气。在距离终点100米的时候，埃里克开始拉近与费奇的距离。在观众几近疯狂的欢呼声中，埃里克奋起直追，领先费奇四米到达终点。在整个下午的比赛中，美国人占尽优势。凭借埃里克的勇气和决心，英国人赢得这场比赛，观众才稍感安慰。

　　埃里克一定很纳闷：奥运会的庆功宴热潮到底何时才会减退？因为两天之后，他又要去参加爱丁堡市议会为他举办的午餐会。爱丁堡市市长石莱爵士(Sir William Sleigh)在道贺的演说中，提到古代奥运会尊荣胜利者的习俗，就是为他竖立一座雕像，并豁免他所有的税。既然他们没有权利减免税，市政府便决定送给埃里克一只由爱丁堡公司铭刻的漂亮的金表，作为他在奥林匹克得胜的永恒纪念。

　　埃里克邀请汤姆森和麦科查一同出席这个场合。他在谢过市政府所给的荣誉和礼物时，再次自我解嘲，幽默地说："有人发现了我的赛跑天赋，这让我感到特别荣幸。我在学校的时候，校长在一份成绩报告单上写着：'我认为埃里克不像他表现得那么好，但不知怎的就是抓不到他的把柄。因为他跑得实在是太快了'"。

　　埃里克注视着坐在汤姆森旁边的麦科查，继续说："当大家提到我在奥林匹克的胜利时，有件事一直被人遗忘，那就是：我的教练麦科查先生扮演了伟大的角色。他在过去四年花时间训练我，教我在不同的比赛中如何去跑。我第一次参加爱丁堡大学 200 米赛跑之前，他真的为我尽了许多力。我能取得今天的成就，实在非常感谢麦科查先生。"

　　埃里克在响亮的欢呼声和掌声中坐下。这时，桑德斯男爵提醒聚会的客人，他们之所以聚集欢庆，不是因为埃里克是世界上跑得最快的人。他说："这位年轻人以平常心来看待他的赛跑生涯，与持守真理的原则相比，他视赛跑的成就为尘土。在生命中有比运动更重大的事情，最要紧的，是忠于灵性的伟大法则。这位年轻人看重遵守安息日和敬拜至高者的诫命，更甚于看重那顶会褪色的桂冠。所以，几个世纪以前，大数城的织帐篷的工人保罗，疲倦地观看奥林匹克运动会的比赛时，写下了这样的文字：'岂不知在场上赛跑的都跑，但得奖赏的只有一人？你们也当这样跑，好叫你们得着奖赏。'"

　　埃里克在暑假赛跑季结束之前还有一个月的时间参加赛跑，然后就要进入苏格兰公理会学院（Scottish Congregational College）就读神学。他在剩下的竞赛里，主要是以名人身份出现，来为主办的机构筹款。一次，他在格林诺克参加周六的比赛后，接着在该城星期天晚上的聚会当中讲道。然而，这一次不是几百人，而是几千人站在雨中听这位奥运冠军讲"当趁年幼纪念造你的主"。

将近 18 个月以前，埃里克向主说，他想以主所赐的才华来服侍主，但不知如何去做。他速度快、头脑灵活、信心坚决，但缺乏神学上的本领和辩才。在他祷告之后，汤姆森便邀请他去亚马戴尔，向一群煤矿工人宣讲基督对他的意义。埃里克说："好！我去！"便开始经历新的信心之旅，也为他的服侍打开了一扇大门。现在，身为奥运冠军，上帝已经赐给他更大的恩赐、更高的荣誉，以及更多的责任。

然而，年少成名也容易带来试探和危险。盛名之下，男人敬仰他，姑娘们倾慕他，传道人以他作为鼓励信徒持守基督教信念的榜样。无论走到哪里，几乎人人都知道他。22 岁的埃里克需要极其成熟的灵性和悟性，来应付这种自古以来就蛊惑人心、容易令人失足的成功。

第九章

全新的跑道

1924～1925 年

汤姆森，埃里克在"格拉斯哥学生布道团"的朋友和同工。

天津新学书院创办人赫立德博士，是一位卓越的物理学家和教育家。

　　埃里克 8 月中旬到爱丁堡以南的加拉希尔斯，参加夏季的最后一场竞赛。他几个月之后将动身前往中国。许多人认为这是他最后一次出现在苏格兰的赛场上。无数的人成群结队到地下谷足球场去看他赛跑。他没有让观众失望，在 100 米比赛中取得第二名，并在倾盆大雨中以 54 秒赢得 400 米赛跑冠军。

　　埃里克在加拉希尔斯期间，和一位活泼、幽默又大有信心的年轻人劳登·汉密尔顿(Loudon Hamilton)会面。汉密尔顿身材魁梧（约一米九），相貌堂堂。他的胡须浓密，经过细心修剪，极富感染力，显示出他对生命的热爱。然而几年之前，他还陷在绝望与愤怒之中。他们俩沿着宽阔、蜿蜒的特威德河畔边走边聊，汉密尔顿坦诚地讲述那个使自己的生命彻底改变的运动。埃里则专注地倾听这位比他大 5 岁，参加过世界大战的同伴描述与基督相遇时生命的改变。

　　19 岁时汉密尔顿是一名炮兵军官，在索姆河战役中目睹了惨绝人寰的屠杀行动。在 4 个月的大屠杀期间，英国的伤亡人数一个星期就超过两万人。汉密尔顿描述他的参战经历时说："大部分我所认识的最有前途的年轻人，就这样葬身在枪林弹雨或是火海中。一年之后，在帕斯尚达尔战役中，一天晚上，汉密尔顿对着天上的星空挥拳，咒诅上帝为何让这一切事发生，此前所拥有的信心全然丧失。战争结束之后，他挂满勋章，伤痕累累地回到家，内心中的幻想都破灭了，开始变得玩世不恭。

　　1921 年，汉密尔顿在牛津大学攻读哲学期间，被请去接待一位来访的美国教育家弗兰克·布贺曼(Frank Buchman)。他邀请布贺曼去参加餐饮俱乐部每周一次的聚会。俱乐部的 24 位年轻人中，许多都是参加过第一次世界大战、受过勋的退役军人。他们挤在汉密尔顿的房间，抽着长烟斗，大杯喝着啤酒，长时间谈论"如何扶正这个世界"——但没有结论。

　　布贺曼这位中年的路德会传道人，穿着一袭西装，安静地坐在弥漫着蓝色烟雾的房间一角，一言不发。直到午夜前一个小时，总算有人问他对这一切有什么想法。出乎他们意料的是，这位美国人一开始就说，他同意他们一整晚所讲的每件事。"世界当然需要改变，"他说："但那样的改变要从人开始。"然后，他给他们讲了两位剑桥学生的故事，说到这两个人怎样以全新的方式来看待生命。房间里面愈来愈安静，有几根烟斗熄了，大家无言以对。

　　汉密尔顿本来希望在十二点钟散会后可以摆脱布贺曼，却惊讶地听到他那位无神论的室友邀请这位美国人来吃早餐。第二天早上，汉密尔顿准备了大量的食物，希望这位访客只顾吃东西而没有时间讲话。但布贺曼又简短地讲到一些人作了"将自己转向基督"的简单尝试之后，生命得到改变的故事。"你若让上帝改变你，"布贺曼说，"他就要使用你来改变世界！"

　　几个星期之后，在一个关于"个人对基督的经历"的家庭聚会里面，汉密尔顿承认他自己需要改变和清理，并重新打开他的心门。

　　汉密尔顿用"罪是一种疾病，基督是一位医治者，结果是一个神迹"来总结他的经历。坐在特威德河畔的垂柳树下，汉密尔顿告诉埃里克自己在每天早上那段安静的时间里，借着倾听上帝的声音来发现他的引导，而这种灵性进深之旅所带来的，是完全诚实、正直和自由的生命。"我愿意活着，让上帝可以在白天和夜晚的任何时刻向我说话。"汉密尔顿充满感情地说着。

埃里克对"由上帝来引导"这个概念感到好奇，他尤其对每天以四个"绝对"（绝对诚实、绝对圣洁、绝对无私、绝对充满爱心）来生活的这种观念，觉得特别具有挑战性。

"我向来喜欢爱因斯坦的相对论，"汉密尔顿眼里闪着光彩，"相对诚实、比较纯洁、适度的无私、偶尔的爱心，这些很容易，但这不是上帝的方法。"

当时汉密尔顿向埃里克描述的属灵运动，既没有名称，也没有正式会员。4年之后，一位南非共和国普利托里亚的新闻记者提到汉密尔顿和一群来访的年轻布道家时，称呼他们为"牛津团契"(Oxford Group)。但即使是在那时，这个运动也只是一种劝人们奉行的生活方式，而不是一个要人们加入的组织。

埃里克离开加拉希尔斯的时候，带着"要绝对为基督而活"的新决心，而且心里面也燃起"要让福音改变人们"的新火种——那正是汤姆森心里所想的，他们俩在这方面的心意完全吻合。事实上，除此之外，他们在其他方面几乎没有什么共同点。也许正因为如此，才使他们能够有效地搭配，投入布道工作！

埃里克害羞又含蓄；汤姆森活跃又外向。埃里克在教会或露天聚会演讲时柔声细语；汤姆森的声音却洪亮震耳，可以传到屋子最后一排，或越过橄榄球场。汤姆森演讲时会在讲台上走来走去；埃里克却像是被钉牢在讲台上似的，很少做手势，倒是时不时抬起脚尖，可能是赛跑选手的习惯吧！埃里克在安静、沉着中显露热情，汤姆森却具有强烈无比的活力。

汤姆森与同时代许多男人一样，深受第一次世界大战的影响。当他随着哥哥普林格尔·汤姆森(Pringle Thomson)和五位堂表兄弟一起去打仗时，埃里克只是一个在爱尔生书院读书的 12 岁男孩。过了没多久，年轻的陆军中尉汤姆森就在希腊东北港埠萨罗尼加负责管理战地的面包厂，向六万男丁供应食粮。他做生意非常有天赋，很快成为商界精英。

两年之后（1916年8月），当听到哥哥死于法国的消息时，汤姆森正躺在英国西部港市利物浦的医院里，他心脏和肠胃有毛病，正在逐渐康复。大战结束之前，他的五位堂表兄弟也都阵亡。兄弟七人中，只有他是唯一的幸存者。"既然我能够从战争中全身而退，"他说，"我绝不会再重返商界。我现在要心意更新，不断进深，奉献我的一生！"

埃里克对"每日为基督而活"并不陌生。他从巴黎回来之后两个星期，罗伯特动了一个普通的手术，但有些事出了岔，需要再开一次刀，原本只需住院十天，却久治不愈地卧病在床两个月，以致误了他和丽雅预定前往中国的航班。同一年秋天，在天津的玛丽、珍妮和欧内斯特也都饱受流行性感冒的肆虐。埃里克相信作计划是好的，但他也明白，自以为能掌握未来极不明智！

* * * * * * * * * * * * * * * * * *

汤姆森和埃里克于1924年9月开始，一起在格拉斯哥敦达斯街公理会教堂举办一连串的布道聚会。每晚有450人到600人坐在教堂里，听埃里克传讲基督徒生活的意义。他讲完以后，汤姆森接着呼吁人们下决心为基督而活，鼓励大家仔细考虑全然归回上帝的含意。他没有在聚会中呼召人到台前来，但邀请愿意更多地了解福音或是寻求个别辅导的人到另一个房间。

由于每次聚会后总有大批年轻人留下来，一些好论断的人便认定，汤姆森和埃里克在操纵听众的情绪。埃里克的父亲在写信给伦敦会外事秘书时顺便提到此事："我确实非常高兴埃里克这么全然地投入属灵的操练，并且渴望与别人一起分享他所得到的美好福音信息。我妻子和我完全肯定，他只要继续与耶稣基督相连，主的光就会光照他，使他立定根基。我们很高兴他们的团队没有强调那么多神学，而是帮助年轻的生命面对这样的问题：'你对这位被称为基督的人子会如何回应？'这是个人与救主的关系。根据我们对埃里克的了解，可以肯定他绝不是那种想去伤人感情或公开揭人隐私的人，但我猜想，他会请求听众真诚地处理个人与救主之间的关系。我们绝不会把埃里克的作风和'煽动人心'联想在一起。我们希望教会能够帮助年轻人懂得如何去做最好的抉择！"

在随后的来信中，利迪尔除了正面肯定儿子所做之事，还表达出父亲的关心："我们听说埃里克在工作和聚会上都全力以赴。我们希望他在读书的阶段不要承担太重的责任，因为他是那种很难拒绝工作的人。"

埃里克最大的优点，就是不论听众人数多少或"重要"与否，他都乐意接受传讲基督的邀请；而他最大的弱点，就是只要看到紧迫的需要，或是被邀请去参与与信仰有关的服侍，几乎都不会拒绝！

埃里克10月住进爱丁堡的苏格兰公理会学院宿舍，开始为期一年的神学课程。从一开始，他的时间就已经被答应下来的讲道排得满满的，学习也深受影响。这一年内，他有好几次随着格拉斯哥学生布道团，到其尔马诺克、艾尔文、亚德洛桑，以及苏格兰其他的小城镇，开展为期一个星期或更长时间的布道工作。

汤姆森是个很相信"宣传"的人。他带着布道团的团员挨家挨户地分发聚会通知，在各个城镇张贴传单。为了使人们对聚会更有兴趣，他们经常和当地的橄榄球队比赛。即使埃里克在他们这边，这群年轻的布道家也不见得每一场都赢。但是输球不会使他们失去对群众的吸引力。在橄榄球比赛之前，埃里克有时候会和城里跑得最快的越野赛跑选手进行表演赛，并且总是大方地让步给挑战者，不论输赢，他都会在比赛开始之前和结束之后与所有参赛的人握手，笑着祝贺他的对手。

除了参与格拉斯哥学生布道团的紧张行程，埃里克还答应不少学校和教会的讲道邀约，包括他自己在爱丁堡的晨曦公理会教堂。埃里克自从 1921 年就很忠心地在这个教会担任主日学老师和青年联合会的主席。史考特牧师(Rev. Moffatt Scott)和教会的弟兄姐妹，看着他在运动和灵性方面一步步发展，并且提供了一个属灵之家，来帮助、培养他成长。现在他们希望他用连续三个晚上举办一个年轻人的聚会。

汤姆森的弟弟罗伯特·汤姆森（Robert Thomson）是一个天资超群、事业有成的年轻人。在聚会开始之前的一个星期，埃里克听到他在伦敦死于突发疾病的消息，心情变得很沉重。生命的脆弱和时间的短暂，再次激发汤姆森要迫切传福音的心志。而汤姆森这次深深的失落，也同样触动埃里克的心，因为这事也可能发生在自己身上，或者是哥哥罗伯特身上，或者是自己最有前途的一个朋友身上。当他们向很少想到永生的年轻男女谈论到基督时，对"生命的短暂"重新有了一种深深的真实体验。

"我所钦佩的亲爱的哥哥和弟弟都离开了人间，"汤姆森说，"只留下我一个，我觉得至少在某种程度上，必须继承他们的遗志。"汤姆森经常说，他宁可安排十个人来做事，而不会去做十个人的事。但每个认识他的人都说，他总是设法二者都做到。

* * * * * * * * * * * * * * * * * *

12月初，埃里克为即将起航前往中国的罗伯特和丽雅送行，并向他们保证不久就会随后前去。1月份，这对年轻夫妻从上海写信过来，说到他们在确定华南的事奉岗位之前，会开始半年的医疗和汉语训练，而且，他们就住在罗伯特当年出生的房子。

在萧张县以北965公里的天津市，经常有人在讨论埃里克来中国的话题。天津新学书院(Tientsin Anglo-Chinese College)院长赫立德博士(Dr. Lavington Hart)在筹措埃里克的旅费，他急需一位教科学的老师。他希望埃里克能尽早到来。

同月，埃里克得知47岁的麦科查再为人父，并且给新生儿取名"埃里克"。埃里克同意做这个男孩的教父，很高兴地参加了他的婴儿洗礼。

埃里克在定下前往中国的日期之前，必须先决定这一年是否参加赛跑。在学业和讲道的负担之下，他似乎不可能再作赛跑的训练，而且许多人认为他应当功成而退。但埃里克认为，如果麦科查肯帮他训练，他就会考虑去参加几个比赛，最后以6月底的苏格兰锦标赛作为结束。麦科查很乐意为他效劳，于是，他决定7月初赴中国。

除了格拉斯哥学生布道团的活动和他自己应承下来的讲道，埃里克还同意和汤姆森一起，为仍然坚守创立时属灵宗旨的基督教青年会(YMCA)举办一连串的成人布道会。他们俩在英格兰各个城市的基督教青年会厅堂举办聚会，向各大公立学校学生、皇家空军基地的飞行员、伦敦各行各业的男人等不同的群体演讲。他们在曼彻斯特的皇家剧院、杜伦市(Country Durham)的酒吧等各种不同的场所，把基督的信息带给那些向来轻视布道家的听众。

但没有什么城市比伦敦市更具有挑战性了。伦敦市中心的基督教青年会总秘书长弗兰克·卡特(Frank Carter)很清楚这些在基督教青年会出入的青年人的心态。他们当中有些人是大学生；有些人计划着在金融界和商界取得一席之地；有不少人奋斗着要在大城市出人头地。因此，他坚持汤姆森和埃里克来伦敦市中心时，要照他的规矩行事。

卡特起初和汤姆森讨论这个布道活动时就说："不能超过四天。你们在接待厅聚会，参加者可以坐在沙发和安乐椅上自由抽烟和发问，但在聚会中你们不可以作决志邀请。我每次会用一句祷告作开场白，然后就把余下的时间交给你们。"

汤姆森从来没有听过这种布道会安排。出于尊敬，他同意这位以精力充沛著称的"总裁"的做法。卡特带着笑容，透过他金丝边眼镜的小圆镜片专注地看着汤姆森。

"每次聚会以后，"卡特继续说，"厅堂另作他用，我会提供给你和埃里克一人一个房间，你们可以和那些寻求辅导的人私下谈话。"

汤姆森和埃里克在4月的一个星期六晚上，参加伦敦市中心基督教青年会一个准许抽烟的音乐会。有个爵士乐团在闹哄哄的气氛中演奏，整个晚上，埃里克和汤姆森好不容易才逐一地向各桌的人介绍完自己。星期一，他们在第一晚的成人布道会上，轮流站在一张小桌子后面，告诉人们基督信仰对人生的意义。出于尊敬或敬畏，埃里克开始演讲后五分钟之内，人们全都熄灭了手中的香烟。

第二天晚上，两位年轻布道家和一些听众谈到半夜。最后一晚，有80个男人聚到小礼堂，先是安静地跪下来省察内心，然后倾听汤姆森清楚说明如何将自己完全献给基督。汤姆森和埃里克和个别人谈话直到将近午夜。

　　他们最后一起参加的布道活动，是在爱丁堡开展的为期 12 天的青年布道会。埃里克在公立学校被人当成英雄欢迎，他和汤姆森每天把信心和委身的信息带给那些不能够或不愿意参加教会晚间聚会的人。青年布道会开始的那个晚上，有 1200 位听众倾听埃里克解释为什么他和汤姆森会在那里。

　　"我们在这里要将耶稣基督的呼召和挑战摆在你们面前。我们当中有许多人因为追求次好的东西而失去生命中上好的东西。在这几天，我们要将所发现的至宝呈献在你们面前，将值得我们献上一切的基督摆在你们面前。他是年轻人的救主，也是年长之人的救主；他是能够使我们称义的那一位！"

　　埃里克以"委身于基督是个人的选择"来做结束。

　　"你活出了耶稣基督的标准吗？基督发出了挑战，我们正在找寻愿意回应他的人。如果这里有一位听众愿意站出来为基督而活，整个爱丁堡就会改变；如果这里所有的听众都愿意站出来为基督而活，整个苏格兰就会改变。今天晚上你要怎么响应这样的挑战？"

　　一位当地的新闻记者写道："这两位年轻的布道家发出呼吁的态度和方式，特别显著的地方就是，他们不是靠煽情来牺牲理性，乃是直接挑战这些聪明又强健的青年人的意志和心灵。他们两个人对这世代的青年人所发出的挑战，足以呼召人们立誓忠诚于耶稣基督，并投注自己的一切来服侍上帝的国度。"

　　在第一晚的大集会之后，接着几晚，参加者逐渐递减，直到周末减至 500 人。汤姆森原先早已大胆地为最后一晚的聚会包下可容 3000 人的招待厅。有位富同情心的传道人说，他会缩短星期天的晚间崇拜，带领全部会众来参加聚会，以坐满空位。汤姆森担心第二晚最后一场聚会时，大厅里只有一小群人，便很高兴地接受他的提议。第二天晚上，詹姆斯·布莱克牧师博士(Rev. Dr. James Black)在八点钟之前带着他那一大群会众抵达接待厅时，发现整个大厅客满，不得不匆匆安排到邻近教会增设分会场。

这场聚会结束了埃里克过去九个月以来过量的讲道行程。对埃里克而言，这种讲道的事奉非比寻常，倒不是因为听众人数有几千人，而是他敢于对着那么多人公开演讲。距第一次在亚马戴尔腼腆紧张地作见证至今，只有两年的时间，他已经把恐惧放到一边，愈发有能力地向人们传达基督的信息。没有人会说他有口才，但他的谦卑和诚恳，克服了演讲技巧上任何的缺欠。听他讲道的人知道，他的话发自肺腑，是他生命的体验，他所讲的话就像他所服侍的主说的话一样，听起来带着权柄。

埃里克所举的例子都是来自他最熟悉的事物：化学实验室、橄榄球场、田径跑道。他以平静、直接的方式打比方，他会把"将自己的生命献给基督"比作"选择球队的队长"。"你在日常生活中寻找过领袖吗？"他问："在耶稣基督里，你会找到值得你我献上一切的领袖。我曾努力寻找值得我钦佩的领袖，最终找到了基督！"

* * * * * * * * * * * * * * * * *

爱丁堡的布道活动结束之后三天，埃里克回到克雷洛克哈特运动场跑道上，参加这一年度的大学运动会。在短短四年里面，他已经从默默无闻的大学新生，变成举国赞扬的奥运冠军。有些人担心那些耗时耗力的演讲行程会打乱他的赛跑练习，但他却赢得100米、200米和400米的第一名；十天之后，在圣安德鲁斯的运动场上，他在对抗苏格兰四所大学的赛跑选手时，又赢得这三项比赛的冠军。

在接下来的三个星期六，埃里克参加一些地区性的竞赛，为主办这些比赛的运动社筹款。每次竞赛之后的星期天，他就在附近的教会讲道，并且总是在每次主日崇拜后花时间和年轻人谈话，为他们签名。因为还剩不到一个月的时间就要出发去中国，只要能够去，他尽量答应每一个邀约，不论是向上千人讲道，或只是在主日下午颁奖给十二位主日学学校的学生。

埃里克在格拉斯哥的苏格兰业余运动员锦标赛上，给 15000 名观众带来意想不到的惊喜。报纸称之为"埃里克的三连冠"，他在一个月之内第三度获得 100 米、200 米和 400 米的压倒性胜利。埃里克连续第三年获得令人垂涎的克拉比杯(Crabbie Cup)，这表明他是冠军赛里面最有实力的竞争者。

当人们问埃里克是否永远离开田径赛场时，他回答说，接下来的 4 年会离开。但即使抱有"他还会复出"的希望，还是无法减轻人们的失落感。哈罗德在跳远比赛时，腿部受伤，不得不结束了运动员生涯，也离开了赛场。"没有了埃里克！没有了哈罗德！"报界惋惜地悲叹。

格拉斯哥热情的人们挤去参加埃里克的欢送礼拜。上千人因为仁费尔德教堂挤满了人，而转去附近在圣约翰·韦斯利教堂增设的分会场。埃里克站起来回应人们热烈的称赞和掌声时，朝着汤姆森的方向看去。

他告诉听众："两年以前，我面临生命中最大的难题。我被邀请去协助在亚马戴尔举行的布道活动，但当时我从来没有在公开聚会上演讲过，很不愿意接受那样的邀请。在接受邀请之后的第二天早上，我收到妹妹从中国寄来的一封信，其中有这么一段经文：'你不要害怕，因为我与你同在；不要惊惶，因为我是你的神。我必坚固你，我必帮助你，我必用我公义的右手扶持你'。"

在爱丁堡的告别聚会也需要到附近的教会增设分会场。教会领袖和市政首脑再次热切地称赞作为基督徒运动员的埃里克。埃里克在答谢中说，他要去一个国家，在那里的工作不一样——至少表面上不一样。但借着当老师的机会，他希望能够像他自己被基督带领那样，带领许多中国的小伙子归向基督。

* * * * * * * * * * * * * * * * *

6 月 29 日（星期一）早上，埃里克最后看了一眼他在爱丁堡"希望街 29 号"的宿舍；这实在是很特别的一年。

当埃里克合上皮箱时，有一辆没有马拉的出租马车抵达外面齐声欢呼的人群。埃里克的朋友不愿意让他默默地离开，租了一辆四轮的蓝道敞篷马车，在车道上等着他。

休斯院长(Principal T. Hywell Hughes)最后一次和这位最有名的学生握手，两个人的目光中都充满了仰慕和感激。埃里克听任朋友们虚张声势地摆布，满面笑容地上了马车。一队大学运动员拉着从轮辐到支轴都以红、白、蓝色飘带装饰的马车，沿着城里的街道，前往魏菲利火车站。这吸引了几百人尾随在后。一路上，跟随的群众抛掷飘带，唱着《因为他是个好汉》和《你不再回来吗》(Will Ye No Come Back Again)这两首歌。

出租马车停错了月台。埃里克正要徒步去赶搭火车时，又被带回马车上，最后总算换到正确的地点。然后，又是一阵避免不了的呼喊："演讲！演讲！"

埃里克站在出租马车上，对他们热诚的送别和祝福，表达了衷心的感谢。他说他要出国去，在"让主基督的国临到全地"的伟大使命上，尽他那一分力，他也希望家乡的每个人都同样尽他们的本分。他要他们一同牢记："基督为着世界，因为世界需要基督！"

一进到火车车厢，埃里克就打开窗户，继续和挤在那里的群众握手。一位男子无法靠近与他握手，他便握住这位男子伸出的手杖，然后带领大家唱了《主治万方》(*Jesus Shall Reign Where'er the Sun*)这首诗歌中的两节。火车开动时，诚心祝福的人们挥动着手帕和帽子，随着火车一直追到月台尾端。

埃里克坐在自己的座位上，再次惊叹人们对他的热情。火车经过敦巴郡的时候，北海在东边闪闪发亮，熟悉的湖光山色吸引住他的视线。带着对故土的深情，他向苏格兰投去最后一瞥……23 岁的埃里克即将启程去参加另一个竞赛，而这个竞赛面临的考验远超过他所知所料。他在运动生涯的巅峰，天地在脚下任他奔跑的当儿，却转换了跑道，跑向中国。

第二部

最重大的竞赛

1925～1942 年

第十章 新学书院

1925～1926 年

天津基督教合众会堂的主日学师生出去郊游，埃里克问孩子们："谁要柠檬汁？"（照片由 Luby Bubeshko Shutorev 提供）

新学书院化学实验室。

埃里克是新学书院接力队的教练兼最后一棒，要赢这样的队伍可不容易。（照片由蓓蒂提供）

西伯利亚大铁路从莫斯科到海参崴，横越乌拉尔山脉，绕到美丽的贝加尔湖边南端，延伸了将近9656公里。在12年的建造期间，大约7万名工人搬运了260万立方米的泥土，砍伐了4.37亿平方米森林的木材，在六条大河上面造桥铺路。

像很多人一样，埃里克为了"速度"而非"舒适"才乘坐西伯利亚大铁路火车。一路上，不是像坐船那样悠闲，可在科伦坡、新加坡、香港慢慢靠岸，而是在鄂木斯克、伊尔库茨克、乌兰乌德的月台上稍事停留，就匆匆离开。因此，从英国到中国，海上旅程需六个星期，陆上旅程则只需三分之一时间，但所需付的代价就是：必须忍受车厢内的狭窄空间；必须体会在经过国际边界时的种种不安定感——办事官员不讲英文，也不管外国旅客能否抵达目的地。如果东三省突然发生骚动，则从哈尔滨南下天津市的火车就有可能不开。在那种情况下，埃里克或是要在东三省等上好几天，或是要到海参崴订船票，然后沿着韩国南部冗长的海岸航行到中国去。还好，埃里克的这一趟旅程，每件事都进行得像瑞士钟表那么精确。

7月18日，埃里克在北戴河的海滨度假城下了火车，离他从伦敦维多利亚火车站出发正好十四天。父母亲、珍妮、欧内斯特都来欢迎他回到中国的"家"。接下来的六个星期，他除了轻松地享受天伦之乐，以及结识其他的宣教士之外，没有什么正式的职务。

埃里克抵达北戴河一个星期之后，罗伯特和丽雅从上海过来相会。三年以来，利迪尔家人第一次团圆。虽然罗伯特和丽雅要被差派到遥远的华南，但每个人似乎都很满意、很专注于现在，享受能够在一起的每一天。他们很快就必须面对在中国生活这个现实。

除了拥抱、握手、问安之外，埃里克也得到一个消息：他宣教士教师的职业尚未开始就可能要结束。因为几个星期以前，5月30日，在上海的殖民地警察对着一群激昂抗议的工人和学生开枪，杀死了几个人。这一被称为"五卅惨案"的暴行，在中国学生当中激起极大义愤，并迅速地传遍华北，导致多所学校提前关闭，其中包括埃里克准备开始任教的天津新学书院在内。谣言很离谱，说赫立德博士左右手各持一把手枪，挥动着驱逐所有的学生离开，不让他们参加期末考试。中国人民族意识的兴起……加上多年来受西方统治所积压的愤怒，如同混合炸药，在没有预警的状态下随时会爆炸开来。

埃里克在写给朋友的信里面说："我已经在这里三个星期，发现很多人不敢大胆表明他们的政治立场。我们所知道的就是，中国人对英国人怀有成见。几天以前，在这个小小的滨海度假区，就到处张贴着反英的公告。

"我们还不知道要怎么重新开放新学书院，但希望明天能聚在一起讨论一些计划。这里的学生不仅反英，也反基督教，虽然他们在上次的声明中否认这一点。"

埃里克答应来中国教 4 年科学，同时协助教体育课程，并看看是否适合长期参与宣教的服侍。4 年后，如果愿意，他可以回到英国，没有进一步的义务。父亲和很多人一样，希望埃里克能够感受到这是从上帝来的呼召，并申请加入伦敦会，成为正式的宣教士。在此期间，他的薪水由书院直接支付。

天津新学书院有将近 25 年的历史，由现任院长赫立德博士创办。上帝带领他创办这所学校，他的心思全在这所学校上面。他曾在巴黎大学、剑桥圣约翰学院和伦敦大学受教育，是英国一位卓越的物理学家和大学讲师。但在 1892 年，他离开前途无量的职业，加入伦敦会做宣教士，并和哥哥赫瓦福(Walford Hart)前往中国。他们抵达中国不到两年，赫瓦福和他的新婚妻子就双双死于痢疾。赫立德和妻子埃尔西(Elsie Hart)从武昌搬到天津，创立了新学书院。他们的目标是要通过基督教教育，把福音带给中国的实业家以及政府官员的子弟。由于向来大部分宣教士的努力都是放在帮助穷人身上，以致在传统的宣教模式下，很少接触到中国的中上阶层人士。赫立德博士热切盼望通过教育来影响中国未来的领袖，让他们从小就受基督教文化的熏陶培养。

但是，中国长年的政局动荡使学校总是处于不稳定状态，而埃里克来到的时候尤其紧张。学院的教职员在北戴河经过许多的考虑和迫切的祷告之后，决定继续办学，并发了一封致家长和监护人的信，说道："学院决定在 9 月照常开学，我们愿意招收专心读书的学生。"

这封信提到学院的长期目标是要借着"最高质量的教学、基督教的影响力，来建立学生的品格，但并不强迫人信教。我们也会举办体育比赛和活动，来强调体育和身体健康的重要性。"信上接着说："学院很高兴地告诉各位，国际橄榄球运动员和世界赛跑冠军埃里克先生，加入了我们的教师阵容。他是爱丁堡大学的科学学士，将在我校教数学和科学的课程。"没有人认为埃里克来这个学校就会减轻学生造反的情势，但他在体育上的声誉确实可以为学校增光添彩。

8 月底，埃里克和父亲坐了 5 个小时的火车，从清凉海风吹拂的北戴河，到达热气逼人的天津市。天津市位于包括大运河和海河在内的五条水道汇流处。迂回穿过天津市的海河，把这个城市和大海相连，使得这个北京东南方向 128 公里外的"天子渡河之地"，成为一个港口。中国的苦力在海河岸边为轮船装货和卸货。他们弯着腰，佝着背，扛着一袋袋笨重的面粉，步履匆匆，在码头和沿河街道上众多的"仓库"之间来回奔走。

天津是一个通商口岸，由两个既不相同也不平等的部分组成——中国地界和外国租界。人口稠密的中国地界上，80 万居民多半住在窄小的房间和比棚屋好一点的房子里。他们在工厂里织地毯、做火柴、锤锡罐，一天工作 13 个小时。成千上万的苦力从事铺路、卸船货等艰苦的劳力工作，或是抬着一桶桶的粪便到城外田野施肥，做着那种令人厌恶的苦工，一天却只能赚到一点点钱。在人行道旁，有各类零售商店，提供从剪发到餐饮等各式各样服务。外国人几乎不会踏进中国地界，除非是要购物或坐黄包车参观。他们也交代孩子，绝对不要吃街头小贩卖的任何东西。

在外国租界的生活是另外一回事。天津这个城市曾经有一度割让给英国、法国、日本、德国、意大利、奥地利、比利时和俄国八个国家，而美国的租界在 1902 年时转让给英国。在各个租界的外国居民可以自由生活，并在中国的法律之外从事贸易活动。它们运作得像一个独立的国家，有自己的市政府、服务官员、教堂，以及保护他们的小军团，而其中英国、法国和日本的租界最为现代。

自 19 世纪中叶以来，模棱两可的"治外法权"的实施，迫使中国经历一连串的战争，签下一系列屈辱的条约，还得接受大量的炮舰外交。当西方国家强行打开与中国通商的门户时，就在许多中国人心中种下深仇大恨。1900 年的义和团运动虽然被外国军队镇压下来，但"中国属于中国人，容不得外国人来侵犯"的愤懑情绪埋藏下来，并没有就此平息。

　　新学书院坐落在法租界的"海大道"以及"巴斯德路"的边界地带。这栋灰砖的哥特式建筑，是以赫立德博士的母校"剑桥圣约翰学院"为模型来建造的，并以它182厘米高的尖塔为傲。学院由带着枪眼的防卫墙围绕，看起来更像是一座城堡。从塔南侧的入口进去便是宽阔的阶梯，一直通向礼堂和课室，学生的宿舍和老师的公寓都经过精心设计，建材优良。当然，经过了20年的使用，许多设施需要加以整修和重建。

　　埃里克住在伦敦会大院里的"伦敦差会6号"，与其父母、弟弟妹妹住在一起。他在学期开始之前几个星期，到当地的商店到处搜寻，为他所要负责的化学实验室买一些试管和烧杯。在毗邻英租界的地方，他沿着号称"天津的华尔街"中街，经过有着壮丽的圆柱的"汇丰银行"以及其他十二间跨国银行，一路走下去。整条林荫大道两旁的房子都模仿伦敦市中心建筑的风格，路的尽头就是大英工部局所在的宏伟建筑物戈登堂。从戈登堂可以俯视维多利亚花园，夏天的晚上，英国军乐团在那里演奏音乐会。对面街就是有名的利顺德饭店，天津的扶轮社每个星期四中午十二点半都在此聚餐。

　　往西南方向约3公里之处，在马厂道的尽头，天津乡谊俱乐部提供多种吸引人眼目的服务，如游泳、打网球以及在宽阔的场地上赛马。人们伴随着来访的管弦乐团和爵士乐团演奏的音乐，在华丽的大舞厅硬木地板上不停地跳舞。在乡谊俱乐部里面唯一能够看到的中国人，就是倒茶、上菜和照料花卉的服务生。当时，大部分到中国工作的外国人对"仅供外国人出入"的政策，似乎习以为常。在英租界里面的英国圣公会(Anglican Church)和基督教合众会堂(Union Church)也是这么做。但在中国地界，基督教教会为当地的市民提供汉语的主日崇拜。

　　住在天津市租界区的 6000 名外国居民,生活方式和来华目的各不相同。商人们想通过兴办实业来挽救中国的经济,教育家们想通过传播知识来挽救中国的文化,医生们想通过先进的医药拯救中国人的生命,宣教士们想通过大能的福音来拯救中国人的灵魂。有些人来这里剥削中国人,中饱私囊;有些人来这里帮助中国人,慷慨解囊。许多人认定,只要有足够的时间、金钱,能够很好地合作,他们就能够把这个多灾多难的古老国家,带上和平、繁荣的道路,但是对哪条才是中国该走的路,大家看法并不一致。

　　那些从事烟草业和煤矿业的人,与为信仰而奋不顾身的人,常常因为社会观和价值观的鸿沟而壁垒分明。商业团体通常把宣教士看做是无知、矫饰、又好作道德论断的人;而差会的成员往往把西方商业界人士一律看作奢华、道德腐败、不关心中国百姓的人。两边都有自己的道理。

＊　＊　＊　＊　＊　＊　＊　＊　＊　＊　＊　＊　＊　＊

　　9 月底,华南的政治形势稳定下来,因此罗伯特和丽雅可以坐火车到上海和汕头市。他们在抵达汀州府之前,要坐轿子穿山越岭。比起埃里克在繁华城市一所大型私立学校的生活,罗伯特他们在偏远内陆宣教站的经历,更符合人们对在中国做宣教工作的印象。

　　24 岁的埃里克在书院里面算是最年轻的英国教员了。院长赫立德博士已经 67 岁,他精力旺盛,是一位令人钦佩的教育家和宣教领袖。他于 1913 年丧偶,现在已经再婚 10 年,是两个年轻女孩的父亲。他创造力非凡, 在 1914 年发明了脚踏车前轮的分轴,并取得专利。而且,他也是一位深具远见卓识之士。

43 岁的乐嘉立(Carl Longman)自 1909 年即来新学书院教书。这位敏感、高瘦、严肃的宣教士教师，比他太太艾美(Amy Longman)足足高了 30 厘米，两个人在体型和个性上迥然相异。他们有两个女儿：蓓尔 (Perle Longman) 和罗萨蒙德(Rosamond Longman)。伦敦会大院里面的孩子，只有她们不会亦步亦趋地跟在父亲后面！

佩勒(Roy Peill)和卢克逊(Gerald Luxon)两个人都 40 岁，都已结婚育子。有他们在，这个书院教职员的组合和配搭便更为完满。佩勒是三位出名的宣教士医生兄弟当中年纪最轻的一位；卢克逊虽然没有大学学位，却是一名训练有素、尽心尽责的老师，把世界地理教得有声有色。

36 岁的卡伦正在英国述职，他 1912 年至 1913 年间在爱尔生书院教过埃里克。他是一流的学者，为人诙谐幽默，精通古典文学，经常在家里跟他的狗讲拉丁文。他和家人将于 1926 年 5 月回到中国。这些英国同事都与埃里克志趣相投，只是都比他大了一辈。

英国教员负责教高年级的男孩，以英文授课；25 位中国老师负责教大部分低年级的男孩，他们主要是以汉语授课。

学校终于平安无事地开学了，这实在是出人意料的惊喜。有 350 位学生注册。鉴于过去几个月一些事件的影响，教职员认为，能够招收到三分之二的学生，已经是个奇迹了。

9 月一个清爽的早晨，埃里克走过马大夫纪念医院，穿过海大道到书院去。他身着教师所穿的黑色长袍，等着学生来到。由于他没有受过教师训练，只能靠他的科学知识来教课，因此面对开学有点惴惴不安。他要用英文教课，但因为学生的英文程度参差不齐，他得想办法让他们都听得懂。

日子一天天过去，埃里克在课堂内外的谦虚和友善，得到了师生们的好评。当学生在 100 米短跑让步赛中赢了自己，这位奥运冠军就会向他们表示真诚祝贺。有位年轻的中国老师对此感到很惊讶。的确，埃里克对待这些少年人，就好像他们都是从同一条起跑线起跑一样，而不去计较他让了很大一段距离。

时光飞逝。每个上课的日子，埃里克都是上午教科学，并和其他教员轮流带领每日的晨祷会。下午他教体育课，经常和学生一起参加比赛。每个星期会有一天晚上，他带领六个年纪较大、自愿参加的男孩查经，并且每一个星期向一位家教学两次汉语。虽然他在中国出生并住了 5 年，他只记得少数几个中国字和句子，而要达到汉语的读写和会话能力，需要花上相当的时间来学习和练习才行。对埃里克来说，学语文向来都不容易，何况他还有许多事需要做。他发现很难有时间好好学习，似乎总是有人请他去做某些事。

例如：当珍妮参加一个文艺团体的轻歌剧演出时，他们就极力请求埃里克为他妹妹提词；当天津基督教合众会堂邀请他担任主日学校长并且教一班男孩子主日学时，他毫不犹豫地答应了。在不久之前，大英工部局也来请他帮忙为英租界里面的民园体育场设计跑道。他在书院的担子已相当繁重，这些要求其实都是分外之事，但他发现很难说"不"！

对宣教士而言，天津的生活和社交固然舒适，但居住在交通便利、人来人往的港口城市，会有许多耗时耗力的工作。利迪尔1925 年的报告里面写着："我们除了一般的教会服侍、巡回布道、办公室的工作之外，还需要花很多时间在其他的事物上，诸如：主持洗礼、婚礼、葬礼；召开委员会、理事会；会见新人、帮人转交行李、帮助要出国的人、与人面谈、写介绍信、帮中国人找工作；承担从本国来的任务、为其他差会和其他宣教士尽义务；信件往来、作特别的演讲、办理银行事务、协助访客……这些额外的工作有时候会拦阻人做他真正想做的，也是他到中国来的目的。但每一件事似乎都很紧急，非做不可。"

* * * * * * * * * * * * * * * * *

1925 年圣诞节之前几个星期，天津的外国居民在工作、采购、传佳音时，都有炮声伴随。在北京路几公里之外，炮声如雷，彻夜不停。两支对立的军阀部队为占领城市而争斗不已，恐慌蔓延在中国地界的居民当中，一波又一波的难民排除万难躲进租界。圣诞前夕，军阀部队间的争斗结束了。第二天早上，冬日的阳光温柔地照耀大地，这个城市总算恢复了平静。利迪尔在年度报告的结尾写道："我们从目睹的一些事件感觉到，1925 年的中国在重建一个新的秩序，但未来会更好，还是更坏，仍未明朗。"

1926 年 4 月，一位年近 30 岁的伦敦会宣教士斯卡利特(Eric Scarlett)，来新学书院暂时代课几个月。他像一股和煦的春风吹遍整个学校，一学期结束之后，学校再三挽留他。于是，这位热情、坦诚又风趣幽默的斯卡利特，加入了埃里克的科学教学部门，他们一起发展了一套"实用物理"。毕竟，赫立德博士所教的课程对学生而言稍显深奥，又过于理论。这两位年轻的老师之间的友谊逐渐增进，两人除了交流科学知识，还共享对基督深入的委身，并同有向学生传福音的心志。

斯卡利特在法国打过仗，与同时代的人一样，因战争所带来的幻灭感，他寄望在属灵的追求上。他通过在曼彻斯特技术大学的同学介绍，参与了蓬勃热烈的学生基督徒布道运动。1920 年夏天，他参加了在英国斯望尼克(Swanick)举办的夏令会。他说："我第一次感觉到基督教是一种生活方式，而不是一个宗教派别；愿上帝的国降临是唯一值得我们奋斗的目标！"

斯卡利特加入伦敦会之前，在英国各个技术大学当中发起"学生基督徒运动"。有一位曼彻斯特技术大学的教授在推荐他加入伦敦会时写道："他与人同工时易于相处，富有活力。乐于接受困难所带来的挑战。

他的妻子多萝西(Dorothy Scarlett)是一位多才多艺的钢琴家，很喜欢替丈夫那些趣味十足的常备曲目伴奏。在宴会中或暑假在北戴河的聚会中，斯卡利特展示出自己的音乐才华和幽默感，令大人小孩都很开心，夫妻俩性格开朗，很有生活情趣，很快就赢得整个伦敦会大家庭的喜爱。

伦敦会的确是个大家庭。不管中国政治骚乱和内战如何，在天津的宣教士子女都是生活在父母信仰的安全保护下。对他们而言，上帝不是抽象的，乃是非常真实地与他们同在的那一位。他们在大家庭里面的祷告会既同心又真诚，尽管对孩子来说是太长了一点。

由于埃里克和珍妮都是单身，他们经常一起被邀请去参加社交活动。在天津并不缺乏有吸引力、条件又好的女孩，但埃里克还没有发现哪一个令他心仪神往。他还没遇到想要更深入了解，能够让他忘我开怀的女孩。一直到1926年暑假快结束，麦肯齐(MacKenzie)一家抵达天津之前……

第十一章
卷发的女孩

1926～1930 年

芙萝和她的父母，安妮和麦肯齐。摄于 1923 年。（照片由路易丝提供）

芙萝抱着妹妹路易丝，她于 1926 年与埃里克相遇时，还不到 15 岁。

　　麦肯齐（Hugh MacKenzie）自 1910 年以来，就在加拿大联合会（United Church of Canada）河南差会担任财务和商务经理。家人经常半开玩笑地说，他到中国的"呼召"，来自他在一份长老教会差会杂志里面读到的两件引人注意的事项：一是中国急需一位商务经理；二是在前一年被差派到河南卫辉市从事福音工作的安妮（Agnes Anne）小姐的照片。麦肯齐立刻坐上船前往中国，在语文学校见到了安妮。1911 年两人结为伉俪。

　　麦肯齐在他位于马厂道的办公室，处理着那些从卫辉市被驱散到上海的宣教士及他们家人的具体事务。处理个人信件及公函、装运家庭用品、和牙医预约、兑换现金、为宣教士安排交通工具等，只是他每天例行料理的少数几项琐事而已。他是华北地区的"铁路时间表"，通常，他总是有办法灵活地处理由于天气、政治和战争因素而一再发生的混乱状态。

　　麦肯齐一家住在英租界"剑桥道 70 号"，它是河南差会在华北的活动中心。麦肯齐自己设计并建造了这栋房子，成为差会与宣教站之间往来人员途经的一个落脚点。他们家有八个卧室和一间阁楼，只要铺上露营用的行军床，随时可供人住宿。夏天，孩子们会让出卧室给客人，睡在楼上用窗帘遮起来的阳台。

　　安妮是"差会之家"名副其实的女主人。她督导八个用人做事，开放家庭接待客人。虽说安妮从来就不能确定会有多少人在家吃饭，但是她的中国厨子总是有办法随机应变。接待工作对麦肯齐夫妇也许是个重担，但对他们家的孩子却始终是个乐趣。麦肯齐家的孩子很好客，而且对加拿大的宣教士充满敬意。

芙萝(Florence)是麦肯齐家孩子当中的老大，当家人在加拿大述职一年之后回天津时，她将近 15 岁。她有 6 个弟弟妹妹：13 岁的玛格丽特(Margaret)、11 岁的诺曼(Norman)、9 岁的埃丝特(Esther)、6 岁的芬利 (Finlay)、2 岁的肯尼思 (Kenneth) 和 4 个月大的路易丝(Louise)。每当她在说话和发笑时，深棕色长长的鬈发就会微微飘动，而且她大部分的时候都是有说有笑。她虽然身材高挑（约一米六八），但一点都不显得笨手笨脚。她少年老成，但是和同学在一起的时候却爱玩爱闹，总是很受欢迎，身边有一大堆朋友。

芙萝在天津英文学堂上学。在她所学课程中，体育课的成绩最优秀。和法文相比，她更喜欢曲棍球。如果要用一个字眼来形容她，那就是"充满活力"。即使没什么特别值得高兴的理由，芙萝也会为自己还活着开心十足地大叫大跳。这时，她最好的朋友蓓蒂(Betty Thomson)就会笑个不停。

埃里克和芙萝第一次见面，是在天津基督教合众会堂的主日学。由于埃里克是主日学校长，芙萝是司琴，他们可以在教会里面很自然地交往。但一开始时，他们之间似乎并没有特别的吸引力。事实上，埃里克已经忙得连擦皮鞋的工夫都没有，哪有时间去想和这位比他小 10 岁的少女谈情说爱。

* * * * * * * * * * * * * * * * *

1927 年初，中国人排外的情形再次发生。罗伯特、丽雅带着他们的孩子佩吉(Peggy Liddell)，从汀州府乘坐小船，穿越激流，逃往安全地带。他们才一逃离，到处抢劫的土匪就毁坏了整个差会的产业。

4月初，英国和美国的领事馆，下令整个华北地区（包括北京市在内）的宣教士都要撤离宣教站，住到天津一些差会的家庭中。虽然是团聚，但很快，生活中充满了压力。房子拥挤、孩子生病、补给减少，使人们的脾气有时候变得很坏。流亡的客人以及负担过重的主人都失去了平常的隐私和遮蔽。两个月之后，伦敦会把大部分撤退的宣教士送到北戴河，等待有机会重返宣教站。

在中国发生的每件事，都是以内战、政治阴谋和动荡为背景。虽然在外国租界里算是相当安全了，但大家都知道，要是发生了什么剧变，这些小小的驻地部队是保护不了他们的。

卡伦在1927年讲到这几个月所发生的事情时，说："危险说来就来，说走就走，快得不得了；内战总是这样：充满混乱、动荡和无法预知的冲突，直到现在，这个问题还是没有办法得到解决。唯一不变的就是，无辜又极其痛苦的中国老百姓受尽骇人听闻的折磨；通讯受阻、四处饥荒、贸易混乱；野心勃勃的当权者敲诈勒索、目无法纪、腐败不堪、厚颜无耻。这是中国历史最黑暗的时刻，目前为止还看不到曙光。"

5月5日，利迪尔写信给在伦敦的伦敦会新外事秘书弗兰西斯(Francis Hawkins)说："罗伯特和他的妻子目前和我们在一起，我们请他过来帮忙。他有点累，耳朵里有个小疖在发痛。或许因为他自从到中国以来，就经历相当多的困难，没有什么时间学汉语，学起来也很吃力……我们其他人都还好。我太太已经好了很多，虽然还没有完全恢复。埃里克除了例行的工作和研习，以及许多外加的杂务之外，在体育方面还是很活跃的。"

这是利迪尔描述事情时乐观又轻描淡写的说法。其实罗伯特和丽雅18个月以来，在汀州府极度的压力之下已经身心俱疲，而他们未来会被差派去哪儿还是未知数。在过去一年中，玛丽有 6 个月的时间饱受严重的生理失调之苦，她在北京协和医院经过多方面昂贵的治疗之后，好转了一些，但没有完全复原。埃里克因为同时担任太多事情，以致健康受损。书院的工作、合众会堂的事情、国际社团里的活动，使得他日夜忙碌。

虽然在英国的同胞认为埃里克赛跑的生涯结束了，但他在中国仍然很活跃地参与体育活动。他除了在当地和国际接力比赛中担任书院接力队最后一棒，也与驻天津和北京不同军事基地的运动员比赛。1927 年他打破远东区 100 米、200 米和 400 米的纪录。

1928 年奥运会即将举行时，有些体育记者奇怪埃里克为何没有入选英国奥运代表队——他在中国粗糙的跑道上所跑出来的成绩，显然接近英国和美国运动员的水平，而且他是上一届奥运会四百米比赛的冠军。只是埃里克并没有主动向奥运当局提出申请，他们也似乎认为他没有兴趣或没有空参加。

当奥运会在荷兰阿姆斯特丹开幕时，埃里克整个心思专注在另外一件事情上——芙萝。

暑假在北戴河的四个星期，大伙一起游泳、打网球，到附近莲蓬山徒步旅行，他自然有机会和芙萝在一起。虽然白天都在一起，但是大家都是宣教士，他们两人不可能单独相处。但是月光下在老虎石的营火旁一起唱歌，则有趣得多。

夏天结束之后，埃里克继续努力接近芙萝。他利用每周一次芙萝来他家跟珍妮学钢琴的时间，抽空待在那里和她们一起喝茶。他还邀请她和她的弟弟妹妹一起去"吉士林"西餐厅吃冰淇淋。通常，他的努力是那么含蓄，以致没有人（包括芙萝在内）知道他在追求她；芙萝的弟弟诺曼甚至认定埃里克来他们家是为了看他！

1928 年 10 月，埃里克坐上为了庆祝日本天皇加冕而建的"南满铁路"火车，到大连市去参加田径比赛。5.5万名观众观赏了为期三天的竞赛。埃里克对记者描述这个竞赛活动时，只是简单地说："日本和法国的奥运代表队都在那里。他们从阿姆斯特丹带来簇新的奖牌。我不知怎的，碰巧在200米和400米比赛中获胜。"

埃里克在参加完比赛后那场没有记录的特殊短跑，更为人传颂。他赢了400米赛跑之后，需要赶搭在8公里外的船只，这时离开船时间差15分钟。当乐队演奏《神佑吾王》这首英国国歌向他致敬时，他让出租车等在一边，以立正姿势听完国歌。正当他要冲向出租车时，乐队奏起《马赛进行曲》，向获得第二名的法国人致敬，埃里克只好再度立正听法国国歌。当出租车发出尖锐刺耳的刹车声在码头停下来时，船只已经解缆，正在离岸。埃里克抓起他的行囊，闪开码头上的障碍物，奋力奔跑——只有那艘船能让他按时回到天津。当一阵狂风大浪突然把船只推近码头的时候，他把行囊扔上船，急速一跃跳上甲板。目睹这个事件的记者宣称："埃里克至少越过4米半的水面，跳上了船。"当远东和英国的报纸报道这个事件时，这个距离越说越大，到后来说埃里克创下了跳远的世界纪录。埃里克说，那不过是羚羊般小小一跃。他只想准时回新学书院教书，也可能是要去教会看芙萝吧！

快17岁的芙萝负责教一班小女孩主日学。每当埃里克突然探头进到她的教室，说他只是想看看她需要些什么时，那些小女孩便吃吃笑个不停。在主日学组织郊游、聚会和冬季远足时，埃里克看到芙萝和孩子们在一起，对她的仰慕就愈发加增。这些孩子看来都很信任她，她也费尽巧思与她们一起玩、一起开心，从不责备她们。

芙萝也像很多女孩一样，会去想埃里克。她欣赏他的温文尔雅，欣赏他对每个人的亲切态度——他即使对最小的孩子说话，也是带着尊重。他对上帝很严肃，对自己却不然。当他逗弄别人或恶作剧时，总是带着笑容、眨着眼睛，从来不故意去为难或贬抑别人。芙萝喜爱他的蓝眼睛和酒窝，但她绝不会料到，埃里克会对她产生爱慕之情！

在一个主日早上，埃里克为年幼的孩童讲解圣经时，集中焦点在"sincere"（真诚）这个字上。"有没有人知道这个字是什么意思？"他问。"这个字是指真正的、诚实的、不作假的、真实的东西。它是从'sine'（没有）和'sere'（蜡）这两个拉丁文来的。 许多年前——在罗马帝国的时代，到处都是大理石。它是一种非常漂亮的石头。人们把大的石块采挖出来，然后由能工巧匠把这些大石头雕刻成柱子、雕像、花瓶和许多美丽的物品。有的大理石质地不好，就会出现裂痕，结果就会变成没有价值的东西。

"为了避免收入减少，有些不讲道德的工匠，就会把蜡塞进裂痕里面，把它弄平，然后把表面一直磨到看起来非常光亮，再把它当作没有瑕疵的真品拿出去行骗。很不幸，过一阵子，那些蜡会收缩和裂开，倒霉的买主就会发现手上拿的是一块没有价值的大理石。

"买东西的人最后总算学聪明了，每当他们要买大理石制作的东西，就会要求验明是不是真货——他们要的是纯正的大理石，没有用蜡来填塞隐藏的裂纹和瑕疵。因此，真货的意思就是'sine sere（没有蜡）'。从而产生了一个英文词'sincere'，也就是'表里如一——真正的诚实。'

"小朋友们，你们是什么样的人呢？

"你是一个真正诚实的人吗？还是你有一些缺点和缺陷，你认为已经成功地隐藏起来，别人不知道呢？"

这只是个简单的故事。但芙萝不会忘记这个故事，也忘不了讲这个故事的人。如果说有谁是"真诚"的，那就是埃里克了！芙萝从来没听说谁讲过埃里克的坏话。

过去的几个月也使埃里克有机会观察芙萝。她对意外事件的反应，显出她是怎样的人。虽然她还年少，还不够成熟，但他想要更多地了解她！在主日学的晚会上，他发现自己心不在焉，而是在想芙萝那白里透红的可爱脸蛋，以及她那双大大的深棕色明眸。

除了外表的吸引力，他也被她风趣的生活态度所吸引。比起他自己那种安静的个性，她天生活泼外向、容易和别人相处。在一次主日学的演出里，芙萝饰演一个非常普通的角色，但她却投入万分的热情去演。演完之后，埃里克跟她说："芙萝，我还真不知道你有那么丰富的感情呢！"她红着脸对他的称赞表示感谢，一瞬间，两个人互通情谊。

对埃里克而言，"和麦肯齐的女儿谈恋爱"这个想法，是这么不可能，只能埋藏在内心深处，除了上帝以外没有人知道他的感觉。他们两人之间年龄相差了快 10 岁，虽然有一天，年龄差距可能不再成为问题，但要公开两个人之间更深一层的关系，还要好几年，而不是几天或几个月！然而，埃里克心中开始立下一个信念：不管需要多少年的时间，他要娶这个女孩！他会将芙萝交托在上帝的手中，等着她。同时，也的确有够多的事情让埃里克忙的！

* * * * * * * * * * * * * * *

周一到周五早上，埃里克从他家走过马大夫纪念医院，然后熟练地在川流不息的车阵里头迂回前行，越过海大道。汽车、脚踏车、由骡子或苦力拉着的运送农产品的车、猛按喇叭的公共汽车，都在繁忙的公路上寸土必争地前行。通常同一条路在不同的租界就会改变名字，法租界的大法国路，在英租界变成中街，在德租界又变成威尔逊街，但是 56 公里长的海大道，倒是从天津到大沽港口，都是同一个路名。

埃里克在书院的大门口外头暂停一下，看着男孩子们乘坐黄包车、脚踏车、黑色豪华轿车等不同的交通工具来上学。有些学生一下车就迅速走进学校，有些学生则逗留在外面，跟路旁的小贩买蒸饺或嘶嘶作响的煎饼。

当他走过学校的四方院时，一群乌鸦在平常栖息的大树上聒噪着，好像晨间的问安。埃里克瞥了一眼这些乌鸦，想起听过的一句俗话："天下乌鸦一般黑"。中国的乌鸦和在苏格兰的乌鸦并没有两样，人何尝不是如此！无论国籍、出生地或语言多么不同，世人的心思、意念，以及心灵里面的空虚，却没有什么两样！

埃里克的教学生活已经进入第四年，他非常认同新学书院整合教育和传福音的理念。福音不是添加的附属品，乃是体现在每一天所发生的每件事里面的。赫博士认为在课堂和运动场的教学，就跟"晨祷会"这唯一一门全体学生都参与的宗教课程一样重要。晨祷会时，中国老师用汉语带领低年级的学生简短的礼拜，赫博士则用英文为高年级的学生主持礼拜。在唱一首圣诗、读一段圣经之后，就由院长或一位英国教员作五到十分钟的灵修分享。

通常在学生毕业之前这 3 年，每一班都会有一位导师，由埃里克或其他英国教员担任。每位导师要督促班上学生的学习，每周带领一次查经班，并且为了更多地了解孩子而组织一些社交活动。这种做法往往可以引导学生在灵里面有深入的改变。但是，再怎么说，既要维持纪律，又要打破传统的师生界限，和男孩子们建立更深入的关系，还是有不少困难。

在兼顾学术和灵性的情况下，成果来得很缓慢，而且挑战愈来愈大。书院只有不到一半的学生在此就读超过 3 年。中国的教育局每学期都会施加压力,要求书院符合他们的标准。经济上的窘迫也悄悄地逼近学校,无情的房东威胁说要让他们扫地出门。

伦敦会内部批评新学书院的人,也质询它的基本办学前提以及资源的分配。"中国人应该自己教育自己!"一位很不客气的反对者说,"我们必须专注在他们灵魂的需要上!"虽然伦敦会直接的花费就是五位英国宣教士教师的薪水而已,但每年都有人呼吁要减少书院的教员人数,以便多差派一个人到有更大需要的乡村地区。

1929年初,埃里克面对有关未来的决定。到了6月,他和新学书院4年的合约就要结束,他考虑6月和父母回英国,接受进一步的训练,再申请加入伦敦会,差派回中国。但在1月底的时候,赫博士宣布他即将退休,使得埃里克决定1930年暑假以前留在书院。

然后,有个意外再度改变了利迪尔家人的计划。1929年2月初,利迪尔坐火车前往沧州市,要参加伦敦会的区委会。两天之后,玛丽震惊地看到贝勒森大夫(Dr. Arnold Bryson)扶着她先生走上他们家的台阶。利迪尔轻微中风,暂时丧失说话的能力,手臂也暂时动弹不得。虽然他自我感觉还好,但同事却认为他必须回国休养。

58岁的利迪尔向来精力旺盛,身强体健,别人遇到急事都会来找他帮忙。在中国服侍30年以来,他只有在前一年秋天,因为流行性的胃肠感冒而请假十天。现在,医生们竟然告诉他,不要等到6月述职时再回国,要尽快返回苏格兰作长时间的休养。

3月29日,埃里克陪着家人到大沽港口,他的父母和珍妮、欧内斯特坐上"沙布鲁肯号",准备用8个星期的时间先航行到荷兰的鹿特丹。罗伯特现在是萧张县伦敦会医院的院长,他特地赶来和他们告别，并帮忙安排储存家里的用品。利迪尔希望一年后在苏格兰能看到埃里克，并计划自己身体的状况一有改善就回中国。

他们离开后，埃里克从家里搬到书院的教师公寓。他很享受四年来与家人共处的美好时光，但看到父亲因体弱离开，感到很心痛。如果他知道，现在离开的这四个家人再也不能回到中国，就会更加难过了。

* * * * * * * * * * * * * * * * *

1929 年 7 月，4 年来新学书院第一次没有因为学潮或战争的威胁而提早结课和延缓考试。过去几年，时局动荡，相比之下，如今这种看来异乎寻常的短暂平静，如同一帖安慰剂。

那年的暑假，在北戴河，埃里克比较大胆地追求芙萝。白天集体活动之后，他通常在喝完下午茶的时间，出现在麦肯齐家度假小屋的前廊，问芙萝要不要出去走走。他们在黄昏沿着海边散步时，几乎无所不谈。埃里克发现他和芙萝在一起时，比起和任何人在一起都更加放松自在。他很想牵她的手或搂她的腰，但现在还不是时候。

有一回，埃里克、芙萝以及另外八个人一起去爬山，他们一同艰苦旅行了四天。一天午餐后，大家都精疲力竭地躺在树荫底下小憩，有人问："埃里克到哪儿去了？"有个女孩看到他在附近的山顶。原来他趁大家都酣然入梦的时候，出去登高远望！人们很容易忘记，他外表安静、放松，却有着大量的精力和耐力。

8 月，埃里克和斯卡利特两人共同在北戴河带领一个为天津的贫穷男孩举办的营会。34 个男孩（包括两个俄国孩子），都是扶轮社送来的。有两个星期的时间，埃里克和斯卡利特带着这些孩子玩有趣的游戏,给他们吃营养的食物,和他们一起睡在大帐篷里。他们在饭前向上帝作谢饭祷告,晚上睡觉以前也用祷告来结束一天的生活。不管这些男孩子懂不懂两位英国人在说些什么,都可以感受到他们的笑容和他们对每个人真诚的关心。

这两位机灵又精力充沛的年轻人,常常能准确说出这些聪明伶俐的孩子在想些什么。斯卡利特评论说:"语言问题十分有趣,这些孩子回去之后看起来精神很好,每个人平均重了将近 4 公斤。这个营会办得很好,今后应该继续举办!"

* * * * * * * * * * * * * * * * *

1929 年 11 月 25 日,芙萝迎来她的 18 岁生日。此时她对未来变得很焦虑。她一直想当个护士,但是知道想要上加拿大护士训练学校,竞争很激烈。再过几个星期,她就要在天津英文学堂参加期末考,很怕考得不好。埃里克没有办法帮她学习法文,但他每星期两个晚上来她家,找借口说是要教她数学。

11 月底的一个晚上,芙萝看起来特别沮丧,因此,埃里克突然合上数学课本,说:"得啦!我们出去走走,呼吸一下新鲜空气吧!"他们边走边谈。摆在前头的,不只是关于芙萝接受护士训练的事情。她还愿意回到中国吗?

埃里克突如其来地说:"我一直以来非常希望你会回这里和我结婚!"

芙萝大吃一惊:"你在说什么?"

埃里克又讲了一遍。

"我真不敢相信!"她说,"你是当真的吗?"

"绝对当真,"埃里克答道,"你呢?"

　　芙萝只能结结巴巴地说自己很钦佩他，而且怕别人会说她年纪太小之类的话。然后，她突然停下来，直视着他的眼睛说："但是，埃里克，我非常爱你。你真的希望……"

　　"你愿意吗？"他问。

　　"是的，是的，我当然愿意！"她几乎叫了出来，"我高兴得差点喘不过气来！"

　　他们轻柔又极为保守地接吻，封住了两个人彼此的承诺。他们要保守秘密，直到埃里克去跟她父亲提亲，才能正式宣布订婚。但两个人都知道，世界上最难以置信的事情发生了！他们无可救药、一无所惧地相爱了，彼此都把对方看作这个世界上最好的人！

　　1930 年将近 3 月底的时候，埃里克呈送他申请加入伦敦会的表格，也要求从 7 月开始用两年述职的时间，到苏格兰公理会学院进修。他打算学完就回到新书学院继续当教员。埃里克也写信给在苏格兰的妹妹珍妮，请她帮忙买订婚戒指，让朋友带过来。他和芙萝计划拿到戒指之后就正式宣布订婚的消息。

　　芙萝希望进入多伦多的护士训练学校，三年的课程结束后他们就结婚。麦肯齐答应了这桩婚事，但要求女儿必须在婚礼之前完成她的训练。等待的时间似乎很漫长，但至少他们已经有明确的计划。

　　4 月 2 日早晨，卡伦和斯卡利特坐火车到北戴河去检查伦敦会的度假小屋，以确定房屋情况是否良好，夏天是否可以使用。那天下午，他们从火车站骑驴走了八公里路到海滨度假城时，已经将近傍晚。有三个年轻人从树丛里冲出来，挡住他们的去路。卡伦用汉语请对方让路时，他们拔出手枪要钱。正当卡伦试着和其中一个人理论时，听到背后一声枪响，转身看到斯卡利特从驴鞍上跌下来。

在那之后，一切都变模糊了。有个人惊慌地把卡伦用力拉到地上，拿走他小皮夹里的钱、扯走他背心口袋里的金表和表链；另外两个人扯破他的小提箱和公文包，把里头的东西散了一地。当土匪彼此催促快点办事时，另一道枪声响起，卡伦感觉到子弹拂面而过，然后他们都跑掉了。

卡伦赶快冲到斯卡利特那里，看到他躺卧在地上已失去知觉，脸色死灰，深红的血从心脏上方枪伤处汩汩冒出。起先还有微弱的脉动，后来就没有半点心跳。卡伦打发牵驴的男孩子们到村里去求助，然后凄凉地瘫坐下来。群众被枪声吸引过来，好奇而漠然地聚在他的四周。那天深夜，卡伦发电报到天津报告这个悲惨的消息。

星期五下午，埃里克和麦肯齐以及其他宣教团体的人，一起到车站去接回斯卡利特的尸体。第二天，在海大道教堂全程以中文举行葬礼。之后，埃里克帮忙把这位既是朋友也是同事的棺木，抬到广东道的墓园。卡伦得到从主而来的力量，主持墓旁的安葬仪式，当许多人问"为什么会发生这样的不幸"时，卡伦引导人们把焦点转向"全然为基督而活的得胜生命"上。

埃里克在这个悲剧之后，在四月十日写信给伦敦会外事秘书弗兰西斯："自从我上次写信给您之后，有好多事情发生，因此我要改变一些计划。斯卡利特先生的过世，意味着我如果今年回国，会让书院陷在非常困难的处境。我已经告诉他们，如果可以给他们帮得上忙的话，我会再等一年才回国。可否请您取消已经为我安排的分享聚会？我很抱歉不得不这么做，尤其是我父亲身体还不太好，但我肯定这样做是对的。很抱歉这封信这么短，但我希望尽早让您知道我的决定。"

十天之后，新学书院决定要照常举行年度的洗礼，其中有九位是斯卡利特班上的男孩。埃里克写给朋友的信上说："在这个复活节的崇拜中，看到这些学生公开表明对主的忠诚，就像一道光穿过我们所历经的黑暗日子。"

* * * * * * * * * * * * * * * * *

在新的学期，埃里克接下了斯卡利特负责的几个班级的科学课，也暂时接替担任六个星期的"驻天津皇家苏格兰军团军中牧师"。"这对我是很好的经历，即使我因此从早忙到晚，"他写信给在英国的朋友说，"只是我觉得在那段时间，自己安静祷告的时间不够。有人说，工作就是祷告，祷告就是工作。虽然这么说没错，但是人需要有与上帝独处的安静时刻，不管工作有多忙，都不能赔上这种时间。"

他十分平铺直叙地在信上继续说："5 月 18 日，在麦肯齐夫妇家有个订婚聚会，大约有 40 个人参加，主要是从伦敦会和加拿大联合会来的人。喝过茶以后，麦肯齐先生宣布他们的大女儿芙萝和我订婚。这实在是个非常快乐的日子。"

对于计划的改变，他写道："我不敢说明年一定会回去，因为我之前已经说了两次，结果两次都耽搁了。我只能希望他们找到教科学的老师，让我明年 8 月可以回去述职。"

订婚聚会之后一个月，芙萝及妹妹玛格丽特，和罗斯一家(Ross Family)一同乘坐西伯利亚大铁路火车到英国去。他们参观了一些名胜，拜访了在苏格兰的利迪尔家人，之后便航行去加拿大。

学校暑假关门时，埃里克在书院里面苦读汉语，并于 7 月底在北戴河通过考试。只轻松了一个星期之后，他就离开夏天大家聚集的地方，去带领另一次扶轮社举办的少年营。从他自己对那个活动的描述，可以看出他心里的决定。

　　我 8 月 7 日那天晚上抵达天津，第二天早上带男孩子们到卧佛寺。这是个真正的国际少年营，60 个男孩当中，有中国人、俄国人、美国人、犹太人，还有两个日本人。可能还有其他国家的孩子。卧佛寺在北京城 16 公里之外丘陵地带的斜坡上，很适合举办这样的营会，因为北京附近有许多好玩的地方。有可爬的山丘、有从前慈禧太后住的颐和园、有黑龙潭、有硫黄温泉、有孙中山先生衣冠冢，以及其他许多可看可以游览的地方，男孩子们一直有很多事情可做。虽然这不是基督教的营会，但我每晚可以带领他们晚祷——先是读一段圣经、再是简短的分享、然后用祷告结束。除此以外，在席巴德先生(Mr. Hibbard)的大力相助下，我们还在男孩子当中进行一对一交流，这样，我们能够把福音信息传递出去。扶轮社主张以服务为本，这是一个很好的出发点。我们把参加营会的孩子分成几个团队，尽可能地把不同国籍的孩子混在一起，在结束之前，我们已经有相当好的团队精神。这个实验性质的营会很值得继续举办……

在这里服侍他的，埃里克

　　埃里克在写这封信的时候，并不知道伦敦会医疗小组已经宣布他的父亲"永远不适合回中国"。利迪尔牧师带着深深的遗憾写信给外事秘书，向伦敦会辞职。在这封信中，他对不能够回中国再作另一任服侍感到失望，并在结尾处以特有的方式表达感谢。"我们非常享受多年来在中国的工作，也极其感激你本人以及伦敦会其他同工对我们的体谅和非常恩慈的对待。我们向来都觉得大家像兄弟一样，都是这个大家庭的一分子，也都与同一位全能的上帝相交。我们希望继续在灵里相交，竭尽所能地扩展上帝的国度。在我们考虑如何使用时间和精力时，首先会考虑差会的利益。"

罗伯特和埃里克得知这一消息后，很伤感地整理父母的东西，卖掉家具，把个人物品装箱，用船运回苏格兰。

第十二章
四年离别时光

1930～1933 年

　　芙萝在 1930 年 11 月 18 日开始为期 3 年、包括将近 700 个小时的课堂学习的严格课程，内容有护士学的理论及实践、神经科以及精神疾病的医治。她的预备期相当于 4 个月的医科新生训练期，专为将来在医院从事护理工作做准备，那些无法胜任的学生会在这一阶段结束时被淘汰。护士学校的"课程安排说明"上清楚地指明："这个阶段是为了测试申请人的性情、身体的耐力、勤奋的程度，以及称职与否，也使学生对是否要继续这份工作，作出明智的决定。"

　　一旦通过起初的 120 天，就成为见习生，这时，真正的考验才开始。护士生一个星期要花 58 个小时在课堂和医院。多伦多综合医院有 860 张病床，病房散乱不堪，他们就在此工作。学生每天有两个小时不用值班，可以自行消遣和自修，一个星期有半天的假期，星期天可以休息 4 个小时。课程安排说明继续写道："在 3 年中有 8 个星期的假期。"此外，护士生因病请假的话，就要另外补足时间。

　　芙萝和她班上 70 位同学每天早上 5 点 45 分起床，在 5 点 55 分开始参加晨祷会。在 6 点 30 开始吃早餐。从早餐结束之后到晚上 10 点关灯之前，几乎没有喘息的时间。学生不用付学费、书费、食宿费和洗衣费，而是通过在医院照顾病人换得免费受教育的机会。芙萝受训时，有 315 位接受训练的护士，在多伦多综合医院以及邻近的附属医院值班。

护士生除了照顾病人以及协助医生之外，还需要保持病房的清洁和保养医院的设施，这包括了每天擦拭每个病人的床铺、床头柜、坐椅，更换床上用品，擦洗地板；还要消毒许多医疗用品。他们必须把塑料手套在消毒药水里泡 20 分钟，然后用热水和冷水清洗，最后放到滚水里面烫 3 分钟。有些护士认为她们只比打杂的女佣或女仆高级一点。

芙萝每天 12 小时都得站着工作。在这种似乎永无止境的日子里面，她服用了大量的阿司匹林来纾解腿上的抽痛，值晚班的时候猛喝强劲的苦咖啡提神，并溜到外头偷偷地抽烟来缓和不安的神经。她知道父母一定会很震惊，但那是护士生生存的方法。大部分的时候，她都在计算可以看到埃里克的日子，祷告他的述职时间不会再度拖延。

＊＊＊＊＊＊＊＊＊＊＊＊＊＊＊＊＊＊

当芙萝帮病人弄便盆、扎绷带等工作日益熟练时，埃里克正全力投入新学书院的工作。1930 年 9 月学校开学时，他被邀请担任学校足球队的教练，并且兼任队员。他提到球队的情形时说："我们的球队要想达到我所期待的那种运动精神，还有很长的路要走。"但他宁可借着和男孩子们一起比赛、和他们分享每场比赛的胜败，来教导他们运动精神，而不是在课堂上教导他们这些道理。他在粗糙长方形泥土场地上又跑又踢，用笑容来培养孩子们的信心。经过一段时间，男孩子们领悟了在课堂上学不到的功课。埃里克在球赛中留意到这样的改变："他们学会把更多心思放在检讨输球的原因上，对裁判的判决也开始有比较好的态度。"

秋季开学后，埃里克同时担任一班十五六岁男孩的辅导老师，负责在学业、道德和灵性上督导他们，直到他们毕业。带领这班男孩的挑战特别大，因为此前带领他们的中国老师不是基督徒，所以过去两年没有查过《圣经》，对《旧约》一无所知，只在书院的晨祷会听老师念过《圣经》。埃里克开始为这班学生开设自愿参加的查经班时，等于是从头做起。

每个星期有一个下午，埃里克班上 43 位学生当中，有 19 位定时到他的寓所研习基督生平以及旧约故事。他觉得他们当中有几位表现出真正渴望认识真理的态度。埃里克在评估查经班的价值时说："我们在这个阶段没有太多人信主，通常一个孩子要参加查经班两三年之后，才会愿意来到基督面前，接受基督做他的救主和生命的主。我相信慢慢的改变，也相信突然的改变，当上帝的灵充满一个人的时候，他可以马上见证说发生了什么事。但我认为，在这个对属灵观念全然忽视和绝对欠缺的地方，带着理性慢慢地接受基督，比较好一些。"

埃里克为了让学生学会如何读《圣经》，预备了一份简单的每日读经卡，从基督生平和他的教导开始，再进入早期教会生活以及新约书信中大家较为熟悉的部分。"我的想法是，"他解释说，"让他们每天读一小段经文，因为我要他们每天拿出一段时间来研读《圣经》及默想。我试着让他们每天早上或晚上灵修。"

埃里克和其他的宣教士教师，通过在书院的工作，将生命奉献在传扬基督上面。由于政治局势混乱，没有人知道他们能够在这儿待多久，或者书院能够办多久。尽管学校已完全被社会认可，但政府依然要求学校每年进行登记，而且登记条件一年比一年苛刻，学校实在是力有不逮；如果不能合法登记，就很难招收到足够的学生。这样一来，办学经费就会发生困难，也难以达成传福音的使命。

自从赫博士 1929 年退休以来，乐嘉立和卡伦就担负起艰巨的任务，来和中国当局交涉。卡伦说："中国的教育局似乎有没完没了的指示，接二连三地临到。我们做得到的，就带着无愧的良心去遵从指示（例如：过阳历新年，而不是阴历春节）；做不到的，就隐藏想法，什么都不说。"

当教育当局宣布说，每个登记的学校都必须有一位中国人担任校长时，新学书院指派了一位"荣誉校长"来暂时满足要求。但这个尝试的结果是失败、挫折以及学生严重的纪律涣散。教职员开始四处去寻找一位既有深入基督教信仰、又能全职工作的合格的中国教育家——他们并不知道要去哪里找这样的人，或是要去哪里找这笔额外的开支。

伦敦会的宣教士教师在面对这一切困难和挫折时，仍然对书院起初的异象持坚定不移的委身态度。赫立德博士和佩勒在退休之前，分别在这里工作了 30 年和 15 年。乐嘉立和卡伦分别在 1912 年、1916 年来到书院；卢克逊和埃里克也分别在这里服侍了 7 年和 5 年。

虽然住在天津市远比在边远的宣教站服侍容易，但在中国的生活仍然是受未知的情况影响。赫立德博士夫妇和乐嘉立夫妇都为他们因病早夭的婴儿哀伤哭泣过。即使是在书院里面，这些宣教士教师也是生活在不安定和不方便的环境中，但他们都能从患难中迅速恢复，从而显示出对上帝的盼望与信心。

埃里克在 1930 年的报告中写道："主的灵以他的方式在我们的比赛、工作和服侍里头慢慢做工。我们虽然没有像建造房子的人在一两个星期之内就看到很大的改变，但随处都有一句鼓舞的话、一个迹象，让你确信：虽然过程缓慢，主的确在动工。有个男孩开始认真面对人生，并决心把基督作为他人生的根基；另一个男孩也暗自作了降服于主的决定。以前在这里学习的一个学生从清华大学写信来，说他已经将自己的生命献给基督。"

埃里克的报告最后说："过去一年有件事让人失望，那就是我们还没有解决'找到合适的中国基督徒担任校长'这个难题。但无论如何，我们以信心和喜乐面对新的一年，因为主说：'你们可以放心，我已经胜了世界。'"

到了1931年1月，回英国的计划终于在埃里克心中成形。上一年他曾经要求两年的述职时间，因为他知道：这会是他成为终身宣教士之前最后受训练的机会。但在中国的伦敦会区委会却建议他只用一年的时间。由于他现在是伦敦会的成员，就顺服了他们的决定。他原先的选择是读一个教师训练课程，以便自己更好地在书院教书，若能够同时在爱丁堡的神学院选修几门课，真是太好了。但到最后作选择的时候，埃里克决定在苏格兰公理会学院读两个学期，并订下"回中国之前按立牧师"的目标。不知道他那时候是很明确地感受到做牧师的呼召，还是因为看到在中国的教育界前景不佳，总之，这个决定让他有机会走上新的全职侍奉的道路。

* * * * * * * * * * * * * * * *

当埃里克的述职细节不断变动时，有一个行程是不可更动的：述职这一年的前后，他将各有一个月的时间待在加拿大。芙萝在接受护士训练期间的假期是固定的，没有办法改变，他们只能利用她不多的休假相聚。但不管怎样，这两个月他们不必靠鸿雁传书才得知几个星期前的旧闻了。这将是一段难得的美好时光。

7月初，埃里克离开天津，有点庆幸他的述职时间没有因为突发事件再度拖延。坐了两个星期的船，又坐了三天的火车，他终于抵达多伦多，与芙萝拥抱在一起。两个人才分开了一年，但一年前的情景却恍如隔世，他们都不愿意去想未来还要分离的日子。他们有太多可谈的。即使什么都不谈，单是两人在一起就有很多的情趣，他们很满足地享受这一刻。四个星期一眨眼就过去了，埃里克坐船回英国，芙萝想办法集中精神在细菌学上，但发现自己一直计算着再次看到埃里克的日子。

在8月份一个宁静的晚上，埃里克所坐的轮船沿着越来越宽的圣罗伦斯海道往宽阔的大海前行时，加拿大渐渐地离开了他的视线。10天之后，他赶搭前往爱丁堡的火车。一路都是熟悉的乡间景色。6年没见了，看着这些略显陌生的景色，他的心头涌上一丝幸福。在爱丁堡的魏菲利车站，他与父母、珍妮以及已经18岁的欧内斯特团聚，其乐融融。他们期待这一天已经好久了。

埃里克原本指望这次述职期间，比起与汤姆森一起作布道活动那年（1924至1925年间），可以有更多时间用来读书。他8月30日一抵达爱丁堡，马上就会明白事实如何了：伦敦会已经安排他去许多聚会中讲一讲他的经历！前一年年底，伦敦会亏空了将近19000英镑，加上愈来愈严重的世界性经济萧条，显然1931年会更糟糕。埃里克是个深受欢迎又有能力的代言人，可以帮忙征集捐款，征募新的宣教士，并差派他们出去。

除了伦敦会安排的行程，还有许多从英国各地体育界和教育界蜂拥而至的请求，以致公理会需要召开委员会来处理埃里克的行程安排。似乎有几百个团体邀请这位永远受人欢迎的宣教士运动员，到他们的团体演讲。

埃里克要求会见六个人，包括曾经在爱尔生书院对他产生极大影响的"天才老师"穆尔——他现今在席尔寇斯学院(Silcoates

School)当教授。还有，一抵达苏格兰，埃里克就用一天的时间和汤姆森计划好要一起进行学生布道活动。汤姆森注意到，埃里克看起来"神采奕奕，精神愉快，除了肤色变黄了一点，头又秃了一点外，其余还是老样子"。

9月的最后一天，体育界和宗教界的代表，联合为埃里克举办一个公开的欢迎会。星期三晚上，爱丁堡圣乔治西教堂(St. George West Church)挤满了热烈欢迎埃里克归来的人，证明埃里克的声望没有因为他的长时间离开而下降。

埃里克带着亲切的笑容，以他惯有的平静声调，向听众肯定他是从一个既文明又有许多现代便利事物的地方回来的，而不是某些人所认为的未开化地区。他顺便提到将近十年前那件关键的事情："我还在读大学的时候，很想用我所拥有的才干来服侍基督，但并不觉得自己能够做些什么。有一天，汤姆森先生来找我，问我可否到一个地方演讲。我想，我一辈子所做最勇敢的事，就是接受了那个邀请！"

然后，埃里克以他典型的作风，把聚焦点从他自己转到别人身上。他说："我接受你们的欢迎，不是以自己的名义，而是以其他许多人的名义。无数人进入艰难险阻之地，默默无闻，为基督的缘故，冒着生命危险愿意奉献一切，回来之后却从来没有受到欢迎。我以他们的名义接受你们的欢迎。我觉得，我们应该时时记得那些为我们打下根基的前人，因为他们的缘故，我们这些后来的人的工作变得轻省多了。

"在中国，传福音的人要出去进入人群当中。他们进到人们家里，睡在中国老百姓睡的地方，试着去了解那些人面对的问题。在那里，对每位基督徒最大的挑战，不是要求他有多大的勇气，而是要求他有耐心和同情心，能够坐在和自己意见不同的人身边，试着进入他们的感受，从他们的角度去面对他们的问题。

"今天我要传递给大家一个信息。我们都是宣教士，我们负载着信仰，或信仰负载着我们。我们是在为上帝伟大的国度工作，到时候所有的人都会归向他们的元首基督，不再害怕承认基督是生命的主。"

10 月份，埃里克开始在苏格兰公理会学院进修，受教于罗素教授(Professor D. Russell Scott)和休斯院长。55 岁的休斯院长及 61 岁的罗素教授都是极为杰出的学者，他们两位都从很著名的大学获得两个博士学位，而且志趣相投。埃里克之前在学院进修的那一年里，已和他们情谊甚笃。由于很多时候埃里克要辛苦地到处去讲道，他们综合考虑，设计出一套严密的研习课程，但也没有马虎地预备他的按牧事宜。只要可能的话，埃里克就会去上教牧神学和教会历史的课，并一直在思考如何将所听到的信息，应用到在中国传福音的挑战上。

在格拉斯哥另一个盛大的欢迎会之后，埃里克紧接着就陷入不得放松的演讲行程。一方面，他与朋友相聚，喜乐无比，但也同时负担过重，到了极限。10 月份，他在阿伯丁、丹地、格拉斯哥、爱丁堡、格陵诺克等地举行的伦敦会年会中演讲，包括星期六晚上的公开聚会，星期天早堂、晚堂的崇拜，和下午年轻人的聚会。

埃里克觉得较难受的，就是人们对他一直不断地奉承。他长久以来已经深信不疑，他在运动方面的声誉有利于他传讲福音，但持续不停的英雄崇拜令天性谦逊的他很不自在。当知道并非每个人都认为他很完美时，他才觉得真正松了一口气。

爱丁堡大学的《学生杂志》报道说，在唱完第一首圣诗之后，埃里克"这位出名的大学校友"发表了一个关于"现代中国及其问题"的演讲。星期天晚上聚集在马艾文礼堂的听众，对整个聚会率直的评语是："演讲，还好；出席率，极差；指挥，很糟；唱诗，该骂！"

格拉斯哥苏格兰长老教会举行的"年度禁酒会"全场爆满。埃里克向人们大胆地说：赌博和酗酒是教会所面对两个最大的问题。这两项恶习耗损了年轻人的精力。他特别提到，饮酒毁了苏格兰一位伟大运动员。年轻时，他在一个运动场被人喝彩，晚年时，他却在那里乞讨。

由于埃里克对这个题目的谈论，一位"74 年适量饮酒之人"写给报社编辑一封充满敌意的信。这人叹息说，他极其钦佩的埃里克，竟然"和那些度量狭窄又狂热的绝对禁酒主义者联合在一起"，使用"他们那种令人难忍的说辞"。当然，写这封信的人并不晓得，他要是和埃里克一起吃饭时，喝杯葡萄酒或是喝半升啤酒，埃里克是不会反对的。

埃里克述职期间快结束的时候，在守主日协会的一个集会上，果断地提出："我对这个聚会所要讲的意见是，越来越多的比赛和娱乐活动在主日举行。虽然这对主日本身并没有什么损害，但却有损于我们国家年轻人的最高利益，也让那些组织这些宴乐活动的人精疲力竭。所有年轻人的组织实在需要好好考虑这方面的问题。"

这些话听在某些人的耳中，以为他想要为道德来立法似的。事实上，那些熟知埃里克的人都了解，他可以持守自己所宣扬的最高理想，却从来不轻视反对他信念的人。这是一种确信，不是盲从。正是这种严于律己、宽以待人的品格，使他既能够真诚祝福星期天要参加奥运比赛的队友，同时又坚守自己的信念不去赛跑。

他在全国各地旅行时，总是有人请他讲一讲中国现在的情况。再三有人提问："英国会被迫还回租界吗？""为什么会有这么多反洋的情绪？""在中国人的生活里，体育占什么样的地位？""一个国家民族主义的兴起为什么会影响世界上其他国家？”

　　埃里克从来没有闪避这些容易引起争论的问题，但也没有假装他是中国问题专家。无论是在北爱尔兰首都贝尔发斯特这种政治气氛浓厚的地方，还是在苏格兰扶轮社比较宽松的环境演讲，他都只是根据自己在新学书院这些年形成的观点来谈这些问题。他以同情的眼光来看待在现代中国的问题。有一次他特别提到，在中国的村民当中，有百分之九十的文盲，教育家必须和布道家一起搭配合作。

　　“你对中国满意吗？”有位听众问。埃里克回答说，他之所以被中国吸引，不在于那个国家本身的美丽；他会回去，是因为觉得在那里所做的是一份他渴望的工作。

＊＊＊＊＊＊＊＊＊＊＊＊＊＊＊＊＊

　　不论行程有多吃紧，埃里克总是找时间写信给芙萝。他们的信件在大西洋上频繁往来，每封信都倾诉着对彼此的爱情和思念。每考完一次试，每结束一个分享聚会，他们相聚的日子就又近了一些。

　　2月，埃里克在神学课程和讲道的重压下，耗尽精力和体力，不仅身心俱疲，灵里似乎也有一股说不上来的不安。“为什么灵里面没有平安和平静？”“为什么必须这么辛苦？”他疑惑了。如果他在受人尊敬的家乡都缺乏持续的力量，怎么能够期望回到不信主的中国人当中后，服侍得会更有效果？

　　正当埃里克陷在枯竭状态中时，正好有位牛津团契的成员正在埃里克父母家里非正式的聚会中分享。当这位成员强调“每天需要完全降服于上帝”时，埃里克感觉疲倦开始消逝，他知道自己所需要的属灵力量无法从自身迸发出来。

6年前，埃里克和汉密尔顿在加拉希尔斯边走边谈的时候，牛津团契运动刚刚开始，现在它已成为世界上成千上万人属灵更新和生命改变的力量来源。他们研读《圣经》，操练敬虔的方法是："准确地研读，忠实地解释，严格地实行"。有一位牛津团契的成员指出，"应当诚实无私"这样的绝对标准，不是应用在对美妙未来愉快的妄想上，而是应用在现实生活难以应付的琐碎事务上时，基督教就变得实际而又活泼。

桑德生(Stuart Sanderson)和妻子毕娜(Bina Sanderson)很了解何谓"不惜一切代价跟随上帝的引导"而来的自由和能力。桑德生终身住在加拉希尔斯。他在唯一的兄弟死于大战之后接管家族的羊毛生产事业。桑德生夫妇在20年代初期与美国教育家布贺曼接触之后，就开放家庭，让乐意在基督里寻找属灵真意的人们聚集在一起。

几年之后，苏格兰粗呢工业面临危机，有些工厂解雇工人，有些工厂倒闭。有人劝桑德生夫妇先减低损失、再结束营业，但他们决定询问上帝要他们怎么做。有个意念一直出现在他们脑海中："不要遣散任何人，继续经营，把所有的人力物力投进去！"桑德生夫妇出人意料地卖掉豪宅，搬到与工厂毗邻的一间没有人住的小屋。

埃里克在1932年5月拜访桑德生夫妇时，他们还住在那间小屋。三个人一起欢笑，一起分享，相处得很愉快。但在交谈当中，桑德生的一个问题似乎直接触及深藏在埃里克心中的一件事。埃里克回避那个问题，避开桑德生的眼睛，并且明显地在那件事上撒了谎。但是上帝没有让他忘记这一切。回到爱丁堡一个星期之后，那个问题又回到埃里克心中。在一个星期天的早上，这个不诚实的回答再次让他心受责备。他知道必须马上纠正这个错误，便打电话给桑德生，然后开了 48 公里的车到加拉希尔斯，告诉桑德生真相，两人很坦诚地进行了交谈。

埃里克把整个事件向在爱丁堡参加牛津团契每月会议的人和盘托出。聚会的记录没有透露桑德生的问题和埃里克生命中深藏的事情是什么，但他们记下了那次事件对埃里克的重要性。埃里克想要加入这个团契，并告诉他们，因为这个团契中的成员鼓励他更热切地追求信仰和实践信仰，他再回中国的时候，立志要过一个比第一次出去时更完全的基督徒生活。在圣安德鲁斯一份《9 月家庭聚会手册》里，有埃里克的一篇声明："牛津团契给我的生命带来更大的力量，在受管教的时候不会想到那是管教，而是更乐于分享生命中最深刻的体会。在这个时代，在这个国家，我从未遇到信仰上这么活泼的一群人，上帝的灵透过牛津团契是这么清楚地在做工。"

* * * * * * * * * * * * * * * * *

1932 年 6 月 22 日（星期三）晚上，在苏格兰公理会学院的礼堂，埃里克被按立为牧师。只有家人和少数亲友来参加这个典礼。休斯院长向埃里克提问，汤姆森作按牧祷告，罗素教授致勉励之词。他们流着眼泪，喜乐地将埃里克交托在全能真神的引导和眷顾之下。

埃里克在苏格兰的述职即将结束，因此第二天他花了一点时间写信给卢克逊 16 岁的女儿，在沃尔汉斯多宣教士子弟住宿学校读书的碧西(Pixie Luxon)。

亲爱的碧西：

你看过下面这节歌词吗？

我要真诚，莫负人家信任深，

我要洁净，因为有人关心，

我要刚强，人间痛苦才能当，

我要胆壮，奋斗才能得胜。

何不把它当作你一生的目标呢？这是多么值得持守
的目标啊！

很关心你的埃里克叔叔

6月底与家人最后一次道别后，埃里克在英国苦乐参半的述
职告一段落。罗伯特和丽雅第二年会从中国回来，埃里克知道至
少要在6年之后才能再次看到珍妮、欧内斯特和父母。他和母亲
拥抱，和父亲握手，真切地意识到不得不离他们而去。前往中国的
呼召把他们再次分隔了半个地球之远。

坐上"约克女公爵"号，埃里克的思绪混杂着回忆和期待。几
百个演讲所带来的疲倦开始消逝，许多愉快的回忆依然存留。他
回想着3月一个狂风怒吼的星期六，在爱尔生书院的年度运动会
上颁发奖牌和奖杯的事。4月的一个周末，当埃里克在利迪尔家祖
孙三代参加的德里门东方教会(East Church)讲道时，他的父亲是
多么高兴！还有他在丽慈姑姑和罗伯姑父家附近苏格兰女子农业
学院的森林厅所带领的一个很活泼的聚会。每一件事都让埃里克
回想起童年时期在苏格兰村庄发生的许多动人的事情。

然后，他想到亲爱的妹妹珍妮。她现在结了婚，是三个十来岁

孩子的继母。埃里克和芙萝相差 10 岁,珍妮与查尔斯博士则相差 26 岁。但珍妮爱他,查尔斯看起来也是既可靠又稳定的人。两家人早在查尔斯过去在中国做宣教士的时候就已相识。埃里克希望他们能共享许多年快乐的时光。

但他不能老在回想过去,他现在要航行到加拿大看芙萝,然后去中国。

离开利物浦两个星期之后,埃里克坐在多伦多"玫瑰公园路"汤姆逊 (Mrs. A. E. Thomson) 家前廊的栏杆上。在那个夏日的午后,他和汤姆逊以及她女儿蓓蒂(芙萝在天津的老朋友)轻松地谈笑,但他却留心注视着芙萝从医院交班后走回来的那条路。当他从老远看到她,也不顾话才讲到一半,没有说声"抱歉"就转身越过栏杆跑上前迎接她,紧紧地把她拥进怀里。他们一语不发,相拥良久,想要补偿一年来分离的朝思暮想。然后他匆匆地亲了她一下,互相搂着腰走回房子,就像他们初恋时沿着中国北戴河的海边散步一样。

蓓蒂转向她妈妈说:"我想,我还没见过这么相爱的两个人。"

整整一个月,芙萝和埃里克一有时间就待在一起。然而,麦肯齐家全家人都想和埃里克待在一起。芙萝的弟弟妹妹对待他就像久别重逢的大哥;而每当他与芙萝有几分钟单独相处的时间,芙萝的母亲就会出现在那里。

芙萝即将开始护士训练最后一年的课程,他们几乎可以订下婚礼的日期了。1933 年的圣诞节看来很好,但可能太过乐观,或许要等到来年的春天吧!现在谈论要住哪里和怎么布置房间还太早了一点,美梦成真之前还有太多要做的事,但能够夏夜坐在外头两人一起畅想已经是很美妙的事了。

然而,即使在加拿大,埃里克也很出名。加拿大著名的新闻记者诺勒斯(R. E. Knowles)趁埃里克在多伦多的时候来找他，要替他写故事。这位古怪的诺勒斯尤其擅长介绍名人，他已经采访了体坛名人鲁斯(Babe Ruth)、文坛名人罗素(Bertrand Russell)，以及当时的美国总统候选人罗斯福。但如果诺勒斯以为会采访到喜欢自吹自擂的运动员，他显然找错人了！埃里克像往常一样，面带微笑，轻描淡写地谈起每件事，包括 1929 年在天津时，他与德国的赛跑健将费尔沙医生(Dr. Otto Peltzer)比赛，并且获胜。费尔沙曾经创造 500 米、800 米和 1500 米赛跑世界纪录，有一次还打败无可匹敌的芬兰名将诺巴弗。

"你们比赛的结果如何呢？"诺勒斯问。

"哦，我赢了 400 米，费尔沙赢了 800 米。"

当然，有一件事埃里克没有提到：费尔沙在比赛后告诉他，如果他受过 800 米赛跑训练的话，就会成为该项目的世界冠军。

诺勒斯以前是长老教会牧师，所以，他换了另一个话题。

"你用'你们也当这样赛跑，好叫你们得着奖赏'（哥林多前书 9 章 24 节）这段经文讲过道吗？"

"事实上，"埃里克说，"我宁可传讲'快跑的未必能赢'（传道书 9 章 11 节）。"

诺勒斯继续探问："你很高兴将生命奉献在宣教工作上吗？你难道不会怀念那些闪烁的镁光灯、蜂拥的人群、激动的观众、大声的欢呼、珍贵的庆祝胜利的红酒吗？"

埃里克回答说："哦，当然，有时候人是会很自然去想到那一切，但我很喜欢现在所从事的工作，因为这方面的价值远超过那方面。你知道这是一个永远不会朽坏的冠冕。"

几天之后，诺勒斯的文章在《多伦多之星》刊登出来时，埃里克和芙萝正互道"再见"。即使离下一次见面大概还有 18 个月之隔，他们对未来充满希望。主若允许，那就是他们在中国结婚之前所要等候的日子。他们已经很开心了！

在从温哥华到日本横滨的航船上，埃里克很享受朋友的陪伴，但每天也花时间思想、祷告、恢复体力来面对未来的年月。过去一年他得到很多益处，不是因为他离开了中国，而是因为他有机会去面对自己内心深处的需要，过一个完全降服于上帝的生活。他在各方面都像换了个人似的回到中国。

第十三章
负担是轻省的

1933～1935 年

订婚照，1930 年 5 月 18 日摄于天津。
（照片由 Natalie Hart 提供）

1932 年摄于多伦多。

埃里克和芙萝的婚礼上了《京津泰晤士报》的头条新闻。摄于 1934 年 3 月 27 日。

埃里克回中国以后，才发现他离开的这段日子，日本占领了东三省，命名为"满洲国"，立了不幸的溥仪为傀儡皇帝。中国人对侵略者的愤恨，引发了在天津市旧城与日本军队的巷战，迫使新学书院关闭 5 天。1932 年初，日本发动"一·二八事变"，把上海市的部分地区炸为瓦砾，几千名中国老百姓遇难身亡。

经过这些事件，卡伦写道："我们要警醒牢记整个远东的局势，蕴藏着黑暗的势力。"

接下来会发生什么呢？埃里克猜想着，但无从得知。虽然要比以往负起更重的责任，他还是带着轻松的心情回到天津。他除了教学工作之外，还要负起书院秘书之责：参加校董会、作记录、处理公文。卡伦回国述职，加上还没有人来替代斯卡利特，五位英国宣教士教师的工作就落在埃里克、乐嘉立和卢克逊三个人身上。

埃里克还担任学校体育委员会的主席，督导所有体育活动。一些中国老师在不同的运动项目上指导学生，由埃里克总负责。他非常看重这一角色在传递基督教使命中的重要作用，但实在需要花上许多时间。每个星期六下午，他和男孩子们一起踢足球。春天，他用几个星期来计划和协调五月举行的校运会。

似乎这还不够，埃里克还被安排负责学校的宗教活动，包括在礼堂的主日崇拜讲道以及轮流在晨祷会分享。有 17 个学生自愿参加他的查经班。他设计了一套每日读经卡给孩子们，鼓励他们在家里常常读经。"我希望这样做能够帮助他们养成习惯，每天早上抽出一段时间安静读经祷告，并期待从《圣经》中有所领受，应用在自己日常生活里面。"埃里克写道，"我不能说取得了什么重大的成果，但至少有一两个人开始这么做了。"

就像其他老师一样，埃里克发现在教一大班孩子时，很难满足每个人各自学习上的需要。他设计了两套高中数学课程，来帮助同一个班上程度极其参差不齐的孩子，但只解决了部分问题。此外，文化的差异、偷懒、欺骗、破坏性的行为，每天都耗尽他的心神和耐性。

"这个班级很难带，"埃里克报告说，"但这促使我进入更深的祷告生活。有个男孩尤其惹人生气，我特别花时间为他祷告。几个月以后，我发现了他一个大问题，这问题我以前也经历过。本应借此良机帮助他，但我担心自己没有把握好这个机会。今年他好了很多，有一段时间还参加了查经班。当然，还得花很多功夫在他身上才行。"

在书院以外，埃里克每个星期也在合众会堂教一群男孩子主日学，并继续担任主日学校长。他没有把自己局限在只讲英语的活动里面。埃里克应他从前在爱尔生书院的同学、现在同为伦敦会宣教士的博克斯(Ernest Box)的要求，每个星期和鼓楼西教堂（译音）一小群中国的弟兄相聚这所中国教会靠近天津旧城的鼓楼。埃里克虽然通过伦敦会要求的汉语书面考试，但汉语口头表达还是很差。虽然如此，他还是为了帮助别人而投身进去。

"鼓楼西教堂曾经有过困难，现在还是有问题，"埃里克后来报告说，"我们每天一起为彼此所需要的力量代祷，因为我们觉得必须从自己做起，需要先在灵性上不断进深才行。我试着使用牛津团契一些使我的生命不同于以往的原则。"

这些原则的核心在于"每日与耶稣基督亲密相交"，这是非常重要的。晨更、读经、祷告、坦诚与他人分享、寻求上帝的引导，这些不是强制性的"规条"，而是追求有力属灵生活的"媒介"，目标是让活泼的信仰以实际的方式表现出来，吸引人来到救主面前。埃里克在这个圈子里面并不是老师，而是一个与他的中国同工们同行的伙伴。

利迪尔在天津的时候，投注许多心力在海大道教堂。有一个由中国年轻人带领的周六晚间小组，埃里克也参与其中作辅导。他在每个星期书院的足球比赛之后，只能匆匆冲个澡和吃口饭，就要去海大道教堂参加小组聚会。

埃里克和芙萝极其想念对方，但没有什么时间顾影自怜。当埃里克在书院教化学和改考卷的时候，芙萝正忍受着在精神病院为期 3 个月的严苛工作。她的督导留意到，虽然她始终很有耐心又有同情心，但她对那里的工作适应得相当迟缓。1933 年 1 月底，芙萝精疲力竭，因贫血卧床两个星期，当时她甚至怀疑自己能否活到来年嫁给埃里克。

感谢主的怜悯，接下来，她被分派到儿童医院，精神才复苏过来。她喜欢孩子，跟他们在一起就像在家里照顾弟弟妹妹一样。但她得到的赞誉最高，成绩也最好的，却是在妇产科。她的督导评价道："该生非常优秀，兴趣浓厚、效率高、领悟力强。"芙萝觉得比儿童更好玩的就是小婴儿，她实在等不及想给埃里克生个孩子。

5 月，虽然她还有 6 个月的工作要完成，芙萝和其他同学一起参加了毕业典礼。此时，她和埃里克总算看到，长期分离即将结束。芙萝的父亲和弟弟芬利先回中国，母亲和其他的弟弟妹妹还留在多伦多，计划届时和她一起坐船回中国举行婚礼。

离上海 16000 公里之远的新学书院，每到 5 月 30 日这个发生"五卅惨案"的"国耻日"，就会引发紧张气氛，但这一年竟然没有学生抗议活动和罢工就过去了。埃里克留意到，"各个班上学生的整体心态，似乎在过去一两年之内有所改变"。

埃里克内心，也有一个深刻而又持久的改变。他在收到一位宣教士突然过世的妻子露西的见证小册子之后，受激励写下自己属灵的历程。他在写给伦敦会外事秘书弗兰西斯的信中说：

"5 月欢送会时我还看到她，几个月之内上帝就接她回去。我很感兴趣地读着那本小册子，奇怪这么多人经历了类似露西灵里的挣扎。奇妙的是，经过这一切之后，却因而得到更大的亮光和体会。我去年回国述职的时候，也经历了从未有过的挣扎，却带给我比以往更清楚的信息，使我与基督的关系更亲密，能够回到这里服侍他。"

秋天，罗伯特和他的家人乘坐"洛品第"号抵达中国，回到欢迎他们的萧张县，仍然担任院长之职。他不在的这一年，米利奇医生(Dr. Geoff Milledge，埃里克在爱尔生书院时的球队队友)以及巴肯(Annie Buchan，矮小但果断的苏格兰护士)，将这个乡村的宣教站打理得井井有条。勇敢无畏、精力充沛又全身心投入的巴肯，在萧张县总管护士及大部分的医生。

一个月后，埃里克在合众会堂主日讲道时，很不寻常地感觉父亲离他很近。第二天他在吃早餐的时候，收到一封电报，说利迪尔牧师在一天前突然过世，没有说他去世的时间、地点和原因。埃里克不胜悲伤地独自坐了好一会儿，才慢慢走出教师公寓，去上那天的第一堂课。两个星期之后寄来一封信，告诉他父亲过世的细节。利迪尔 11 月 11 日（星期六）到德里门村参加"国殇纪念日"集会之后，回到他姐妹玛吉的家，和村子里的朋友讲了一早上的话。他坐在一张椅子上时，突然脑中风严重发作而离世，享年 63 岁。

利迪尔写给儿子的最后一封信，还说自己"精力充沛"，字里行间洋溢着他乐观的个性以及对生命的热望。现在，朋友和同事纷纷吊唁，极其感谢利迪尔对他们每个人的帮助。埃里克写信给母亲说："我在这里继续认真工作，这是我目前所能做的最好的事了。"

* * * * * * * * * * * * * * * *

学校放假的时候，埃里克到萧张县和罗伯特一起过圣诞节。他们在童年时一起玩耍的地方，谈到只有他们兄弟俩才能够谈的生活、家人和父亲。他们非常敬佩父亲，但和父亲在一起的时间是多么有限！父亲在 1924 年知道罗伯特被分派去汀州府时，写了一封信给伦敦会外事秘书，表达他的失望："从罗伯特 8 岁以来，到上次述职，我只和他在一起待了 6 个月。"不仅如此，他们父母也彼此分离好几年，因为玛丽总是提前回英国，述职结束又会多待一段时间和他们两兄弟在一起。埃里克和罗伯特以新的角度理解了父母在宣教服侍这些年期间所经历的一切，因为现在他们俩也面对同样的两难处境。

几个月以前，罗伯特和丽雅才把 7 岁的小女儿佩吉留在英国的宣教士女子学校。当他们乘坐的火车离开魏菲利车站时，小佩吉站在 19 号月台，摇着小手眼泪汪汪地说"再见"。他们下次再看到她的时候，她就 13 岁了。面对这么漫长的分离，父母和孩子都是依依不舍，痛苦不已。但是没办法，这就是宣教士生活的一部分。虽然罗伯特非常肯定佩吉在沃尔汉斯多女校不会有事的，但埃里克怀疑自己会不会把孩子留在住宿学校。

芙萝要回中国的日子近了，埃里克写信给母亲说："我没有太多时间读书，似乎总是要给出去而不是在吸收。我知道这样不好，但可能比'只进不出'要安全些吧！我还在鼓楼西教堂讲'圣灵'这个题目，我多么渴望看到每个人都得到从上帝而来的真正大洗礼。"他写信建议母亲找《我灵镇静》(Be Still, My Soul)这首诗歌的歌词来看。

"我经常在弹这首诗歌，"他又加上一句，"多么平静、安详，优美的曲调！"

将近2月底的时候，他鼓励母亲去看望妹妹珍妮，并花点时间待在花园里。雪化了，番红花和水仙花也会跟着开花。想到母亲待在家里的花园，以及待在几公里之外妹妹家中的情景，他非常高兴。

但最重要的是，他可以自在地和母亲谈到父亲。"星期天我在鼓楼西教堂讲道，我的汉语真的只比以前好一点点，还得再好好练习才成。今天在喝茶的时候，有三位以前的学生进来，在交谈中，有两位说是爸爸在书院的礼堂为他们施洗的。在鼓楼西教堂，人们都知道爸爸，都记得他在他们中间的样子。能够在许多地方留给人家那样的印象，实在了不起！"

* * * * * * * * * * * * * * * * *

3月5日将近中午，埃里克、麦肯齐和14岁的芬利搭上火车，从天津坐了48公里路到大沽港口。那艘将把芙萝及其家人从日本神户送过来的航船，会在下午抵达。时间一分一秒地过去，芬利从来没见过埃里克这么紧张。向来沉着的埃里克不停地踱步，不停地在桌上"咚咚"地敲手指头，不停地看手表。强劲的离岸风把船只吹离水道，一直到将近晚上六点钟才驶近港口。经过两次尝试，船只总算进入码头。他们漫长的等待终于结束了。

埃里克和芙萝彻夜未眠，互诉衷肠，然后搭早上五点半的火车回天津。

他们在 1934 年 3 月 27 日（星期二）结婚。婚礼的消息登在《京津泰晤士报》(Peking and Tientsin Times)的头版。

> 今天下午，许多中外宾客在天津基督教合众会堂聚集，参加知名奥运会冠军埃里克牧师与芙萝小姐（德高望重又备受尊敬的天津市民麦肯齐夫妇的女儿）的婚礼。

新学书院为这个婚礼放半天假，埃里克希望中国的教职员都来参加他的婚礼。这个要求引起一些人的不满，因为合众会堂向来只有外国人参加聚会，从来没有中国人进去过，但埃里克和芙萝坚持要这么做。

芙萝穿着她妈妈的结婚礼服，披着珍妮的头纱，她那一大束粉红色康乃馨几乎有她小妹路易丝那么高。埃里克看起来很紧张。但系着领带、穿着大礼服、戴着高顶礼帽的婚礼装束，使他看起来很特别。路易丝担任花童，这让她颇为自豪。埃里克的室友杜林医生和他的未婚妻冠妮(Gwyneth Rees)做他们的男女傧相，乐此不疲。

在麦肯齐家大院招待会之后，这对新人到位于北京城外"西山"中的伦敦会一间别墅度为期十天的蜜月。他们从阳台上俯瞰四周的乡间，沉醉在惊人的美景里。此处距北京古城 16 公里，其间全是一望无际的平原。身处高处给了他们全然不同的视野，而那正是他们一起生活所要寻求的——无论到哪里，无论做什么，他们都愿意从上帝的眼光来看事情。

在朝夕相处之间，他们甜蜜地细细品味着为人夫、为人妻的真实感。他们现在终生相属，可以自由欢笑、散步、谈话、相爱，愉悦地享受亲密以及所有对未来的承诺。对埃里克而言，芙萝带给他圆满和新的开始；与她在一起，他的心思和意念都是敞开的，没有任何保留；在她的陪伴下，他天生的害羞及保守，都在她的接纳和爱心里面逐渐消逝。

埃里克在北京的时候，喉咙发痛，转成扁桃腺发炎。回书院后身体虚弱得两个星期无法教书，这是他在中国 10 年以来第一次因病告假。乐嘉立讲得很有道理："当你娶了一个护士，我想你必须让她做好护士该做的事。"埃里克有着他父亲所遗传的强健体质，他很快恢复了体力。他和芙萝的生活渐渐安定下来。

＊＊＊＊＊＊＊＊＊＊＊＊＊＊＊＊＊＊

汤普森(Robert Thompson)夫妇于 1934 年 1 月抵达新学书院。自斯卡利特将近 4 年前过世以来，这是学院第一次有 5 位英国教员在职。汤普森的太太明妮(Minnie Thompson)也是一位很有经验的老师，实际上，对书院而言，她可是白白得来的。

中国教育局新的规定不断涌来，需要有无穷的耐性并且重新进行调整，才能应付。书院增加新的课程来帮助学生预备参加全国性的"联考"，也一天两次召集全体学生升降国旗。但是，外国教员感觉，当局在声称"培养民族自尊心和国家荣誉感"之外，其实另有打算。他们的担心是有根据的。

1934 年暑假期间，高中一年级的学生都被要求参加两个星期的军训营。秋季那学期，书院学生还要每个星期两次在课外时间继续训练。卡伦是一位坚定的和平主义者，他对政府摆明了要预备年轻人去从军感到吃惊。但这对学校没有造成太大的影响。所有教职员都明白，学校必须顺应要求，否则就要关闭。

埃里克在信中跟朋友表示他的看法："政府要求我们每个班级必须参加军事演习。虽然我很讨厌战争，并且觉得将来基督徒对它的态度将会是一个大挑战，但军事训练使一些年轻人变得活泼多了。"

然而，政府的下一个法令，却是教育上的噩梦。1935 年 4 月，有个班级被要求暂停学习，参加在保定府（译音）为期 3 个月的密集军事训练。埃里克认为这等于让学生"损失大半年的学业"，此外，政府也要求书院为所有初中学生提供男童军的制服并训练他们，这根本不是为了强健身心来学习户外求生技能，而是为军事训练做准备。

在萧张县的罗兰兹夫妇(Will and Margaret Rowlands)和伊迪丝(Edith Owers)，决定把牛津团契的一些原则纳入年度的秋季退修会里面。出生在中国并在南京大学受过教育的图克斯伯瑞(Gardner Tewkesbury)，带领一群中国牧师和女传道人以及外国宣教士每天亲近上帝。

埃里克 1932 年与牛津团契的接触，帮助他重新激起对基督的爱。在一个似乎要卷入战争的世界当中，他们依旧相信"上帝的能力可以改变人心"；他们的工作就是撒种，并相信上帝要使之成长。

在萧张县的退修会之前，一件小事的发生预示了基督教在中国的未来景象。那一年的春天，罗兰兹雇用了一位"六十多岁、酷爱花卉的跛脚园丁"，并和他去处理伦敦会大院里面一大堆纠缠在一起的矮树丛，以及蔓生各处参差不齐的杂草。这位园丁在暑气席卷华北平原之前，努力挖地、栽种、接枝，几个月过去，好像没有看到什么结果。但夏季快结束时，雨来了，宣教士们度假回来，看到伦敦会大院到处都是花朵，不禁满怀敬畏地站在那里惊叹：这里真的是萧张县吗？罗兰兹写道："我非常强烈地感受到，这是个象征和标志：再过不久，我们周遭的属灵沙漠，也会开满了玫瑰花。"

埃里克在秋季那学期，为书院的教职员开始一个晨间聚会。"我很高兴第一次能够招聚一些老师，在每天开始工作之前祷告和默想，"他在1934年的报告中写道，"这意味着我们当中一些人彼此间有深入的相交，并在生活里寻求遵行上帝对我们的旨意。有一位在此之前从未有过任何服侍的中国教员，在低年级开始了一个查经班。我希望这种变化继续发展下去，也更清楚上帝对我们生命的旨意，并心甘情愿地去顺从。"

* * * * * * * * * * * * * * * * * * *

乐嘉立夫妇原本每隔一周在星期天晚上邀请40位住宿生作客。他们述职期间，埃里克和芙萝把这个服侍接了过来。他们俩都知道，在家里喝杯茶、吃点蛋糕、玩些轻松愉快的游戏，对父母不在身边的孩子有多大的意义。1934年底，芙萝给了埃里克一个惊喜的消息：他们自己的"小住宿生"，下个暑假就会来报到！

埃里克从来没有觉得每天晚上他可以理所当然地回家。那么多年来，他都住在全是男孩子的住宿学校，现在他发现与芙萝一起生活远比他所梦想的还要充实。他们俩都很好客，把书院的公寓看做是欢迎、容纳别人的地方，而不是关起门来过小日子。他们的家门总是向学生、陌生人和朋友敞开。每当宣教士路过天津市，对他们的孩子们而言，最棒的事就是可以住在埃里克叔叔和芙萝阿姨家。孩子们记得的，不是他们家里面的家具或食物，而是他们所散发出来的温暖和爱心。他们俩真是可爱的人！

第十四章

乌云密布

1935～1937 年

埃里克和长女翠西在北戴河。摄于 1936 年。

难得全家出游。摄于 1937 年暑假。

　　1935 年 4 月，在书院的年度受洗典礼上，埃里克班上的 3 位学生和其他班的 8 位学生，公开表明他们在基督里的信仰。虽然基督教对新学书院的影响在伦敦会里面广为认可，但是仍然有愈来愈多的人认为，华北地区的人力资源分配得不够平均。由于乡村地区需要帮助的呼声越来越大，执行委员会 1935 年 5 月 16 日通过如下的提案："华北地区传教士人数不多，在未来几年以及往后的日子不足以满足乡村地区的需要；博克斯先生借调去应付华中地区出现的严重紧急状态，使得人力分配的问题更加困难。基于以上原因，执行委员会请求埃里克先生考虑他是否有此呼召，暂时调到乡村去，大概用两年时间帮忙传道的工作。执委会要求主席和秘书与埃里克先生以及新学书院的教职员商量，以便在下一次的区委会时作出决定。"

　　执委会在通过这个提案时，埃里克和芙萝才结婚一年多，芙萝已经有 7 个月的身孕。他们俩用了好几天的时间讨论这个请求，祷告并思索要怎么做。区委会打算把他们分派到另一个宣教站吗？他们愿意离开天津，带着新生儿到乡村的宣教站吗？

　　7 月 13 日，翠西（Patricia Margaret Liddell）在天津市出生。在那个时刻，什么事都忘到一边去了。翠西有着她父亲一样的金发，有着她母亲一样的淡褐色眼睛，还有着埃里克一辈子都没见过的最小的手指头。他立刻深深地爱上这个宝贝千金。

　　女儿出生之后 10 天，埃里克独自到北戴河，和聚集在那里开年度区委会的伦敦会同事，讨论他可能被调派的事。新学书院的教员都从心里恳切希望允许埃里克留在书院，因为在这个非常艰难的时刻，他若离开，真的会带给学校极大的难处。而那些从另一角度来看这个问题的人，却为人手不足的乡村地区呼吁：那些地方的中国牧师需要帮助和鼓励。最后委员会想听听埃里克的意见。

埃里克仔细地衡量这件事，想办法理出最重要的关键所在。他觉得他的汉语水平还不够，难以马上投入乡村的工作。而且，虽然他的调派是暂时的，但他怀疑上面是不是也有永久让他改做乡村工作的考虑。如果是这样的话，他不觉得有十分确定的呼召去做那个工作。

委员会得出结论说：“由于埃里克本人不觉得有此呼召，也无法保证将来会从事乡村布道工作，我们决定暂搁置此事。”

但这事并没有就此了结，委员会继续说：“我们要大胆建议，现在是天津新学书院按上述需要以及其他新的情况，来考虑整体方针和工作的时候。为了执行这一点，只要环境一许可，伦敦会就要逐渐减少它对外国教员的支持。”

会议结束后，埃里克带着芙萝和两个半星期大的翠西到北戴河度一个月的假。8月9日他写信给外事秘书布朗(Thomas Cocker-Brown)，说他很享受清凉和新鲜的空气。“我们没有像往常一样参加那么多聚会，而是利用这一段非常有帮助的时间来思考将来的方向。”他加了句：“寻求新的异象和新的力量。”

然后，埃里克在提到翠西时，作总结说：“我们实在盼望这份新添的喜乐，会丰富我们彼此之间以及我们与上帝的关系。”翠西的确让他们充满了对生命的礼赞。埃里克和芙萝常常在翠西睡觉时站在旁边，目不转睛地看着她，一起悄悄地感慨：“真不知道我们是怎么生出这么美丽的孩子的。”

　　埃里克住天津愈久，就愈欣赏北戴河。在北戴河，清晨，他坐在别墅小屋的前廊，听到的不是城里嘈杂的车声，而是鸟儿的啼鸣以及海浪轻轻冲上海滩的声音。他深深地吸一口气，能够感受到一股力量重新涌回身体和心灵。

　　埃里克担任 1935 年毕业班的导师，但是对无法打造出与他们之间更坚固的关系，他备感失望：“我从来不觉得赢得他们的忠诚，或与他们有任何深入的关系。”虽然他知道影响力有时候是看不见的，但还是心有所盼：“我觉得应该能够从我的工作看到更多直接的效果！”

　　由于调派的议题已经有了定案，埃里克回到天津以后，便以新的决心来开始新的学年。他要“花更多心血在孩子们身上，使孩子们的生活变得更加丰富多彩。并与教职员之间有更深入的相交”。他先在几个课室的墙上挂一些图画，使课室蓬荜生辉；他在长年不使用、单调又空洞的教职员房间，摆了一些舒适的椅子和几张桌子，并将它们改作公用的房间；他也很快就解决了住宿生的房间需要新家具的问题。

　　正如罗兰兹在萧张县的伦敦会大院栽种花卉，埃里克和芙萝也在周围的中国老师和学生心中播下光明和美的种子。埃里克似乎与他班上的孩子更快凝聚在一起，逐一地了解他们，每天提名为他们许多人祷告。他在 1935 年的报告结尾处写道：“来年我所要寻求和祷告的，就是更有纪律、更深入的相交，以及圣灵的洗礼。”

* * * * * * * * * * * * * * * * *

　　1936 年的春大到了，天津市春天的气候，却像中国的政治情况一般反复无常。黎明时，阳光普照，万里无云；中午时，却因为戈壁沙漠席卷而来的沙尘暴，而突然陷入几近黑暗的状态。从鼓楼到戈登堂，人们要急忙躲到遮蔽处，用手帕挡住脸。人们在旧城里点燃油灯，在租界里打开电灯。仆人匆匆关上窗户，把碎布塞在门缝底下，徒劳地试图挡住打转的尘沙。很快，一层砂粒就盖住房间里每一样东西。在中国的每个人都知道，政治风暴已酝酿成形，蓄势待发。在毛泽东带领之下的红军，冲破蒋介石军队的围剿，并且在万里长征之后到达北方的省份。最高领导人蒋介石在首都南京下了一盘危险的政治棋。他既要压制不满的学生，又想阻止红军前进，同时调遣军队抵挡日本人的侵略。老百姓无助地等着下一个变动，对于政局无能为力。

埃里克和芙萝结婚两周年纪念日之前的几个星期，天气不寻常地回到了寒冬时的情形，19 艘船被强风吹离了海道，又被冻结在大沽港外的冰原上。当地的报纸刊登了从飞机上投掷食物给束手无策的水手们的照片，"看起来像在北极一样。"埃里克对芙萝说。气温已经低达摄氏零下 3 度左右。他们的窗户上结满了霜。

乐嘉立在赫立德博士夫妇原先所住的学院住宅里面，正费心地为书院教职员人手的问题写备忘录。当执行委员会再次讨论这个议题时时，他希望这份文件能够说服他们保留所有这 5 位外国宣教士。如果诉求失败，他知道书院就要失去埃里克。

大家都很明白，埃里克是书院里面唯一适合到乡村工作的外国教员。卡伦虽然按牧了，但他身体虚弱，无法承受艰辛的旅途和拙劣的食物；乐嘉立已经在书院工作了 25 年，而且他是一位学者，不是布道家；卢克逊的恩赐在教书，他自己也承认"不擅长学语言"；把汤普森和明妮送走，书院会同时损失两位老师。34 岁的埃里克年轻力壮、适应力又强。

* * * * * * * * * * * * * * * * * *

7月底，华北区委会在北戴河召开年度会议。这次会议的重点，是天津新学书院教员议题。经过讨论，区委员会同意，"现在不是从新学书院调遣人力或调整薪水的时候"，然而，书院必须计划在3年之内将伦敦会支持的教员减为4个人。

委员会进一步建议，要求在1937年秋季或1938年春季，借调埃里克牧师到乡村至少从事4个月布道工作。这样，埃里克先生就有机会去体验一下乡村的工作，并使他能据此经验对将来的事奉领域作出决定。

这个允许埃里克在书院多待一年的决定，对跟这件事有关系的人表达了体恤。而且，经过几个月在乡村工作之后，埃里克会有一年的述职时间。他可以用这段时间来判断是否感受到上帝的呼召，继续在乡间工作。伍德清楚表明在正式提案背后的意图："我们要埃里克预先在乡村布道工作上考验自己。如果他觉得那是上帝对他的旨意，就会乐意把把自己的余生都用在这样的工作上。"

在北戴河的这个月，就像以往一样，使他重新得到了力量。他写信给朋友说："在宁静的北戴河，你会觉得全世界都应当这样宁静。翠西现在学会了走路，可以到处跑了。前不久她跑了12米，现在她可以跑得更远了。"在海边的每一天，翠西活动范围越来越大，她走路的速度也越来越快。常常沿着沙滩跑着跑着就"扑通"倒下。夏天的太阳晒黑了她的小腿，把她的金色鬈发晒得更白了。

每天晚上，翠西都有保姆照顾，芙萝和埃里克便在沙滩上散步聊天。芙萝所怀的第二个孩子即将在12月出生，他们已经讨论了名字。如果是男孩，就以两位祖父的名字命名，叫他"James Hugh"。但在选女孩子的名字上，他们有了歧异。芙萝喜欢"Carol"

（"圣诞颂歌"之意），因为孩子会在接近圣诞节的时候出生；埃里克则希望取名"Heather"，来纪念他的祖国苏格兰。这一次，埃里克调解的本事无法让两个人达成一致。

到了12月，他们在命名上还没有达成共识，因此埃里克建议用抽签的方式来决定。他把两张纸条放在帽子里面，让芙萝来抽。芙萝打开纸条一看，是"Heather"。几分钟以后，埃里克承认他在两张纸条上都写了"Heather"。芙萝拿起沙发垫往他身上丢，但名字就这么决定了——你很难跟一个笑得这么开心的人计较！

芙萝的预产期是12月19日。到了1月份，她变得十分担心。有一天下午，她以低沉的声调跟埃里克说："我要你答应我一件事！"

埃里克坐在她身旁，紧握着她的手。

"要是我有什么三长两短，我要你答应我再结婚。我希望你娶个年龄和你相近的。"芙萝提到两个女孩的名字，她认为跟埃里克挺合适的。

埃里克对她一本正经的话沉思了一阵子，然后说："芙萝，你知道我向来都很乐意做你要求的事，但是，既然你是我选择的第一个妻子，我想这一次你要让我自己选择才公平！"他虽然没有笑，但蓝眼睛里却闪着笑意。芙萝笑了起来，然后忍不住哭着搂紧这位如此爱她的男人，她知道自己是世界上最幸运的女人！

海瑟(Heather Jean Liddell)总算在1937年1月6日出生。书院的中国同事必须再次改变他们的庆祝计划。在中国的文化里面，非常重视生儿子，他们很难相信这位奥运冠军竟然接连两次失利。他们客气地恭喜他，恭敬地送礼物，只是在布告板上写着的要举行庆生晚宴的字很快就擦掉了。埃里克一点都不在意，他对来到他生命中的第二个小千金仍然充满了对上帝的敬畏之情。

海瑟出生后几个星期，罗伯特和丽雅带着7岁的拉尔夫

(James Ralph Liddell)到天津的马大夫纪念医院照 X 光片。医生证实了罗伯特的担心——他儿子的确罹患了脊椎骨结核病。由于在中国没有合适的治疗方法，丽雅和拉尔夫预定了最早的航班回英国。拉尔夫全身绑着石膏，和他母亲于 3 月 2 日从上海起航。英国医生预测他能够得到治愈，只是这一走他们一家人要分开，直到 1939 年暑假罗伯特回去述职。

＊ ＊ ＊ ＊ ＊ ＊ ＊ ＊ ＊ ＊ ＊ ＊ ＊ ＊

1937 年 5 月，埃里克写信给他的家人说："决议已经下来了，芙萝和我从 9 月开始就应该到萧张县去。如果伦敦会批准的话，我们会在秋天的时候就下到南部去。"

埃里克趁着他的学生们去接受军事训练期间，为合众会堂的主日学老师整理了一份《登山宝训》(Sermon on the Mount)研习手册。23 页纸打印的手册里面，摘录了埃里克所喜欢的一些书的观点和引文，包括钟斯 (E. Stanley Jones) 所著《山上的基督》*(The Christ of the Mount)*，以及劳顿(Maude Royden)所著《得胜的基督》*(Christ Triumphant)*。他渴望孩子们能够掌握耶稣所说话语的含义。字里行间能看出他的这份心愿。在"饥渴慕义的人有福了，因为他们必得饱足"(《马太福音》5 章 6 节)这一课，埃里克写道："试试看孩子们懂不懂饥饿和口渴的意思。他们多久没吃东西了？一天？两天？三天？描述一下几天没吃东西会是什么感觉，然后再去读一些极其饥渴之人的故事，让你的脑海里有一个生动的画面。或者，你也可以描述天津一个可怜的小乞丐，把小脸贴在商店窗户上，垂涎地看着店里的东西！"

埃里克经常在主日学说："国度就是国王统治的地方。如果上帝在我心里做王，那就是天国临到了我！"

　　书院暑假关门的时候，埃里克再次和芙萝及两个女儿到北戴河度假。"一两个星期待在海边，我们就都晒得像浆果一样，也变得更健康。"他报告道。

　　7月22日，埃里克独自回到天津，举行书院的入学考试。埃里克和男孩子们在摄氏38度的热浪里考了一个星期的试。改完考卷，公布成绩之后，他的思绪又转回北戴河的家人身上。他沿着书院旁边的巴斯德路前行，觉得有点奇怪：怎么租界的栅栏关起来了呢？他暂停了一下，听到远处像是放鞭炮的声音。并没有听说什么庆祝的理由啊！

　　就在几分钟之内，隆隆作响的大炮声以及飞机的俯冲轰鸣声，盖过所有其他声音，仿佛一个战争的恶魔，从某处逃脱出来，冲进华北。

第十五章

萧张县和日本

1937～1940 年

经过十天艰辛的旅程，罗伯特和埃里克于 1937 年 12 月战争期间抵达萧张县。

全家人在一起的黄金暑假。1940 年摄于苏格兰卡坎特市。

埃里克冲过街道，直奔马大夫纪念医院。他和乐嘉立、斯蒂克老医生(Dr. E. J. Stuckey)爬楼梯上到一米八高、空旷的屋顶，看到日本飞机在轰炸不到两公里之遥的天津旧城。侵袭者的飞机时而俯冲、时而盘旋，大肆轰炸他们怀疑窝藏中国军人的地方。大火吞噬整片木造建筑物，滚滚的浓烟很快冒了出来，直冲云霄。这些飞机在肆无忌惮又蛮横的破坏行动中，把南开大学和附近的中学炸成碎壁残垣。整个下午都能听见机关枪不停地嘎嘎作响。飞机离开后，大炮还继续轰炸了很久。乐嘉立写道："枪炮的声音就像来自我们的花园，没有人知道到底是怎么回事。"

但他们很快就看清楚，交战的双方都很小心地避开天津的外国租界。日本人并没有想要激怒其他外国的势力，中国的军队也不想在租界寻求庇护。自从7月7日中日军队在靠近北京市的卢沟桥发生冲突以来，局势就日益紧张，天津于7月30日落在武装强大的日本军队手中。并没有人预料到会发生全面的进攻。但现在局势很明显：日本想要征服整个华北，就如它六年前占领东北一样。收音机里传来报道：日本人在几条战线上出击。

埃里克和他的同事马上面临的问题是：愈来愈多的中国人想要躲进租界。由于整个城市处于紧急状态，埃里克自愿做翻译，在进入英租界的栅门那里帮助警察。乐嘉立夫妇则把精力放在这些可怜的难民身上，其中350人很快就被搭篷安置在书院的四合院，另外150人也被收容在医院和海大道教堂。还有几百个在激战中受伤的人也来这里寻求医治。

日本人占领了天津。那些因战争而无家可归的中国人开始陆续离开租界，外国人也开始继续做他们的生意。

曾经有一个星期的时间，埃里克都联络不上在北戴河的妻子和女儿。直到八月下旬，埃里克才在北戴河的海边重新与家人相聚。由于天津南部的铁路被截断，加上乡间还有战事，他们搬到萧张县的计划被打乱了。有谣言说，如果中国的国民党军队回头来攻打在天津的日本人，所有在中国的英国居民可能会被疏散到新加坡去。

每天都有新的报道和令人不安的消息。天津的伦敦会紧急委员会频频开会，想办法应付战争导致的纷乱。正在度假以及参加退修会的宣教士，都从牯岭被驱散到日本的神户，当他们想要回宣教站时，却无法找到可靠的交通工具。8月底，委员会作出决定，秋季这学期埃里克还是留在书院，等到局势稳定了再去萧张县。但没有人知道要多久才会真正稳定。

新学书院9月开学时，竟然异乎寻常地招收到575位学生。埃里克除了教课以外，还花了相当多的时间监督自放假就开始进行的书院整修和翻新的工程。他很满意为住宿生房间配备的新床和衣柜。只是，他知道乡村地区有那么多人在受苦，很难全神贯注在书院的生活上。

由于罗兰兹的妻子和儿女留在英国，他在9月下旬独自到萧张县遭洪水肆虐的乡下探望。从德州到萧张县有64公里路程，平时只需要花一天的时间，这回花了他三天。罗兰兹写的一封信神奇地送达天津。他在信中说，许多建筑物遭受洪水严重损害，一大半医院建筑也是如此，只有伦敦会大院里面的宣教士住宅、学校和教堂完好无损。罗兰兹说他会留在那里和中国同事待在一起，但他请求罗伯特医生尽快回去。然而，英国领事馆出于安全考虑，不允许任何人前往该地。邮局也无法把他们的回信寄给罗兰兹。罗兰兹成为唯一留守萧张县的宣教士，靠一位中国医生的收音机来得知外部消息。

11 月，书院终于准许埃里克离职，他便和一些人开始尝试前往萧张县。他和米利奇医生等人先到沧州市，这是天津与德州之间的铁路中转站。但日本人只允许米利奇医生留在沧州的伦敦会医院，命令埃里克和其他人必须回去。一个星期之后，埃里克和巴斯比(Charles Busby)辗转抵达德州，但仍未获准去萧张县。日本人客气地退还他们的火车票钱，但坚决而快速地遣送他们回天津——似乎没有办法和罗兰兹取得联系！

当罗伯特和埃里克寻求信仰的引导时，另一个想法在他们脑海中酝酿成形。既然日本人控制的是铁路和主要公路干线，为什么不试试别的途径？经由紧急委员会的认可以及英国领事馆的批准，他们筹划了一个虽有风险、但值得一试的大胆计划。

11 月 29 日清早，埃里克和妻子及两个女儿吻别之后，想办法和罗伯特、三位中国同事一起穿过英租界，到达海河岸边。他们坐上一位自称是"西河总长"的男人掌舵的船。这只船有近 36 米长，桅杆高耸，他自夸此船多大的风浪也能经得起。从天津往上游行驶 442 公里才会抵达目的地。第一天他们只走了不到 1 公里路就被一个日本哨兵拦住，扣留了 24 小时，直到海关的官员来到才开释放行。

由于罗伯特和埃里克走路的速度和船前进的速度差不多，他们每天就沿着泥泞的河岸一公里一公里跋涉前行，行程似乎永无止境。没有风的时候，他们就帮忙推船；晚上睡觉的时候，他们就裹着自己的衣服御寒。走水路虽然可以躲避日本军队，却会遇到武装的土匪和游击队——幸好这些人只抢劫中国旅客，不冒犯外国人。沿路总避免不了遇到盘问，而且通常是在枪口的威胁下进行的，他们始终无法预料会有什么事发生。罗伯特非常赞赏他的中国同事马先生和刘先生，因为每当遇到这些不合法的事，他们总是能够以中国式的礼节应对如流。

经过193公里的西河之旅，他们和"总长"道别，找到另一位"圆脸、胖嘟嘟的快活男人"，坐上他的船，沿滏阳河朝衡水县驶去。

12月7日傍晚，罗伯特和埃里克抵达衡水县。他们决定经由陆路到萧张县之前，在那里待一个晚上。结果，看到的是，朋友吴医生的诊所残破不堪，一个车库里还有罗伯特留下的摩托车，但轮胎的气已经漏了，工具箱也丢了，很多螺丝被日本人拆走，没法再用了。

第二天，因为没有二轮马车可乘，兄弟俩就步行走完最后那16公里路，在下午4点钟终于挨到伦敦会大院的门前。罗兰兹正在开选举新执事的会议，看门的人进去弯身附在他耳边粗声粗气地说："利迪尔家两兄弟来了！"罗兰兹觉得一定是搞错了，这时候不可能有人到萧张县来的。他道了个歉，匆匆离席。走到门口，看到两个戴着俄国毛皮帽，十天没刮脸、没洗澡的邋遢男人，不禁惊喜交加。在宣教站孤军奋战了十一个星期之后，他兴高采烈地笑着与他们拥抱在一起。

罗伯特把旅途的危险轻描淡写地一笔带过："整个旅程中我们都非常享受。我们呼吸了大量新鲜的空气，睡了很长的觉，做了许多有益于健康的运动！"星期天，在一个盛大的感恩聚会里面，罗伯特、埃里克和同行的两位中国同事，都很感恩地谈论整个旅程当中上帝的美善和保守。

在几近无政府状态的乡下，罗兰兹、罗伯特和埃里克每天早上聚集在一起祷告。如何才能把光明和充满能力的话语带给被恐惧和绝望辖制的人呢？他们冒出一个想法："为什么不从大院开始？"将近八十个人住在伦敦会大院里面，有些人已经信主多年，有些人对福音所知不多。

罗兰兹和利迪尔家两兄弟经过几天的计划和组织，开始了为期一周的特别聚会。他们的目标是要提供温馨又喜乐的聚会，来清楚介绍基督的信息。每天下午，罗伯特针对《旧约》的经文做简短的解释。晚上大门关闭之后，大院里的居民没什么事可做，因此，罗兰兹训练当地差会工作人员组成诗班，带领大家唱福音诗歌，再由罗兰兹、罗伯特或埃里克用汉语证道。就如 3 年前秋雨之后盛开的花朵，新的属灵生命也在受洪水和战争蹂躏的人们当中生长开来。"最让我们喜乐的，"罗兰兹写道，"许多年来徒有其名或冷淡的基督徒，听到基督的呼召，愿意完全降服于主，并公开表示要坚定跟随主。"

乡村地区的情况看来十分平静，因此三个星期之后，罗伯特留守萧张县宣教站，罗兰兹和埃里克则沿着公路回德州市，再坐火车回天津。火车道沿线上，烧焦的建筑和翻覆的车辆，默默地控诉着战争的残酷。目前战事转到南方，所以他们一路平安地及时赶上了华北区委会的年会。

由于局势不安定，埃里克夫妇不得不作出决定：芙萝和孩子暂时留在天津。虽然他们为离别担心，但埃里克一个月左右就能回天津一趟，当军事情况缓和下来时，她们就可以到萧张县和他会合。

由于罗兰兹预定在暑假回国述职，埃里克自愿把自己的述职时间延后一年，这样，萧张县这个地区就不至于没有传道人。罗伯特将成为天津马大夫纪念医院的院长，但是他会定期访视萧张县,督导那里的中国医生。

　　埃里克在 1937 年的报告中,概述了他在萧张县六个星期之后的感触:"中国百姓正经历前所未有的苦难。在这样的时刻,我从城市被差派到萧张县来,让我有机会在往来城乡之间,看到一些平时很难遇上的景况!

　　"洪水带来许多的破坏,但物质上的损失给人们带来的痛苦还算是小的,更让人们痛苦的是战争带来的恐惧。但这也是一个最好的机会,让我能够在乡下与他们(老百姓)休戚与共,直到'他们的忧患成为我的忧患'。"

＊＊＊＊＊＊＊＊＊＊＊＊＊＊＊＊＊＊

　　若非亲眼目睹,很难体会中日战争所带来的巨大痛苦。最让人印象深刻的,就是在各个报纸上都刊登的一张照片:在上海火车站遍地烧焦的尸体和冒烟的瓦砾当中,一个中国小孩坐在那里独自哭号。后来,当南京于 1937 年 12 月落入侵略者手中时,日本军队不仅恣意横行,大肆焚城,更是屠戮生灵,草菅人命。这些事情可怕得令人难以置信。再勇敢的人读了报纸上现场目击的报道,也都要作呕:他们当街奸杀中国年轻妇女,把男人绑在柱子上用刺刀刺死,并用机关枪把几千个被抓的中国士兵扫射至死。有些日本兵在执行这些极其残忍的命令时,难过得又哭又吐。不可思议的是,西方列强却袖手旁观。英国的外贸继续增长,美国的救援公司以飙高的价格出售几船废铁给日本。当战争像个醉汉在中国跟跄而行时,一方的暴行必然带来另一方的反抗。

　　许多人谴责蒋介石离弃了他的百姓,任由入侵的敌人摧残……中国的国民党和共产党领导的军队,抛开长久以来的分歧,以共同的持久战策略"敌进我退，敌驻我扰，敌疲我打，敌退我追"来抵抗日军。

接下来的 6 个月，埃里克和芙萝经常各分两地，聚散匆匆。在萧张县的时候，为了帮助医院购买医疗用品，以及帮助乡村宣教站处理大量琐碎的事务，他会未先通报就突然抵达天津；即使在天津的时候，他也日理万机，没什么时间和家人在一起。他会突然接到回萧张县的紧急通知，因为那里又出了些麻烦。他只好匆匆和芙萝说声"再见"，然后坐上火车，一心盼望能够通过日本兵的检查，躲过到处抢劫的土匪，不要失去他所照管的宝贵物品。

在火车沿线的任何一站，三等客车的座位都有可能被运送加工品和麻醉剂的日本走私贩侵占。他们恐吓中国铁路局官员，官员也就忍气吞声，眼睁睁看着他们强迫坐在位子上的中国人站到一边去。

埃里克在战事爆发之前好几年，就已经看到毒品交易的迹象。在新学书院邻近毗邻日本租界的地方，许多毒品制造厂和零售商店在治外法权的特权之下，公开进行毒品买卖的勾当。有些时事观察员声称，蓄意在中国推介并出售毒品，是日本颠覆政策的一部分。他们将毒品出售给包括欧洲和美国在内的国际犯罪集团操纵的组织，以便赚取大量的金钱来购买武器。

在日本统治之下的华北地区，不仅禁止使用中国货币，还引进了日本货币。但这些日本钞票，在国统区却一文不值。埃里克经常要执行的一个任务，就是把中国货币从天津带回萧张县，以支付医院职员、老师和宣教士的薪水。芙萝灵机一动，建议把钱藏在中间挖空的长条法国面包里面。

埃里克在写给朋友的信中，描述了从萧张县到天津市之间这段旅途的艰难险阻："这里有两条主要的铁路：一条 640 公里，从天津到上海；另一条 800 公里，从北京到汉口。这两条铁路都控制在日本人手中，但经过的土地却控制在中国人手中。我们每次到天津就要从中国人控制的地区到日本人占领的区域。两条铁路并不平行，交叉点就是德州的渡口。

"有时候很容易就通过哨兵的查询，有时候则要花上大半天，每一种情况我都经历过了。他们搜查我的鞋子，看有没有什么秘密文件藏在里面；有一次他们看到我的罗盘针，说了一句'请把这个给我'或类似此意的话。我告诉他们，这个东西对我的价值远超过对他们的价值；有一次我在桑园（今名吴桥）的客栈等待时，一个日本军官进来检查所有人的行李。我打开行李时，那个人的目光落在新约圣经上，用生硬的英文问：'圣经——你……基督徒？'然后伸出手和我握了握手，就转身离开了。

"我们上路时，并不知道会遇到什么样的事情。以微笑面对一切，无论遇到多么恼人的事情都不要生气。除此之外，别无他法！"

埃里克把翠西和海瑟的照片放在他的身份证明旁边，经常把这两者一起出示给日本兵看。许多日本哨兵一看到这两个笑起来天真烂漫的小女孩照片，就很快消除敌意，有些人还找出他们自己孩子的照片给埃里克看。他们笑着点头，让他通过，把冗长的查问留给下一个旅客。

埃里克冒险尝试着向萧张县周围的村民传福音，因此踏进了各方军事势力混杂、名副其实的无人管地带。他每天都有可能遇到中国国军、八路军、民团、日本军人、土匪。埃里克通常会被询问、扣押、搜查、拍照，但这些不便和危险，和他在事奉上所经历的喜乐相比，就微不足道了！

5 月，埃里克和罗兰兹经过 64 公里路程，到达萧张县西北一个集贸城镇——辛集县。一路上，罗兰兹告诉埃里克当地教会的历史。埃里克很惊讶地发现，一群中国信徒每天早上聚在一起祷告，分享当天从《圣经》所领受的信息，然后每天晚上在教会开布道会。这些当地信徒自己拓展福音工作，组织了"茶话会"，邀请朋友来喝茶、用点心，促膝谈心，自然地把话题转向更深入的事情，跟朋友们分享救主对他们的意义。

"那个地方生气蓬勃，"埃里克写道，"人们一直来参加茶话会，谈论各样的话题，但大部分是在谈论属灵的事情，因为他们的心灵很饥渴。我们在那里特别忙，因为只能待三四天。许多人知道罗兰兹先生就要离开这里回国述职，都想有段时间跟他在一起。我意识到，正是当地教会的复兴，才使这个地方变得生气蓬勃，信徒极大地影响了周围的非信徒。这趟旅程让我认识了不少当地人，我打算 12 月再次来访。"

* * * * * * * * * * * * * * * *

他们一回到萧张县，罗兰兹就回国述职，罗伯特也离开萧张县，在天津市担任马大夫纪念医院院长之职。埃里克成为萧张县伦敦会医院的"代理院长"，负责修建工程。

暑假快结束时，埃里克写信给苏格兰的汤姆森，描述他和芙萝、孩子们在北戴河的那个月是"黄金假期"。过去 8 个月，他们在一起的时间加起来还没有这个月多。他们一起待在平静的海边享受天伦之乐；他和芙萝都骑着自行车，让翠西和海瑟分别坐在自行车的小坐椅上，沿着海边穿过城里，其乐融融；他们悠悠闲闲地坐在阳台上，翠西的小手摩挲着埃里克的秃头说："爸爸，你的头发长回来了！"

每个晚上，两个女儿由杨奶奶照顾，埃里克和芙萝就溜出去散步。他们沿着海边漫步，愉悦地享受清新的空气，以及单独相处的时刻。

埃里克非常盼望芙萝和孩子们在秋天的时候到萧张县和他相聚。他觉得如果她们住在萧张县的伦敦会大院里，应该和住在天津一样安全，也会完全疏解分离两地的相思之苦。几个星期之后，执行委员会同意了他的请求。但就在准备搬迁之际，伦敦会的总秘书长阿瑟(Arthur Chirgwin)来拜访中国，要直接视察当地的情况。当他和埃里克从天津南下时，因为游击队炸毁部分的铁道，火车的行程被迫中断。埃里克随口劝阿瑟说，要把钱藏在鞋子里，因为那些警卫一定会搜查他的口袋。阿瑟离开中国之前，搁置执行委员会的决定，下结论说，乡村地区"肯定不安全"，芙萝和孩子们必须留在天津。

埃里克概括他第一年在萧张县的事奉时写道："这里的变化这么快，问题又这么多样，我怀疑自己是不是在看万花筒。"他的年度报告里面简短提及许多经历，其实每一项若详细说清都需要好几页。

——今天还可以平安无事地在马路上骑自行车，明天就可能不行，因为当地的居民被命令要把公路挖断，来阻止日本的卡车。

——由于当地煤炭价格昂贵且渐趋缺乏，埃里克9月份在天津签约采购了60吨硬煤，计划用小船运回萧张县。"人们觉得不可思议，"埃里克回忆说，"但我们认为不妨一试！"小船在西河以一小时3公里多的速度缓慢上行。埃里克一路上被武装土匪抢劫了两次，被日本人拘留了一天半，有两次被杂牌军强索高昂的"税钱"。他携带的钱用完了，只好留下小船回到天津取钱。后来，他和一船硬煤总算抵达萧张县。

就在圣诞节前夕，埃里克回到辛集县。因为听到即将发生空袭的传言，会众人数减少一大半。埃里克正在对受洗信徒讲道时，日本人的炮弹纷纷落下，有两颗落在教堂附近。不久，31 辆满载日本兵的卡车辘辘驶进城，四处盘查，包括教堂在内。"我想，那天受洗的人都不会轻易忘记当时的情景。"

他在 1938 年的年度报告中引用从朋友那里得来的一首诗词。

快乐是朋友相爱，知其康泰；

快乐是使人和睦，和平共处；

快乐是日得饱足，施舍穷人；

快乐是追求美善，珍惜笑声；

快乐是常常喜乐，永葆童真。

感谢神，赐下快乐——这份礼物！

＊＊＊＊＊＊＊＊＊＊＊＊＊＊＊＊＊

1939 年 2 月，区委会会议在天津举行。会议记录记载了下列事项："埃里克牧师未来的工作：埃里克先生表示他很明确自己有从事布道工作的呼召，因此，区委会决定指派他做这个工作，并通知伦敦会该决定。"

会议记录记载着：当会议刚要开始，埃里克和其他几位同事就被召回萧张县，因为日本军队的威胁越来越严重，有很多紧急情况急需处理。他们估计目前会有两千个难民从毗邻的村庄涌进该地。

其中一位跟着埃里克回萧张县的，是才到中国一年多的麦克阿尔医生（Dr. Ken McAll）。年轻率真的他和未婚妻弗朗西斯（Frances Aldridge）受牛津团契的影响很大，两个人都热心寻求上帝的旨意。一行人抵达萧张县之后，深深体验到了当地生病和受伤的百姓的痛苦。现今战事频频，使得他们医病疗伤的担子加重。看到许多无辜的旁观者只因为无路可逃而受伤，他尤其难过。

在一个寒冷的冬天，麦克阿尔和另一位宣教士格雷厄姆医生(Dr. Keith Graham)都在医院的时候，有一辆二轮马车抵达前门，后头跟着骑自行车的埃里克。马车里躺着一位受到严重枪伤的男人，摇摆不定的车辕上坐着另一位脖子缠着肮脏碎布的中国男人——原来他是被粗手笨脚的日本人用刀砍伤的，从他颈背到嘴边有一条很深的伤口，他的手一直压着盖在伤口上的碎布。埃里克在从德州市到萧张县的途中，扶起了这两个人。

几天后，那位受枪伤的男人死了，而那个差点被斩首的男人开始慢慢康复。在康复期间，医生们得知他是一位艺术家，便提供给他一些纸墨。他很感谢大家对他的照顾以及听到的基督信息，便画了几张很漂亮的水彩画作为酬谢。有一张画的是一朵红色的牡丹花，并且题字："群芳之冠，风姿神赐"。这幅画成为埃里克的最爱。

快到暑假时，由于埃里克每次只能匆匆到天津看一眼芙萝和孩子们，他们更加期待即将来临的回国述职。他长时间不在家，两个女儿已经习惯了，她们每天早上醒来就爬到妈妈的床上和她躺在一起。有一次埃里克前半夜悄悄溜进来，第二天早上海瑟从她的房间走进来，就问："这是谁？是厨子吗？"埃里克哈哈大笑。"我知道厨子跟我们像一家人一样，"他说："但不知道会到这种地步！"

* * * * * * * * * * * * * * *

埃里克及家人原本预定 6 月回国，但在萧张县附近，日本军队的骚扰越来越厉害,使他一直延迟到 7 月底才能离开。当他自愿再延迟一段时间的时候,执行委员会几乎是用命令的口气要他回去述职。如果中国的情况继续恶化,他的同事要让他回国去休养一年之后再回来。

8 月中旬,他们和在天津的麦肯齐夫妇道别,然后航行到多伦多,期待着在前往英国之前有一个月的时间探望芙萝的弟弟妹妹。他们希望全家人能够待在一起,免受来自敌人的危险和不安定。但就在他们抵达多伦多时,希特勒进攻波兰,两天之后英国和法国向德国宣战。几个小时之内,德国的潜水艇在距爱尔兰海岸不远的海上,击沉了"雅典"号客轮,118 位旅客不幸丧生,埃里克一家人的计划也因此被打乱。

很明显,此时横越大西洋实在冒险。有传言说,万一德国进攻的话,要把妇女和孩子从英国的城市疏散出去。所以现在把翠西和海瑟带到英国是"不智之举"。埃里克只好先在多伦多租房,让芙萝和两个女儿留在加拿大,自己先回英国。同时,他请求伦敦会允许他来年 5 月回加拿大与家人相聚。

11 月初,埃里克抵达爱丁堡,和母亲住在一起。由于欧洲战事激烈,在英国许多物品都是限量配给,生活迥异于 8 年前他回国述职时的情况。这次没有大型的欢迎会,报纸上也很少提及他,但是人们都急于了解中国的消息。埃里克以他对中日战争的观察,将中国教会以及它所经历的苦难公之于众。但他几乎没有公开讲过自己遇上土匪和军队的危险。有一位听众回忆说,埃里克在演讲中留给他深刻的印象:"他简单提到他的几位中国朋友,我好像在画廊中看人物展,虽然没有图片,但同样生动。"

1940 年 1 月下旬,埃里克得知伦敦会的年会从 5 月推延到 6 月举行。这意味着他要到 7 月才能回到加拿大,也意味着他在述职结束之前只有 1 个月的时间和家人在一起。好在此时战事已不像几个月以前那么紧张，于是，在芙萝的提议下，他再次改变计划，让她们母女前往苏格兰。

芙萝和两个女儿兴高采烈地搭乘从纽约出航的"赛西亚"号，预计要花 10 天的航程回英国。那艘船原本可以容纳 2200 位旅客，但这回只搭乘 147 位勇敢的人在战时横越大西洋。

3 月 23 日抵达利物浦港口的时候，芙萝打了个电报给正在爱尔兰带领伦敦会聚会的埃里克。然而，此时旅程还没有结束。她们虽然安全穿越德国潜水艇骚扰的北大西洋，但是在前往爱丁堡的旅途上，火车却遭受碰撞，车窗玻璃全碎了，乘客都被摔到地上，好几十个人因而受伤。奇妙的是，芙萝和两个女儿都安然无恙。火车被拉回卡斯代尔斯车站。直到清晨一点多她们才抵达爱丁堡。

平安地回到埃里克的母亲家后，芙萝一边喝着热气腾腾的麦乳精，一边描述整个事件，之后大家都充满感恩地上床睡觉。第二天，芙萝写信给自己的母亲说："我们今天早上都还好，虽然身体有点僵硬，也有点淤伤。这岂不是神迹吗？孩子们似乎一点事都没有！"

埃里克回到家时，很难说芙萝和孩子们谁最兴奋。他把她们都紧紧拥进怀里，直到翠西和海瑟扭着身子挣脱。她们有太多事要告诉他，有太多的事想要和他一起做。分离了 4 个月之后能够再度相聚，似乎幸运得令人不敢相信。

玛丽十分喜爱这两个从未谋面的小孙女。当埃里克和芙萝想单独出去的时候，她很乐意替他们看小孩。

有时夫妻俩会单独出去看电影。散场时天已经很晚了，为预防德军空袭，爱丁堡在夜里会关闭所有的街灯，他们得穿过一片漆黑的街道回家。芙萝挽着丈夫的手臂，一点都不害怕——只要跟他在一起，她就觉得绝对安全。

　　和埃里克的母亲住了几个星期之后，查尔斯和珍妮很热情地邀请埃里克一家人到他们在卡坎特的别墅度假。这个"家庭度假屋"位于爱丁堡城外 32 公里摩尔福特山区附近的山谷；埃里克和芙萝发现这就是他们长久以来在寻找的世外桃源。这里异常静谧，只听见在山坡上放牧的羊儿的叫声，

　　每天早上，翠西和海瑟走到牧羊人的房子，带回几罐新鲜的热牛奶。芙萝鼓励她们自己穿衣服。当海瑟穿着颜色和款式搭配古怪的衣服出现时，逗得大伙乐不可支。下午她们和父母在小湖里游泳，沐浴在温暖的浅水里。其他几个家庭在卡坎特也有别墅，所以两个小女孩总是有玩伴，可以自由自在地和小伙伴们在山谷漫步。

　　一天下午，埃里克和两个小女孩一起散步时，有一只小兔子撞到她们身旁的篱笆。埃里克猛然去捕捉那只兔子，一把抓住它的后腿。翠西和海瑟还来不及高兴，父亲已经把兔子的头"啪"的一声打在篱笆上杀了它，吓得她们马上哭起来。埃里克一心想着要带猎物回家做兔肉派，以补充肉类配给的不足，没有料到小女孩们的反应。但她们很快就忘记了难过。当埃里克说如果把盐巴放在兔子的尾巴上就会抓到它们时，翠西和海瑟开心地拿着盐瓶子，好几个小时跟在野兔后头，想办法把盐巴放到它们的尾巴上。

　　6 月，罗伯特来看他们，并跟埃里克说，他经过一段时间痛苦的内省以及寻求上帝的旨意后，决定不回中国了。他的儿子拉尔夫因脊椎病仍然需要住院，接着还有很长的康复和治疗过程。罗伯特觉得让丽雅留下来单独应付是不对的，尤其是在打仗的时候。他曾经在写给伦敦会总秘书长的信中表达了内心的挣扎："一直以来，我都是打算把毕生的精力投注在宣教工场上，最近发生

在我身上的一些事情才令我改变了想法。我的心、我的灵、我的意志都是向着中国和那块土地，但我不能只以这些作为目标。"

6月12日，罗伯特写信给阿瑟，很遗憾地告知他最后的决定："从很多方面来看，回中国对我而言是一个比较容易做的决定，更何况只需要再作一任的服侍就满20年。但是，此时有很多责任显然是我应该肩负的，我别无选择，只好向伦敦会提出辞呈，并在英国开始新的工作。"

罗伯特在伦敦会服侍了16年，再过4年就有资格领退休津贴，但他的家人现在需要他。伦敦会很惋惜地接受他的辞呈，但希望他在情况有所改变时，仍然可以回天津。无论什么言语，都无法表达罗伯特和那些得知他不会回去的中国同事的失落感。

战争似乎离苏格兰这个小村庄很远，但是它既真实又紧迫。在卡坎特，他们听到首相丘吉尔的演讲。他告诉英国百姓，他所有的，只是"热血、辛劳、眼泪、汗水"。三十多万英国、法国和比利时军队，从敦刻尔克奇迹般地撤退之后，人们心痛地听到法国沦陷的消息，又心寒地听到希特勒夸口说他会在9月长驱直入伦敦。7月，德国空军开始轰炸英国的飞机场和港口。

埃里克和芙萝只能走一步看一步。他们计划秋天回中国，但发现全球冲突越演越烈，时局动荡不安，世事变幻莫测。拜访过朋友卡梅隆夫妇(Mary and George Cameron)之后，埃里克写了一张答谢卡给他们，说："我只希望未来的某个日子你们可以来拜访我们，但是很难知道是在何时何地！是在加拿大、中国，还是在这里？"

他们即将离开，更加珍惜在卡坎特的每一天。大家都感到很难过，人们彼此谈论着芙萝和埃里克对他们是多么好、多么关心。

要来的终归要来。夏日已尽，埃里克一家把东西装进查尔斯和珍妮借给他们的车子，慢慢开回爱丁堡和亲朋道别。几天之后，珍妮开车送他们到魏菲利车站。她拥抱埃里克，亲吻两个小女孩，然后交给芙萝一大袋甜食——由于糖要配给，这在当时非常宝贵。

　　然后，他们离开了！

第十六章

动荡不安

1940～1941 年

海瑟(左)和翠西(右)与抱着莫琳的芙萝。1941
年 11 月摄于多伦多。

1940 年 8 月 12 日，埃里克一家在利物浦港口准备搭船的时候，看到严格的防卫措施以及各种规定："照相机必须交出来，在加拿大上岸的时候再归还"；"一个小时之内要进行救生艇演习"；"信号灯闪亮的时候，所有乘客必须系上救生衣"。甚至连船身上的船名也涂上油漆，免得敌人的密探收集有关航行信息。

300 位乘客和全体船员谁都没有抱怨，因为他们这艘船就像一个靶子，众多德军潜艇伺浮在大西洋中。一旦离开港口，这艘船就会置身于 50 艘护航船当中。它的侧翼是货船，并由皇家海军的战舰护送。但即使如此大费周折，也不见得能保证他们的安全。

才离开爱尔兰海岸，就被捕猎者盯上。晚上 8 点 30 分，翠西和海瑟都睡着了，埃里克感觉船侧受到怦然重击。果然，他们遭到鱼雷袭击——幸好弹头没有起爆。船只立刻开始迂回行进，并发信号给护航船队，让其也如法炮制。埃里克和芙萝和衣而睡，听到了不断的警报，于是想办法让两个小女孩放松心情。这样，虽然他们无法保护她们免受危险，但至少可以使她们免受惊吓。

第二天"平安无事"的信号，让乘客们可以聚到餐厅用餐。没想到才享用了第一道菜，另一个警报响起，人们立刻四散而去。那天晚上，他们失去了行进在护航船队后面的一艘船。第三天早上，大家都站在救生艇旁边时，眼看着一艘船就在 200 米远的地方爆炸沉没。第四天，皇家海军的护航战舰很不情愿地开走，留下船队在没有保护的情况下去完成越洋的使命。当失去第五艘船时，船队的指挥官下令疏散开来。此后，轮船便开足马力，以超常的速度在波涛汹涌的海面上疾驶。

8月18日（星期天），在乘客的请求下，埃里克主领了一个为安全脱离危险而举行的晚间崇拜。但就在他们看到加拿大东南部诺法斯科细亚半岛的海岸之前，翠西和海瑟染上了"德国麻疹"。两个小女孩不舒服，有可能被留在隔离所。

晚上9点钟，船驶进了船坞。有人告诉埃里克和芙萝，他们必须通过移民入境关口。幸好他们的直接目的地是多伦多，因此免掉了体格检查。但不幸的是，那天晚上所有的旅馆都客满。当埃里克搬运沉重的行李时，芙萝把孩子带到红十字会的庇护所吃些点心。由于无处落脚，他们便乘出租车大半夜又回到船上，结果发现船舱里床铺上的被褥都已经被撤走，大家只好和衣而睡。第二天，他们出发前往多伦多。

9月，埃里克一家正好避开分别在欧洲和亚洲进行的战事。他们与芙萝的家人在安静的湖边享受野餐时，德国的炸弹如雨点般落在伦敦；日本军队则占领了萧张县伦敦会大院附近的村庄。即使这样，他们还是心甘情愿离开加拿大安全和平的环境，在10月底回到中国。

埃里克把芙萝和孩子在天津安顿好之后，沿着熟悉的路线回到萧张县。伦敦会最近被迫关闭在沧州市的宣教站医院，并撤离宣教士。院长米勒吉医生已经到萧张县去，他和其他的宣教士都焦急地等待埃里克到来。过去几个月，日本人愈来愈明显地表示要他们尽快离开萧张县，并且在7月逮捕了马老师，还诬陷他与八路军串通一气。日本人继续扣押中国教员，使得宣教士们不知道他们留在那里到底是帮助还是妨碍中国同事。

埃里克在12月初写的一封信中说："我们已经回到这里一个

多月，至今都还没有收到家书。背井离乡、远离妻儿的宣教士们，都很渴望得到家人的消息。如你所知，萧张县这里现在有军队驻扎。我站在房子东面，从卧室的窗户向外眺望，发现村庄南边看起来就像一个英国的前哨基地。过去几天，我们看到相当沮丧的男人被迫出去劳动，要铺一条公路通到萧张县东边。"

埃里克最近花了一个周末的时间待在村庄里头带领聚会，欢迎新的弟兄姊妹加入教会，并主持了一个婚礼。"新人鞠躬答礼、大家献上祝福之后，"埃里克写道，"我们去吃喜宴。就在恐惧和惊慌之中，地球继续转，日子继续过，好像一切平安无事。那天晚上，仅一公里之遥，密集的枪弹朝挖掘公路之人的方向发射。但在壑丘（译音）这个地方，我们还是聚在一起祷告、赞美、感恩，思考如何贡献一己之力来营造更美的世界。这对新人的新婚之夜是在枪炮声中度过的，但他们的心中有爱和喜乐。"

埃里克讲到他旅经当地不同的教会时说："我出去的时候，就是一直不断的给予，想办法去认识人，想办法在外在环境毫无平安的时刻，传递给他们平安的福音。"

圣诞节前后，埃里克有两个星期和妻子女儿待在一起。1月底，他回到天津参加年度的区委会。当会议才正要开始，收到萧张县米勒吉医生发来的紧急消息，说日本人显然在采取行动。埃里克和麦克阿尔马上离开，于1月28日抵达伦敦会大院——比罗兰兹早了三天。日本人已经审问了中国校长以及几位老师，指控他们在学校作反日的教导。

宣教士们不想离弃他们的朋友、宣教站和在那里的工作，但中国同事一致认为，他们留在那里无济于事。这是宣教士撤离萧张县的时候了，日本的主管官员给宣教士两个星期时间离开。埃里克赶回天津去通知委员会，然后再次南下帮忙做撤离的工作。

　　日本主管官员将伦敦会大院里的家具和设备编列清单时，埃里克陪着他走遍宣教士的住宅。他没有告诉那人，他的父亲在将近四十年前帮助盖了这些住宅；他们在珍妮的房间暂停片刻的时候，他也没说话。然后他们走下楼，走到他跟家仆余光含糊不清地学讲第一句中国话的地方。在游廊上，埃里克留意到那个挂秋千的钩子——他们的保姆曾经强烈反对说，罗伯特和埃里克玩这种秋千的话，会折断脖子。往事是那么清晰，只是此刻不容他怀旧。

　　2月13日，日本的主管官员封闭了医院、学校和外国人的住宅。他从罗兰兹手中拿走钥匙，留给他一份编列清单的目录——没有一位宣教士指望说还能再看到这些东西。埃里克骑自行车随着最后一辆二轮马车离开伦敦会大院。他确信上帝的慈爱，但是对日本人的嚣张感到很痛心。2月18日，大家都回到天津，并给伦敦发电报："安全撤离萧张县！"

　　两天之后，有话传来说，萧张县的校长和一位女老师被释放了。日本人已经得到他们想要的——宣教士走了！但在华北平原，土地已经耕作，信心的种子已经撒下，当上帝让它们生长时，就会开花结果！

* * * * * * * * * * * * * * * *

　　所有在萧张县的宣教士都得到暂时的分派。埃里克被指定做天津乡下地区的工作，但由于现今的状况，在郊外工作的机会很少。他最关心的就是家人。芙萝告诉他一个好消息，说她怀孕了，预产期在九月份，这使得他们不得不重新考虑未来。

　　伦敦会的文件记载说："现今的情况还没有到伦敦会的宣教士要全面撤离华北地区的程度，我们的目标应该是维持工作，直到情况不容许我们继续下去。"伦敦会没有像美国和加拿大的差会那样，再三要求成员的家眷撤离，但如果有谁希望把家眷送回国，也会全力支持。

这对任何人都不是一个容易做的决定。芙萝最要好的朋友蓓蒂现在也在中国，她嫁给盖尔医生(Dr. Godfrey Gale)，并即将在暑假期间生头胎。2月，家人曾经申请送蓓蒂回国的船费，后来又重新考虑。蓓蒂装箱又拆箱了三次，最后还是决定和先生一起留在中国。每个人都在"分离的痛苦"和"最爱之人的安全"之间犹疑不决。

将近3个月的时间，芙萝和埃里克来来回回讨论如何选择。在过去4年中，她大部分时间都是和埃里克分开的，因此实在不愿意再跟他分离。但在4月份，他们还是决定，她和两个小女孩先回加拿大。她可以先和父母住一段时间，九月生完小孩后先待在多伦多，直到埃里克和她们相聚。他们俩都觉得他应该一年后就会回去，肯定不会超过两年。要是中国投降的话，日本人会叫外国人离开，而英国领事当局也会给他们充分的警告。

埃里克认为她们乘坐日本船横越太平洋会比较安全，因此订了5月份从神户起航的"新田丸"号的船票。

翠西所上的幼儿园属于天津英文学堂。就在她们离开之前几天，学堂举办年度运动会，埃里克和翠西参加了父女联赛。很显然，他们极有机会赢得比赛。但翠西跑完她那一程时，却不肯把手帕交给她父亲。埃里克正在动员她的时候，被别人一步当先了。埃里克并不在意输了比赛，但借着这个经历引导翠西："有没有跑赢并不重要。最重要的是，不论你在做什么，始终要尽力而为！"

几天之后，埃里克一家人乘船横渡黄海到了日本。由于日本侵略中国，他们的生活发生了重大改变。站在这样一个国家的领土上，他觉得怪怪的。将近6岁的翠西似乎感受到这趟旅程的重要性；但对 4 岁的海瑟，这只是一件好玩的事。他们在日本的旅馆待了 4 天，享受了一个美好的家庭假期。

在一个阳光普照的日子，他们要告别了！母女三人登上了"新田丸"号这艘新船——这是它第三次横越太平洋。埃里克把她们带到船舱。放好手提箱之后，他把翠西抱在膝上，带着笑容轻柔地说："你快要变成大女孩了，要帮助妈妈照顾海瑟和快要来临的小婴儿。你愿意答应这样做直到我回家吗？"

翠西点着头，紧紧拥抱爸爸。她当然会照顾每个人的。"我答应！"

船舱外面，有个嘶哑的声音透过扩音器，先是以日文，然后以英文播报："所有送行的客人现在必须离船！所有送行的客人现在必须离船！"

芙萝一只手按着剧烈颤动的腹部——不知道是因为 6 个月的身孕，还是因为要离开埃里克，使她觉得难受。

埃里克抓紧时间用力地抱了抱两个小女孩，再轻柔地抱着芙萝，亲吻她，然后关上船舱的门离开。

芙萝一直保持镇定，然而，当埃里克离开后，她突然大哭起来。翠西刚答应过要照顾每个人的，赶快冲过去帮助妈妈，问她要不要一片阿司匹林和一杯水。

海瑟看惯了父亲出出入入，以至于看这一天似乎与他回萧张县没什么两样。"我们去看看这艘船是不是像上次那艘一样有游泳池。"她愉快地说着。

翠西责备她说，妈妈这么难过，她竟然还在想这种事！

芙萝见海瑟似乎很委屈，便做了个深呼吸，重新振作起来。"好啦！"她说，"我们一起去找儿童室，或许还可以看到爸爸在码头上。"

她们从上层甲板好不容易挤到栏杆旁边。翠西叫道："爸爸在那里！"

穿着白短裤、运动衫和及膝长袜的埃里克，正快速迈步离开靠在码头的船只。他突然回头，环视船上，认出了她们！

芙萝和两个小女孩拼命挥手："爸爸！再见！我爱你！我爱你！赶快回家！"

* * * * * * * * * * * * * * * *

埃里克一动也不动地站在码头上，看着拖船慢慢把"新田丸号"拖离舱位，进入海湾。再过三个星期，芙萝和两个女儿就会在多伦多了。

"这样对她们比较好，"他跟自己说，"她们会安全地等到我回家！"

回到天津，埃里克继续扮演他那相当不明确的天津乡下地区传道人角色。只要有可能，他就对边远村庄做短期探访，接触当地的中国牧师，并鼓励会众。但不安定的军事情况令他大部分时间都待在城里，他在那里的行政任务几乎与属灵任务一样多。

前一年，伦敦会已经被迫放弃沧州市和萧张县的乡间工作，因此，现在看来需要慎重考虑将所有权契据放在天津的英国领事馆里，并拍照做备份，放在差会的保险箱里。他们也咨询法租界当局，要是伦敦会的医生必须撤离，他们是否愿意接管马大夫纪念医院。

但最紧急的问题牵涉到人事。如果他们被强制撤离华北，有些宣教士可能会被送回国，另一些人可以自愿选择去华西那些未被日本人控制的地区。但这些都只是猜测，得视具体情况而定。

云南省位于中国西南方，那里的一个教会提出请求，问及埃里克可否被重新分派到那里做长期服侍。执行委员会一致认为埃里克应该留在天津，因为经过在华北地区 16 年的服侍，他在这种动荡不安的时日，已经成为伦敦会里面备受敬重的一员。

6 月底，埃里克搬进书院公寓的楼上，和卡伦住在一起。卡伦的妻子和儿女自上次述职之后就留在英国，他很高兴有个伴。埃里克极其想念芙萝和孩子，但他显然没有时间探讨把她们送回加拿大的决定是否正确。他们已经作了祷告，求问了上帝的旨意，并凭信心选择了觉得是正确的道路。其他宣教士同事的妻子也有怀孕的，包括盖尔医生和麦克阿尔医生在内，都选择一起留在中国。7 月，蓓蒂和弗朗西斯在天津分别顺利生下她们的头胎女儿。

8 月，埃里克待在北戴河，发现那里的情况显然有别于过去的暑假。从外商公司来的人数大幅下降，大部分外国人看来都是宣教士。在海边散步时，通常只有他一个人。他注意到有少许美国的妇女和孩子，许多像他一样的英国人都没有家眷陪伴。外国人少了很多，只有少数人整个夏季待在那里。孩子们仍旧在老虎石那里摆姿势照相，他们被海水的浪花打湿时还是会大叫，但做父母的都在猜想，这会不会是他们在深爱的北戴河的最后一夏？不知以后还有没有机会享受如此清凉的微风和惬意的夜晚？

9 月 1 日，埃里克回到天津，他的思绪集中在芙萝以及他们即将来临的第三个孩子上。一旦婴儿出生，他可能随时会收到电报。他和芙萝分开的这 4 个月，他们靠着通信维系着生命。他可以清楚地想象妻子和女儿在多伦多的情景。她们现在和回国述职的父母住在"瑞斯拿里大道"的房子。翠西正如她所答应的，在许多方面帮了芙萝的忙。海瑟和外祖母一起上教堂，非常守规矩。埃里克读到海瑟在教堂的优良表现时，忍不住笑起来。坐在威严的安妮旁边，有谁胆敢不乖乖听话？不管中国的情况如何危险，芙萝的父亲还是很想回天津……

9 月 10 日，埃里克从天津把他所有的消息都写信告诉芙萝。他在一天之内收到她两封信，也很高兴听到她已经收到他五封信。但现在邮件每三个星期才会从天津送出去一次，因此他这封信要写得长一点。

他们在信中所表达的亲密只属于他们俩，但生活里面日复一日的事件，打开了一扇窗，让人了解到支撑他们生活下去的力量。埃里克说，在预备一系列他要主讲的特别聚会时，他研究了有关"上帝的引导"这个主题。上帝引导谁？他引导时的障碍是什么？他用什么来引导人？——环境？基督徒被光照的良知？他的话语？心里面的声音？祷告、静思和默想？可能这一切都是！此外，他也深思"登山宝训"和"圣灵在基督徒生命中的工作"等等主题。

埃里克随着他对《圣经》的研究，也经常阅读斯坦利·琼斯（E. Stanley Jones）的书，并把书中的信息略记下来。琼斯在《山上的基督》（*The Christ of the Mount*）一书中说："八福里面的前面三福，抨击了那种一味索取的生活态度，让我们学习把爱无私地给予出去。这是何等奇妙的爱！"

埃里克在现今的景况中所默想的，绝非纯理论。当他走过日本人的关卡，被询问、被搜查，又经常因为日本兵的傲慢无理和随心所欲，导致重要事务被耽搁、被拖延时，他会将所研读的《圣经》真理运用在当下的生活里。一个人晚上回家时，可以是又沮丧又愤怒，也可以是充满了上帝的平安。埃里克在文章结束时说，他每天无论与英国人、日本人或中国人接触时，都愿意成为上帝爱的管道，把上帝奇妙的爱无私地给予出去。

通过祷告和读经，埃里克确信对基督的信仰会在未来的年日支撑他走过一切。他知道要确定接受上帝的引导，唯有凭借信心，而不是看外在环境的顺逆。

他记住如下经文，他知道在困难时刻上帝与他同在："你从水中经过（这片水域如此深广，需要你坚忍不拔方能经过；这片水域看不到边际，未有人驶过，需要你信心十足方能经过；这片水域冰冷无情，需要你有忍耐、勇气和无穷之爱，方能经过），我必与你同在！"（《以赛亚书》43 章 2 节）

许多个下午，埃里克和卡伦一起穿过法租界或英租界散步良久。他们偶尔也会去帝国戏院或一家比较便宜的中国会社看一场电影。在萧张县的日子，埃里克曾计划了好几次要带芙萝去看电影或去听音乐会，但他到天津出差的时间都被工作占满，或者收到宣教站的通知急急忙忙回去。如今他有很多空闲，却没有家人陪伴身边。

9 月 19 日，电报传来了埃里克期待已久的消息：女儿莫琳(Nancy Maureen Liddell)9 月 17 日在多伦多出生。他马上拍电报回去："好棒的消息！爱你的埃里克！"几天之后，埃里克和几个同事一起到餐馆举行了小小的庆祝。他们那天过得非常开心。

尽管华北地区表面上看来大致正常，但实际上问题很严重。其中最让人沮丧的，就是邮件的传送。过去，只要赶上西伯利亚大铁路的运输时间，邮件通常两个星期就会送达英国。但现在邮递的时间完全无法预料，家乡的来信可能几个星期甚或几个月杳无踪影。卡伦等了 3 个月，对家人的消息所知甚少，然后在两天之内收到 32 封信。这种或饥或饱的状况，不是让人极度沮丧郁闷，就是兴奋异常，全看能不能收到信件。

10 月份，埃里克带着一位从剑桥征募来的伦敦会年轻宣教士戴维斯(J. Edwin Davies)，尝试冒险进入乡村地区。同事们给戴维斯取一个绰号叫"小熊"，因为他酷似米兰(A. A. Milne)制作的《小熊维尼》(Winnie the Pooh)中的那个小熊。这个绰号跟着他到中国，很快就成为他在整个宣教士圈子里的昵称。埃里克和戴维斯有一个星期的时间在离天津30多公里之外的平原村庄，骑着自行车到处去传福音。他们住在中国人的家里，和主人一同享用粗茶淡饭，谈论关于救主基督的事。埃里克通常会带领大家唱一首诗歌。

晚上他们两个人并肩睡在炕上。每天早上6点钟，埃里克就轻轻摇醒戴维斯，一起灵修。他们坐在寒冷的房间，靠在蜡烛或小油灯旁边，读《圣经》，一起分享领受、祷告。埃里克每天清晨用一个小时的时间，从未改变过。

* * * * * * * * * * * * * * *

整个秋季，在天津的伦敦会宣教士都努力把握手边既有的工作机会。卡伦、乐嘉立和卢克逊，在书院里有足够多的学生可教；米勒吉医生和巴肯护士带领马大夫纪念医院的医疗工作，并主动在中国职员和病人当中做特别的布道拓展工作；埃里克投身在任何需要他的地方，同时等候机会去探访乡下的村庄。但没有人知道这种微妙的景况会持续多久。

1941年11月3日，米勒吉的妻子米丽亚姆(Miriam Milledge)在写给家人的信件中，描述了宣教士们在中国的感触："你和我们一样，必定都在猜想，到底将来会怎么样？但是预测是没有用的。总的来说，我们都很乐观。有件事相当清楚，就是在这个阶段必须接受临到的一切。或许时候到了才采取安全措施是太晚了一些，但简单来说，我们觉得在这里是服在上帝的权柄之下。上帝差派我们来这里，我们觉得他没有命令我们离开此处到别处去。我很肯定地认为，如果上帝要我们离开，就会给予明确的引导。当许多地方的工作都关闭时，我们觉得这里还有很大的机会！"

12月初，芙萝的父亲跟多伦多的家人道别，开始他回中国的旅程。对于为什么他觉得非走不可，安妮和芙萝可能比谁都清楚。河南差会是他的生命。他热爱那个工作，他的中国同事需要他。在危难时节，谁比麦肯齐更适合待在天津？他知道要打电话给谁，要做什么，以及如何和从黄包车车夫到政府官员在内的每个人打交道。麦肯齐过去30年来在华北将差会事务处理得井井有条，只有他能够完成这些事！

1941年12月7日（星期天），麦肯齐走在旧金山雾蒙蒙的码头上，突然被一部车撞倒在地，不省人事。他被带到医院检查，不久就出院了。然而，当他听到日本偷袭美国海军基地珍珠港、并向美国和英国宣战的消息时，真是如受重击般，目瞪口呆、头晕目眩！麦肯齐原定第二天要乘坐的轮船无法离开港口，所有横越太平洋的旅程都被无限期延缓！

美国参战了！

第十七章
软禁

1942 年

1933 年参加伦敦会华北区委员会的宣教士。前排（左至右）：Mr. Harold Bate，Mrs. Bate，和怡德，Jeana Turner，Gladys Stickland，白兰德夫人，瑞斯义夫人，包石璧夫人，包石璧，白兰德，李心慈，林教习，兰英华夫人，谭劳勃夫人。

第二排：埃里克，李·罗伯特医生，包士敦，包士敦夫人，Nancy Edmunson，梅杰富夫人，伍英贞，Janet Evans，步克安，卢克逊夫人，Ivy Greaves，柏志瑞，卡伦夫人，乐嘉立夫人，乐嘉立。

第三排：梅杰富医生，杜林医生，巴艾立，A.H. Jowett-Murray，Mrs. Jowett-Murray，Marjorie Clements，无法指认，李罗伯特夫人，魏厚德夫人，魏厚德医生，贝勒森医生，谭劳勃，卢克逊，兰英华，无法指认。

当日本人大肆进攻夏威夷的瓦胡岛（Oahu）时，正值天津 12 月 8 日清晨 2 点 30 分。埃里克还在睡梦中，日本的俯冲轰炸机向惠勒机场和希凯姆机场（Wheeler and Hickam airfields）逼近，摧毁地面上成排成列的美国战斗机和轰炸机；鱼雷机昂然低空直入珍珠港，到处是燃烧的船只和死人，主力战舰队所在的浅水滩变成恐怖地狱。埃里克在他惯常的时间醒来时，只看了一眼窗外，就发现世界变了天！

到处都是有刺的铁丝网以及一卡车一卡车的日本士兵。他们在破晓之前已经关闭了连接法租界和英租界的几道门，在戈登堂前面搭起架着机枪的防御工事。留守租界地区那些寡不敌众的外国军队，未发一枪一弹就投降了。日本人现在全面掌控！

随着时间的推移，日本人偷袭珍珠港的消息传遍了在天津的中国人和外国人。对于"日本人的企图"，人们莫衷一是，只能静观其变。但一个明确的事实是，现在未经日本人许可，没有人能够擅自离开中国！

3 天之后，12 月 11 日，所有新学书院的学生都被遣送回家。一行 11 人的日本检查员封闭了教室，也封闭除乐嘉立夫妇住家那扇门之外所有进入书院的门。他们草草地检查这些住家，包括埃里克和卡伦所住的公寓。检查员扣押了他们的收音机之后，就越过马路去检查医院和伦敦会大院里面的住宅。

接下来几天，所有英国和美国的侨民都必须在日本的军事总部登记，交代他们自己的详细资料，包括个人财产以及银行账户的清单。

随着一阵令人恐慌的命令和限制之后，生活慢慢平静下来。有一阵子，中国人可以进入租界拜访外国朋友，带去城里以及外界的消息。埃里克和同事可以在伦敦会大院所在的法租界里自由行动，却不准穿越毗连的英租界地带。白雪覆盖大地时，他们还可以一起庆祝圣诞，享用烤牛肉大餐，并为宣教士子女举办聚会。

在多伦多的家人欢迎麦肯齐回到家里。麦肯齐尝试赴中国失败后，既疲倦又沮丧。他在许多年前因一场严重的呼吸道疾病而经常咳嗽，现在似乎愈发厉害，但他为了让家人安心，说那很快就会好。安妮和芙萝更担心的是，他的眼神显然不同以往。他极其悲伤地把原本芙萝要他带给埃里克的照片，包括她和三个女儿的近照还给她们。中国的门户关闭，似乎也拿走了麦肯齐某些东西。芙萝只能希望在加拿大新的服侍可以唤回她父亲特有的决心。

埃里克和其他人在中国怎么样了？她多么希望从某个人得到只言片语，让她知道他们都平安，但这恐怕要等很久了！她会专心照顾三个女儿，将每个人交托在慈爱的上帝手中。

* * * * * * * * * * * * * * * *

1月15日，日本人下令所有在天津的英国和美国侨民都要搬进英租界。这几日，人们带着他们的东西，排着长龙经过栅门，到同事和朋友的家里住。埃里克在严寒中，到处帮人打包、搬运家当、重新安顿。卡伦搬进基督教合众会堂附近赖维斯(C. W. Lewis)家里，乐嘉立夫妇在伦敦路艾尔牧师夫妇(Rev. and Mrs. Earl)家避难；埃里克、卢克逊家以及莫里斯(Gwen Morris)被收容在卫理公会大院史密斯牧师(Rev. Howard Smith)的家里。几个星期以前，马大夫纪念医院的外国医疗人员曾被允许留在伦敦会大院，现在也被支使出去帮人打包。而米勒吉医生夫妇只好在共济会大堂的图书室安家。

日本军事总部不断传来新的规定和条例。所有"敌侨"离开家门时，必须戴上臂章。英国人戴的是上面印着汉字"英"字（即英国）的鲜红臂章。有些人还很自豪地在这个字涂上黑墨水，让它更突出，因为"英"这个字代表"高贵又勇敢"。当人们无法用其他形式抵抗时，只能以此小动作来表示抗议。如果傲慢的英国人不肯向边境关卡的日本卫兵敬礼的话，就有可能被送到长龙尾端重新排队，才得以过关。

对宣教士而言，最大的改变就是，他们原来的工作被迫停止。他们不仅活动范围被限制在英租界里头，而且现在除了商店的老板和仆人之外，不许和中国人接触。他们无法再教书、讲道或行医。有些人起初对能够暂停一下无止无休的工作觉得感恩，有些人却为无法去做基督信仰呼召他们的工作而感到挣扎。他们变成没有宣教任务的宣教士。

但是值得称赞的是，他们大部分的人很快就着手做其他的工作。由于天津英文学堂关闭，卢克逊和史密斯在不同人的家里为孩子们开设一些课程。卡伦和乐嘉立加入这个团队，开始一个星期教几门科学、拉丁文和英文的课程。宣教士的妻子们负起更多清理、烹饪和洗衣服的责任，并搭建成几个公共厨房。伦敦会这个小圈子的人认为，通过节约和集资，他们还可以维持 6 个月。

当时的处境相当不容易，但并非什么事都做不到。教会的崇拜继续在不同人的家中举行；在 4 月 3 日这个纪念耶稣受难的日子，有个临时组合的诗班在爆满的合众会堂演唱斯特那(Stainer)

的《十架受难曲》(Crucifixion)；复活节的主日崇拜也同样吸引众多的人群。周间晚上朋友们聚集在不同人的家里听唱片、讨论书籍，或玩桥牌。遇到有人过生日或结婚周年纪念日来临，大家就拿出一些妥为保存的精美食物来庆祝。

每个宣教士最大的难处就是，与家乡亲人几乎完全断绝音讯。他们在珍珠港事变之前还陆陆续续收到一些邮件，现在已经差不多全然中断联系。即使能够幸运地收到从加拿大或英国抵达中国的信件，也是 3 个月或 6 个月之前寄出的。家乡的家人在打开信箱时，经常对着几个月前寄去中国，现在被原封不动退回的信件恸哭。4 月时，卡伦留意到，他已经 4 个月没收到家信了，而他们寄给他的最后一封信 3 个月后才寄到他手中，因此，他所得知在英国的妻子和儿女最新的消息，已经是 7 个月以前的事。

由于正常的通讯系统受阻，人们过了不久，就想出富有创意的办法来试图解决这个问题。既然华西没有受到日本人控制，中国的邮政系统还在运作，人们开始把信件寄给在"自由中国"的熟人，经由他们转寄到最后的目的地。4 月份，芙萝激动地收到埃里克的来信，惊讶地发现它竟然是从重庆邮寄出来的。那封信很短，要她放心，说大家都很好。芙萝立刻把这封信寄到伦敦的伦敦会总部，让他们可以知道在天津的宣教士的音讯。

几个星期之后，一封信抵达多伦多联合会的办公室，信封上盖着美国加州的邮戳，竟然是埃里克写给芙萝的："不要为我和同事担心，我们身心都很健康，现在和卫理公会的朋友们愉快地住在天津。我一直很想念你们，请代我转达对全家人的爱意，尤其是翠西、海瑟、莫琳和你。"这封信的传递可谓辗转曲折。起初经由重庆 VGOY 中国国际广播电台播送，洛杉矶以北一家无线电通讯短波电台收到后，用打字机把信息打出来，再转寄到加拿大。很显然，埃里克使用各种可能的媒介，来让家乡的人知道宣教士都活着，并且在天津安好！

另外，在重庆的加拿大联合会护士普卡拉(Clara Preston)和乐嘉立夫妇的大女儿蓓尔都成了特殊的"信使"。蓓尔在英国大使馆工作，她可以把东西装在外交邮袋空邮，越过喜马拉雅山送达印度，再转给她在英国作护士的妹妹罗萨蒙德。然后，罗萨蒙德把消息打印成可传阅的信件送给伦敦会宣教士的家人们。当许多信件在原有的邮政系统下无法传递时，重庆的这条路线成了提供消息的生命线，给大洋彼岸牵肠挂肚的亲人们带去慰藉。

埃里克在他们的结婚八周年纪念日，写信给芙萝说，他一直在回味他们婚礼前后那些美好的日子。当这封信最后送到芙萝手中时，她回想那天他们俩一起站在合众会堂外面，埃里克严肃地盯着照相机的模样，一点都不像他平常那种笑容满面的神态。而在中国的埃里克，任何时候看着芙萝的照片，依然会看到那个让他心仪、带给他生命诸般惊喜的活泼少女。

＊＊＊＊＊＊＊＊＊＊＊＊＊＊＊＊＊＊

天津的宣教士们和别人挤在一起住了两个月，很自然会产生一些摩擦和误会，但在史密斯的家里却非如此。埃里克以他典型的低调方式，活出了"登山宝训"的教导。史密斯的妻子玛莉(Mary Jane Smith)提到，她早上到达商店时，面包常常已经卖光了，埃里克便自愿每天清晨五点钟为全家人买面包。有一天，春天强劲的沙尘暴使得家里各处都蒙上一层沙粒，玛莉第二天早上6点钟走下楼准备开始打扫时，发现埃里克已经打扫干净了。他早上四点半就拿着扫把、畚箕和掸子，静静悄悄地开始工作，唯恐吵醒别人。

　　史密斯留意到牛津团契对埃里克的影响，不是因为埃里克谈到它，而是他所做的一切表现了牛津团契奉行的绝对诚实、绝对纯洁、绝对无私、绝对爱心。"埃里克最特别的地方就是，"史密斯评论说，"他再怎么忙，也要去帮助那些有求于他的人。他很愿意接受去做一些琐事。"

　　如果一群男孩子想要打板球，埃里克会奉陪；晚上大人玩桥牌三缺一时，他就自愿凑数。他花时间帮忙史密斯的女儿——12 岁的简(Jane Smith)和 11 岁的弗朗西丝(Frances Smith)整理她们集邮簿里的中国邮票，回答她们没完没了的问题，而且似乎比她们还开心。有一天很热，即使在树荫下温度也高达摄氏 38 度，史密斯很惊讶地看到，埃里克在教两个女孩打网球，并不觉得厌烦。

　　尽管面对急速的变化以及愈来愈不可预料的战事，埃里克的生活中有一件事情是不变的，那就是他清晨祷告和读《圣经》的时刻。

　　由于传福音的活动受限制，埃里克便利用时间在过去几个月编撰了一本祷告小册子，于 1942 年初由合众会堂印制。它叫做《每日祷告手册》(Prayers for Daily Use)，提供人们，用于个人敬拜。他先以一首大家都熟悉的诗歌的副歌作为开始："效法耶稣，我歌咏，在人群或家庭中；效法耶稣慎始终，我要效法耶稣。"

＊＊＊＊＊＊＊＊＊＊＊＊＊＊＊＊＊＊

　　这一年的夏天，天津异常炎热，然而宣教士却无法到北戴河度假。7 月连续有两个星期，白天的气温超过摄氏 38 度。有个炎热的下午，甚至达到了令人难忍的摄氏 40 度。满身大汗的人们热得几乎中暑，但除了忍受之外别无办法。

在令人昏沉沉的热浪中，有两件事令外侨小区的人们议论纷纷。其一，可能被遣送回国的传言成为事实；其二，日本人为了镇压人们的不满情绪，发布一道命令，禁止在英租界里教会的崇拜。这将对属灵及社交生活造成严重打击。但由于有"可能会早点离开"的希望，它起初并未带来太大的冲击。

具体的遣返计划开始通过中立的瑞士领事当局明朗化。所有的"敌侨"被要求登记，并指明他们希望待在中国还是被遣送回乡。由于几千名日本平民的后裔被拘留在美国的"战时徙置中心"，这两个国家如果这一次互相遣送侨民，都可以得到好处，减少看守的人力和费用的负担。英国和加拿大公民也包括在调换名单里面。起先埃里克觉得他应该留在中国，但当他得知许多其他差会的宣教士已经选择留下，便决定撤离。

8月初，包括伦敦会在内的 6 个差会代表，把他们的财产转让给天津当局，把医院和住宅转让给中国教会，把学校转让给受中国教育局管制的地方市政当局。就像一艘被切断缆绳的船在大雾中渐行渐远一样，很显然，宣教士们投入许多心力在其中的这一切，开始从眼前流失。乐嘉立倾注了 33 年的心血在新学书院，现在都成为过去！他代表伦敦会签名之后，写信给在伦敦的伦敦会外事秘书布朗说："你知道我们所爱的机构发生了什么事。当然，我们都在猜想它的未来会是怎么样，尤其是在学校工作的宣教士的未来。"事到如今，乐嘉立觉得再也没有理由待在中国，他已准备好回乡！

8月9日，埃里克写信给芙萝，说他已经在遣返回国的名单上登了记。他问她说，如果他自愿在加拿大做当地差会指派的拓荒工作，她觉得怎么样。那意味着在边远地区做辛苦的工作，对她是个牺牲。当然，他们还必须考虑到孩子。但他觉得未得之地的需要是那么大，他会考虑去那里服侍。

就在埃里克的信抵达芙萝手中时，外事秘书布朗的信也到达她手中。布朗已经得知遣返的方案，想知道埃里克如果离开中国的话，可能会到哪里去。他会直接到加拿大，还是英国？她知道他的计划吗？外事秘书似乎对于埃里克会离开中国很有把握，因此在信的结尾他说："在这里向你和埃里克问好——万一他出现的话！"

芙萝很希望自己像布朗一样乐观，但小心地警告自己，不要假设埃里克已经在回家的路上。她于11月1日恢复布朗，此时除了8月9日埃里克所写的那封信，她并没有得到新的消息。她不知道他可能去了哪里。她担心既然遣返的船只把人带到南非，则埃里克有可能陷在南非动弹不得，要等到伦敦会或加拿大联合会汇钱给他买船票，才能从德尔班(Durban)回英国或回加拿大。她想办法不让自己期望过高，加了一句："可能还要相当一段时间埃里克才真的会出现吧！"

她在信上提到多伦多收到的最新消息："汤姆逊刚刚收到她女儿蓓蒂8月从上海寄出的信，说他们在等下一班船。他们住的地方很拥挤，天气很热，但身体都还好，也期待航行回乡。"

就在芙萝写这些话的同时，在上海等待的宣教士都知道事情极度不对劲。米勒吉家、盖尔家、麦克阿尔家，以及其他三百多位英国人和美国人，都满怀希望地在8月中旬乘坐火车到上海，因为领事当局很有把握地说在第一艘要出发的船上有舱位。他们住在上海郊外的哥伦比亚乡村俱乐部，一天又一天地等待，直到真相大白。原来，虽然他们的名字大部分在名单上，但上海许多有钱有势的外国人贿赂了官员，得以先走一步。第一艘船开走之后，几百个人留在乡村俱乐部，男人睡在保龄球场和酒吧的行军床上，女人和孩子则挤在不同的地方。眼看10月就要过去，11月即将来临，他们回乡的希望越来越渺茫。

埃里克和乐嘉立夫妇不在天津第一批遣返之人的名单上，但天津的瑞士领事乔尔格先生(Mr. Joerg)告诉乐嘉立，他认为所有请求遣返的人都能回乡。有几个星期的时间，艾美和许多人都抱着希望，看能不能在圣诞节之前回到英国。但他们逐渐意识到，在1942年，离开的机会已经远去。甚至更令人不安的是，持续不断有传言说，日本人计划把所有的敌侨关进集中营！

埃里克带着一股迫切感，努力撰写一份他已经作了几个月的计划。他简单地给它加了一个书名《门徒训练手册》(Discipleship)，并把它编排成一本全年阅读的每日研读手册。他在写作时，脑海里想到辛集县那个充满活力的教会里面那些弟兄姐妹，以及书院里他从前的学生。他设计了这本指导手册来帮助年轻的基督徒培养灵性，其实自己也从中受益颇丰。他希望这本手册有一天能被翻译成中文，甚至能和《每日祷告手册》同时出版。

* * * * * * * * * * * * * * * * *

圣诞节时，三代同堂的麦肯齐大家庭，住进"格洛斯特街21号"一栋三层楼的房子——位于多伦多繁忙的南北公路洋基大道以东。每天晚上，芙萝和三个女儿都会一起唱一两首诗歌，读一篇故事，然后谈到埃里克。"当这里是晚上时，"海瑟说，"中国就是白天。我们今晚看到的月亮，到明天醒来的时候爸爸就会看到。"

如果白天什么事吓到她们，芙萝会鼓励她们说出来。翠西手上拿着埃里克的照片，告诉15个月大的莫琳说，这是她们的爸爸。在芙萝关灯之前，她们会一起祷告。

"亲爱的天父，请您祝福当空军的肯尼叔叔和所有的士兵，祝福爷爷、姥姥，祝福妈妈，以及玛格丽特阿姨、埃丝特阿姨、芬利叔叔、诺曼叔叔和路易丝阿姨，并帮助爸爸早日回家，阿门！"

"阿门！"芙萝轻声地加上一句。

第三部

终点线

1943～1945年

第十八章
潍坊集中营

1943 年

潍坊没有化学实验室，埃里克亲手制作一本教科书来教化学。（照片由乔伊提供）

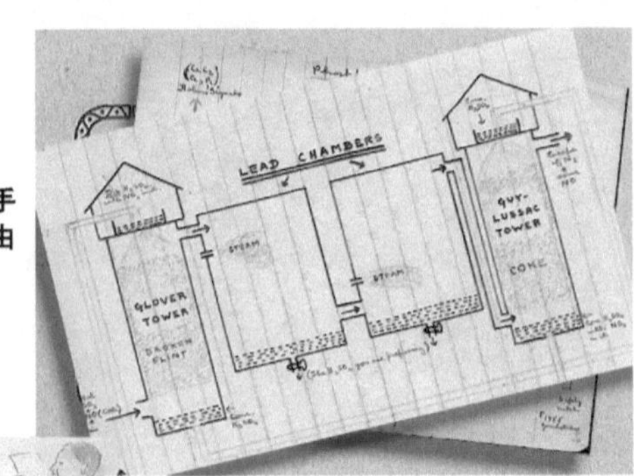

集中营的生活包括音乐会和节目，由在集中营的人演出。（图片蒙 Peter Bazire 提供）

在拘留期间不准照相，所以艺术家画出他们对潍坊集中营的印象。（由 F. Verhoeven 作画，照片由科特里尔提供）

1943 年一开始，天津中国人居住的地方和租界有关外界和战争的各种传言沸沸扬扬。有传言说，英美两国的侨民会被用船遣送到东京，拘留在那里，以防同盟国轰炸该城。还有传言说，侨民要被送去香港或菲律宾，以防潜伏在日军占领区的西方间谍威胁日军。而流传得最久、最广的一个传言则是，日本人准备把所有住在华北的敌国侨民集中拘留起来——有些人认为拘留只是大肆处刑的前奏。

无论人们如何胡思乱想，在租界的人们都公认，从日本人的角度来看，拘留的政策是讲得通的，因为将几千个人软禁在华北的大城市，既费时、费钱，又占用太多军力。日本士兵需要到战场上去打仗，而不是守在天津这些隔开大法国路和中街的栅门那里。慢慢的，人们的谈论开始从"是否遣送"转到"何时遣送"。

1 月 6 日是海瑟 6 岁生日。埃里克思念起他在多伦多的家人，想象那个上次分别时才 4 岁的小女孩现今会是什么样子。她今天会做什么？当然，芙萝会给她开个生日庆祝会，麦肯齐家的许多人也会在那里。他祷告女儿这天快快乐乐地度过，而且，他比以往更加渴望能够把她搂在怀里。

埃里克和卡伦在英租界作惯常的午后散步时，谈到各自的妻子、儿女——虽然并没什么新鲜事可讲。卡伦自 1940 年 9 月以来就没有见过家人，现在信件极为珍贵——同样，不偏不倚的新闻报道极为少有。

　　他们暂停一会儿，卡伦避开刺骨的狂风，把烟草塞满烟斗。折磨他好几年的头痛比以往更加剧烈，而他酷爱的"Blue Nun"烟草也只剩下最后一小袋了。他划了根火柴，点燃烟斗。当烟雾袅袅上升时，他笑着告诉埃里克，海瑟两岁多时一些令人难忘的趣事。他们一起大笑，靠着美好的回忆和坚定的信念支撑自己，相信上帝有他的时间，到时，会让他们与家人团聚。夕阳西下时，他们沿着伦敦路回到卫理公会大院。

　　在多伦多的芙萝帮三个女儿盖好棉被之后，开始写信给埃里克。虽然海瑟轻微的腮腺炎还没完全康复，但她整天都像个十分成熟的小姑娘。

　　"当我们把装着礼物的托盘以及点着蜡烛的巧克力蛋糕拿进来的时候，我真希望你能够看到海瑟的眼神，"芙萝写到，"我们送给了她几样很便宜的礼物，都是她喜欢的东西：一盒画笔、两枝带橡皮擦的铅笔、一大本厚厚的练习簿、两条小手帕、两根夹头发的蝴蝶结、一些画图本。她激动得不想吃蛋糕，只想立刻到自己的房间去欣赏这些礼物……"

　　在薄薄一张纸的两面，芙萝把所有能说的事都写上了。她封上信封，心里默默地祷告，希望这封信不会在 6 个月之后被退回。

＊＊＊＊＊＊＊＊＊＊＊＊＊＊＊＊＊

　　埃里克在天津伦敦会的宣教士当中充当"信差"，因此，他只要手上拿着一沓信，就会受到热烈的欢迎。3 月 12 日，天已经很晚了，他还是挨户给所有的同事投送一封由英国居民委员会发出的信。然而，这封信上传达的却是一个坏消息——

　　过去两个月以来的传言终于得到证实。这封信说，所有在天津的"敌侨"，包括英国人、美国人、荷兰人和比利时人，都要被移送到山东省潍坊的市议会中心。他们会分成三批，分别于 3 月 23 日、28 日和 30 日离开。每个人准许先送去四大件行李，其中一件是一张单人床和床垫，可以随身带两只手提箱。埃里克和乐嘉立夫妇被列在最后离开天津的那批人当中。

在北京和青岛，其他外国侨民也收到类似的信，并开始胡乱打听消息：潍坊到底在哪里？他们要到一个什么样的地方？在集中营里会供应什么东西？有什么物品是自己必须带去的？在那里可以与外界通信吗？谁是那里的负责人？他们会受到什么样的待遇？

在北京，救世军宣教士司凯恩(Brigadier Ken Stranks)骑着自行车到许多人家里，力劝每个有乐器的人要把乐器带上。"不管要待在那里多久，"他说，"我们都需要音乐！"这些即将被拘留的人通过正式渠道，得到日本人的批准，可以把两架平台式钢琴、几部留声机、四个冰箱、几台缝纫机，以及比赛用的运动器材运送到潍坊。

埃里克在离开之前，按照要求列了一份他所有财产的清单：一个黑木书架，一组五斗柜，一张打字桌，一小块地毯，一面黑木框的镜子，一箱衣服、椅垫、枕头等，一箱书，两件厨房用品。

当一批又一批的人在指定的时间离开时，都很不情愿地留下他们所拥有的大部分东西，并认定再也看不到这些东西了。每个人只带上自己所需要的，以及对大家都有益的东西。医生们带了医疗袋和一些重要的药品，老师们带了一些教材，有特殊技能的人带了一些工具。每个人都带了盘子、杯子和吃东西的器具。尽管他们这么有计划、有组织，还是没有人充分准备好去面对即将面对的生活。

* * * * * * * * * * * * * * * * * *

3月30日晚上7点钟，埃里克和将近300个人聚在天津旧的英国军营。在接下来的一个半小时中，日本卫兵仔细检查每个人按规定可以携带的两只箱子。9点钟，卫兵叫这些外侨带着家当走了近两里路，到达火车站。沿路上，日本摄影师拍下屈辱的外国人离开原是他们经济和政治"城堡"的景象。许多沿路旁观的中国人，同情地默默看着他们的朋友以及从前的同事离开。

他们连人带行李挤进三等火车厢之后，坐在靠背笔直的木头椅上，要路经480公里的旅程到潍坊。午夜之前，火车辘辘地驶出火车站，进入黑暗之中。在漫漫长夜里，老年人不舒服的呻吟以及孩子的哭闹声，让身旁的人无法安心睡觉。他们只能吃一些自己带出来的东西。

第二天早上10点30分，他们抵达济南，然后换火车。火车继续向东行，越过山东省北边沿海的地区，于下午3点30分驶入潍坊车站。紧接着，他们连同行李被转移到日本人的卡车和公交车上，然后离开城市，颠簸前行近5公里路到了新家。

他们看到一个以高耸的灰墙围绕的大院，这就是集中营。角落的塔楼充作守卫塔，设有探照灯和机关枪；有刺的铁丝网盘绕在墙顶。很显然，日本人不允许任何人离开。在正门上方写着："乐道院"。

乐道院(Courtyard of The Happy Way)原先是1883年美国长老会所盖的差会大院。里面大概有城里四条街道围起来那么大的面积，有几座学校的建筑物、一座可容纳700人的教堂，以及一家医院。五栋大型的西式宣教士住宅现在由日本官兵占用。

这些建筑物结构上都还完好，但房间内已经被相继来劫掠的日本兵糟蹋。由美国宾州匹兹堡林荫长老教会（Shadyside Presbyterian Church）捐赠的这家医院，战争之前是华北最好的医院之一。现在，暖气系统、消毒的蒸汽管，以及所有的水管，都给切断，在墙上留下好几个大洞；X 光机、手术床，以及其他手术设备都被挪走；尘土、灰泥和污物遍地都是。

过去十天，日本人已经从三个城市把六批人带到潍坊。从青岛来的第一批人抵达乐道院时，所看到的，是肮脏的建筑物和外头堆放的一堆青菜。有人告诉他们要自己准备食物。他们清理厨房之后，想办法弄出一顿粗淡的饭食。由于四天前运出的大衣箱和床铺还没有到，他们只好和衣睡在地上。

当最后一批人（埃里克他们这一批）抵达时，集中营的总人数达到将近 1800 人。日本兵向他们简短介绍了新环境，分配了住处之后，他们坐下来吃蒜苗和土豆炖煮的菜肴。埃里克那批人和先到的人一样，也发现他们的床铺还没有运到潍坊。但后来的人得到先来的一些好心朋友相助，借给他们毯子和被子，可以睡在薄竹垫上，不用睡到冰冷的地板上。

大院的小径上到处都是乱丢的破家具、砖头和碎石。但这些东西可以过些时候处理，刻不容缓的倒是集中营里公共厕所的问题。由于水管破裂，没有办法冲洗，公厕变成污水坑，那里的恶臭让内急的人退避三舍。经过三天讨论，一群天主教神父、修女，以及基督教的宣教士，穿上橡胶长筒靴，拿着水桶和抹布，用手帕绑在脸上当作口罩，精神饱满地动手清洗公共厕所。

管辖潍坊集中营的日本领事官员，希望集中营里的人自行规划一切事务，通过必要的劳动来维持集中营的运作。唯一容许进入里面的中国人就是苦力，他们晚上来拿走化粪池里头的粪便。日本人答应供应足够的食物，但其他事情都是随集中营里的人自行处理。

指挥官筑川先生（Mr. Tsukigawa）只会讲一点点英语。被拘留在那里的人很快就发现他办事既不果断又无能力。在他的指挥之下，有四个部门主管监视集中营的活动，并由30至40位领事馆的警员担任守卫。

被拘留在集中营的人立刻着手清理，使得大家能够在建筑物内生活。15位医生和一群义工动手清理医院、安置设备，在两个星期之内，他们就有了一间能够容纳几个床位的病房、一个化验室，以及能够施行手术的地方。一些有经验、有技能的人负责训练新手煮饭、烤面包、修水管，以及用垃圾堆里找得到的东西来做家具等等。他们组成教育、总务、工程、房管、医疗、膳食、财务、人事、纪律等九个委员会，每个委员会皆由一位有实际经验的男士带头，来料理日常生活的琐事。这些委员会的主席成立了众所周知的"九人会议组织"。

在集中营里只要能做事的人，包括妇女和青少年，都被分派工作，一天至少工作3个小时。一群过去由中国用人伺候的生意人和他们的妻子，现在要去打水和择菜；工业大亨在破晓之前就被叫去与吸食鸦片和走私的人一起给炉子添燃料；银行家烘制面包；宣教士做水泥工；社交名媛、女秘书和妓女在厨房里肩并肩地搅拌大锅里的浓汤。

埃里克被安排在集中营的学校教书以及策划运动比赛。他也被选进潍坊基督徒团契委员会，共同负责计划主日崇拜事宜和特别聚会。埃里克以惯有的态度，尽心尽力地做好每一份工作。

4月18日，刚到潍坊两个多星期的埃里克，通过红十字会邮寄出一封信给芙萝；这封信只允许写二十五个英文单词："在简陋的条件下，过简单刻苦的生活；与约瑟夫和小熊住在一个小房间；

很好的团契；很好的比赛；在学校教书；食物充足。无穷的爱。"

　　几个星期之后，他寄出的第二封信同样乐观，描绘出集中营里真实的画面："简单、刻苦、户外、团体生活；所有内部工作全由我们自己做，每个人都是工人；我们都很忙；在学校教书。祝翠西和莫琳生日快乐。爱你。"

　　埃里克和两位较年轻的宣教士戴维斯和约瑟夫(Joseph McChesney Clark)，同住在一间不足10平方米的房间里。每张床沿着墙边摆放，剩下的空间刚好作为通道。约瑟夫是个很实际的人，有点孤僻，他很想念在英国的未婚妻；"小熊"戴维斯是这个小团体里的神学家，未婚妻奈玛(Nelma Stranks)同在集中营里。三个同屋人虽然性情相异，但都很高兴彼此陪伴。

　　然而，并非所有人都像他们那么幸运。在一些较大的寝室里面，每张床只相距45厘米，打鼾、辗转反侧、翻身和半夜使用尿壶，都会干扰睡眠。卡伦闭上眼睛、脑海里想象着他在自己特别喜爱的英国公路上驰骋，以此来克服嘈杂声，直到渐渐睡去。

　　集中营中的冲突是难免的，但大部分人都乐意合作，否则便没有希望生存下去。有一批在复活节时演唱过斯特那《十架受难曲》的诗班班员，开始准备极具挑战的圣乐剧《以利亚》(Elijah)；连续两个晚上，他们向满堂难友演奏柴可夫斯基的协奏曲。对品味不同的年轻人，而珍珠港事变之时正在北京巡回演唱的美国黑人爵士乐团，则在在星期六晚上，为那些想跳舞的年轻人演奏爵士音乐。

　　幽默通常会使集中营里的人振奋，让他们自我解嘲。在一次丰富多彩的演出里，首度上演的"潍坊蓝调"(Weihsien Blues)获得雷鸣般的掌声。

我们原是行政督导，向来做事善用大脑；
秘书打点干净利落，省掉许多痛苦烦恼；
收报机若纸带耗尽，不必费心前去关照；
办公人员自会看到，只需电话订购就好。

副歌

现在我们人在潍坊，没有啥事太过肮脏；
残羹污物尽要清光，也要帮忙搅和菜汤；
营中若要样样擦亮，就要加入劳动工坊；
即使你工作已够忙，他们还加大工作量！
既然我们来到潍坊，就要准备做到死亡；
现在叫做劳动工坊，以后就叫停尸间房。

　　教育委员会向集中营里每个人保证都有机会学习。除了让孩子继续上学以外，还有义工为任何想学中文、日文、俄文、德文和法文的人开课；也有人教天文学、哲学、会计学，并有留声机播放的音乐会以及一些五花八门的讲座。星期天一整天，不同团体和宗派的人轮流在教会聚集崇拜。

　　进入集中营几个月时，人们开始想办法找些乐子来打发单调无聊的日子。他们运用想象力给集中营里交错的小径取名字，例如公园大道、日落林荫大道、唐宁街等等，来缅怀家乡的风情。即使厨房供应的汤和炖菜一成不变，布告板上却每天出现"夹心小牛排"、"香煎牛柳"等等夸张的菜单，让排着长龙站在那里，手上拿着碗、锡罐、汤匙的人露出会心的笑容。

　　有几个爱说笑打趣的人每天制造一个新的谣言，只为了试试看到底会散布得多快，以及会被人相信到什么程度，以此自娱自乐。丘吉尔和罗斯福要来解放潍坊，他们的骆驼却陷在黄河边缘的沙漠里出不来——不管人们是否真的相信，这个故事还是让人津津乐道。

晚春的时候，大家互相交换花卉和蔬菜的种子。知识渊博的植物学家识别出集中营里面有 61 种不同的树木，包括开花的桐属以及紫薇。夏初温暖和煦的日子，大家便出来作户外娱乐活动。

埃里克很容易就吸引大家都出来参加运动。在 1943 年暑假，晚上的垒球比赛吸引了几百个热情的观众。天主教神父队打败了所有的球队。当大家得知他们深深敬爱的神父和修女要被送到北京修道院时，在潍坊的每个人都非常难过，因为他们不只失去朋友，更是失去一群让大家士气高昂的人。

集中营的住宿状况实在是拥挤，令人难忍，所提供的食物也只能让人勉强充饥。但许多曾在中国边远地区服侍的天主教宣教士，却认为他们现在的情形比过去这些年来都好。有一位神父提到，在他所属的修道会，平常早餐吃的都是"面包和茶"。这些立誓一生清贫的男女，不仅十分满足于所供应的一切，还着手去帮助有需要的人。

在澳大利亚出生的斯坎伦神父(Father Patrick Scanlan)是特拉比斯特修会(Trappist) 的修道士。他勇敢无畏地与外界秘密交易，将极其需要的食物高价购入集中营，从而受到许多人的钟爱。有小孩的家庭依赖神父的帮助获得鸡蛋、蜂蜜和水果。当有一些集中营里的人冒着被处罚的危险获取鸦片、香烟和中国酒时，神父却为孩子们的营养，冒险孤注一掷。

有好几个星期，这位 46 岁、好人缘的神父，靠一些人帮忙把风，以免被捕。他几乎每天晚上穿过围墙的下水道，把一小包数月可观的金钱丢到上头，然后那些集中营中奇缺的物品，就转到他手上。有个晚上，负责站岗那位年轻人心不在焉，只顾专心注视和他谈话的那个女孩的眼睛，一不留神便让日本守卫逮到了一手拿着一袋九斤重的糖、另一只手上拿着一盒果酱的神父。神父被带到集中营的指挥官面前，立刻判罚两个星期单独监禁。这个处罚的消息在整个集中营被人当作笑谈，因为神父本来就盼望安静独处，过清净祷告的生活。

过去 15 年来，斯坎伦神父先是当老师，后来在修道院负责接待访客。他既未忘记在修道士见习期间所学习的功课，又很喜欢与各色人物打交道。他有 10 年的时间过着几乎全然静默的生活，每天祷告、忏悔。在这些独自监禁的日子，他说："这是个苦刑，对我这种天生喜欢与人接触的人来讲尤其是苦刑，因为它使我与他人隔绝，但它也教导我单独仰望上帝。"

斯坎伦神父被监禁激发一位营友写了一首幽默小曲，题为"监禁者之歌"，其中两节歌词如下：

哦！上个星期三实在不巧，
特拉比斯特修士竟被逮到；
能够煎煮的鸡蛋现在变少！
我独自在黑暗的囚室思考；
我的顾客们是否肚饿腹搅？

就在外头有一个大袋在墙，
里面装满了蜂蜜以及果酱，
这些东西怎么到我们手上？
走私者怎知道我人在囚房？

深夜，斯坎伦神父的囚室传出走调的歌声。人们传说，神父在用拉丁文祈祷。其实，他是在唱曾经听过的美国诗歌。想要睡觉的守卫不堪其扰，因此告诉他，如果他答应不再唱歌，他们就提早几天放他出来。当斯坎伦神父被放回来时，受到所有朋友激动的欢迎。

400 位神父和修女在 8 月 17 日离开潍坊时，人们排列在街道上恸哭。一批人唱《上帝保佑美国》，另一批人唱《永远的英国》，互相应和。

两个星期之后，300 多位中国内地会芝罘学校（Chefoo School）的师生来到这里。几天之内，一群几乎是相同人数的营友（大部分是美国人）被遣返。留在集中营里的人一下子失去了这么多朋友和同事，真是苦乐参半。一方面，他们燃起"不久的将来会被遣返"的希望；另一方面，他们只能眼看着比他们幸运的同事先行一步与家人朋友团聚，而自己必须留下来面对中国的严冬。

在芝罘的学生抵达之前，大部分集中营中的孩子是与父母同住。现在，来了一大群 10 到 18 岁、没有父母陪伴的孩子。年纪小的孩子仍由芝罘学校的老师照顾，年纪大的孩子则有极多的自由。他们之前一起被关在芝罘附近的毓璜顶，如今则被丢进潍坊集中营极其混杂的人群之中。

大部分宣教士的子女，是在基督教家庭和非常保守的学校环境的保护下长大的，现在他们面对的，却是过去在保护之下不会遇到的人和行为。一个涂着深色口红又当众抽烟的女人，就足以让一些年轻的孩子驻足凝视半天。许多芝罘的学生刚刚来到集中营几天，就学到了以前从未听过的一些字是什么意思。

所幸的是，他们很快就留意到，有位秃头的男人穿着齐膝卡其布短裤在分配运动器材，他也为他们的曲棍球比赛充当裁判——他就是奥运冠军埃里克。如果是以前，这些孩子很可能会取笑埃里克用窗帘布改成俗气的印花短裤，但经过几个月的拘禁，他们发现衣服的实用比时髦更重要。

　　不论集中营里的年轻人是否来自基督教团体，埃里克对他们都表达出真正的关心。他对于学生的需要可以说是有求必应。没多久，除了一般的教学工作，他还指导几个学生化学。由于没有可用的教科书，埃里克凭记忆制作了一本一百页的化学课本，里面包括原子价表、原子量和电化学一览表。集中营没有化学实验室，他就画了实验的图解，并告诉每个学生通过不同的化学组合过程，会有什么结果。在扉页里面，埃里克写道："无机化学的骨骼——这些骸骨能复活吗？"

＊＊＊＊＊＊＊＊＊＊＊＊＊＊＊＊

　　留在集中营的美国人庆祝感恩节，与朋友一起分享佳肴—少许果酱，小块刚出炉的蛋糕，以及几罐特别留到这一天享用的肉类罐头。与此同时，那批被遣返回国难友快要抵达纽约。他们在"葛利普斯宏姆号"上享用玉米浓汤、烤里脊牛排、菠菜、炸薯片、摩卡蛋糕和咖啡等美味。

　　外交人员继续从事交换囚犯的工作，返乡的希望支撑着仍留在营中的人。冬天一到，集中营里的人都把注意力转向如何在房间里用小煤炉取暖。日本人发给他们的燃料是煤渣，必须和上泥，让它干了以后才可以燃烧。那些从前终日在讨论烟草进口和国际棉花价格的人，现在在那里讨论制作煤球的方法。尽管他们尽力去往好处想，现实生活上的难处还是不断出现。

　　关于外界的消息以及战事的进展，他们只能得到日本人想让他们知道的。分发到集中营里的报纸所报道的，都是日本人击败美国人，以及一再击沉美国舰队的消息。然而，精明的观察者在字里行间留意到，在太平洋上"光荣的胜利"，一次比一次靠近日本的国土。他们怀疑："这是为什么？打胜仗的军队会一直撤退吗？"

现在可以从集中营寄出去的信，已经减成每个月一封，幸运的话，可以经"自由中国"寄出一百字的信。信件通常花 6 个月的时间抵达加拿大，再花 6 个月的时间收到回音。这么慢主要是因为邮件送往北京检查之前，已经在潍坊的邮局拖了几个星期。整个过程令人沮丧，许多人干脆就不写信了。但埃里克不然，他只要有任何机会，就会寄信。

11 月底他写信给芙萝说，他们开了一个小小的宴会来庆祝她的生日。他说他很健康，体重没有减轻，从早忙到晚。

由于篇幅有限，埃里克在信上没法告诉她，他一个星期至少一个晚上得修补曲棍球棒。他出于对室友的尊重，只能在走廊上用气味难闻的鱼胶来牢固这些修补过的地方，希望它们还能够再比赛个一两次。

11 月 26 日，芙萝生日过后那天，她写信给埃里克说："爸爸于 11 月 13 日平安离世，他自从暑假得了肺炎之后身体就逐渐衰退。弟妹们都平安。亲戚朋友极其关切。妈妈很好，继续待在这里。大家都很好。挚爱！"

由于篇幅有限，芙萝在信上没法告诉他，两岁的莫琳在过去几个星期是怎样给爷爷带来安慰。每天早上，莫琳洗过澡之后，就走进爷爷的房间，坐在他的床上劝他吃早餐——结果往往是她吃掉大部分的东西。爷爷可能会为了让莫琳高兴而吃上一两口，即使这样，她也没有办法再点燃爷爷生存的意志。在那个令人伤感的早晨，芙萝关上父亲的门，跟困惑的莫琳解释说，她不能进去，因为爷爷已经到大上与耶稣同住了。

他们的信件都要几个月之后抵达对方手中。或许，他们没有马上知道对方的每个忧喜倒是件好事。天父知道这一切，而他们每天也可以为对方代求。在埃里克那份《每日祷告手册》里面，《为不在身边的所爱之人祷告》这篇文章旁边的空白处留着他极小的字迹。他按次序写下芙萝、翠西、海瑟、莫琳，以及其他在加拿大和苏格兰的亲人的名字。

他1943年的最后一封信是在圣诞夜写的："享受圣诞庆祝会，明天有例常的宣教聚会，装饰房间，传播福音。很想念你们大家。妈妈、爸爸、妹妹、弟弟、翠西、海瑟、莫琳和芙萝，我爱你们。"

三天之后，艾美写信给她在重庆的女儿蓓尔说："最近要被遣返的包括大部分芝罘的学生，以及英国宣教士柯豪尔一家。"显然，下一批离开潍坊的人的名单已经张贴出来。然而，商议无效、谈判失败，"葛利普斯宏姆号"再也没有从美国驶回来。

大家逐渐明确到，他们要待在那里，直到战争分出胜负！

第十九章
比赛到底

1944 年

潍坊集中营的孩子都称他『埃里克叔叔』。

从集中营外面看到的林荫长老会医院。

潍坊——考验

> 一个人是否快乐
>
> 或是看他所拥有的东西，或是看他的为人；
>
> 或是看外在的环境，或是看内在的心态；
>
> 或是看生活的顺逆，或是看他面对顺逆作出的反应。

——胡巴德(Hugh Hubbard)

在一个严寒的冬日，埃里克天还未亮就醒来，点燃小小的花生油灯；相距四米的科特里尔(Joe Cotterill)也划火柴点亮油灯。他们俩安静地走到屋子中间那张充作桌子的柳条行李箱旁，打开圣经，照着埃里克那本《门徒训练手册》标注的每日经文进度，一起阅读。他们默默地读了半个小时之后，压低声音分享从上帝的话语而来的领受，并讨论当天要做的事。然后一起祷告，重新将自己降服在主面前。科特里尔在破晓之前，就要开始他司炉的工作，若是早餐要吃热麦片粥，他和他那群一同工作的人就要让厨房的炉火继续燃烧。

去年秋天，美国人被遣返之后，房间重新进行分配。科特里尔和埃里克、约瑟夫、戴维斯一起住在医院楼上一间小寝室。由于科特里尔和埃里克都是习惯早起的人，他们就决定一起在早上读圣经，而自那以后，埃里克的所言所行经常让科特里尔感到惊奇。

有一天晚上，在熄灯之前，埃里克回到寝室，说起他和卡伦等人一起打桥牌玩得有多么开心。科特里尔从小在基督教圈子长大，认为打扑克是魔鬼诱人犯罪，应当避免。他不知道为何埃里克这个他所知最好的基督徒不仅去玩牌，还很享受。科特里尔说出他的顾虑时，埃里克同情地笑了起来，但没有嘲笑的意思。然后他说："我可以理解，你觉得玩牌会导致赌博，但未必是这样！"

甚至"按照既定的模式每日读经"，也有点不合科特里尔的观念。但他发现，圣灵并没有受到读经指南这种架构的拦阻，每天的经文似乎都带着鼓舞和引导，并且正是他心灵深处需要的。埃里克从未试图改变科特里尔的神学观念，他只是鼓励科特里尔带着乐意的心和倾听的耳朵来到上帝面前。

26 岁的科特里尔很乐意接受埃里克的友谊和智慧的劝导，因为这位被拘留在中国的年轻宣教士谈恋爱了。他和甄妮(Jeannie Hills)属于不同的宣教团体。这两个宣教团体都认为，与不同于自己神学教派的人结婚是不明智的。再说，目前还在集中营里面，要考虑婚嫁谈何容易！或者，还有别的办法？

当埃里克热诚地鼓励他们，并同意作科特里尔的伴郎时，他们又惊又喜！甚至在科特里尔和席珍妮分别得到各自差会的委员会最后批准之前，埃里克已经筹划了一个非正式的聚会，和一群好朋友一起为他们庆祝。

芙萝称埃里克是个"无可救药的浪漫主义者"。1944 年 3 月 27 日，埃里克写信给芙萝说："我感觉你今天离我似乎特别近，这是我们 10 周年的结婚纪念日。多么快乐的恩爱回忆，我们明年一定要一起庆祝！我在脑海里庆祝，并回味着我们在一起的快乐时光……感谢'葛利普斯宏姆号'带来迟来的信件，还有两张孩子的照片，收到它们我好激动。希望翠西和海瑟喜欢上学，莫琳快快成长！请向所有的家人转达爱意，告诉妈妈我很健康，而且很忙，但没有抱怨。爱你的埃里克。"

当埃里克庆祝他的结婚周年纪念日时，其他人才留意到他们来到潍坊集中营已经一年了。对大部分的人，这里的生活就是单调的"排队吃饭"。他们一天三次拿着杯子和锡罐排队领取大家通称的"SOS"（救命餐），客气一点说，就是"Same Old Stew"（老套餐）。日本人关闭了大部分黑市买卖，而集中营福利社的配给是，一个人每星期只能买两个鸡蛋。

在集中营里，许多人很明显地从关心共同的利益转变成自私自利、唯我独尊。有些人对着打菜的服务人员大叫，说自己比前面的人得到的少；偷窃变成严重的问题。在厨房工作的人经常偷偷地把一颗青菜或一块肉塞进自己的口袋；面粉和糖从面包房失踪；司炉的人把煤块拿回去放在自己的火炉上烧。只要有人利用便利条件拿走东西，就减少了其他人该得的数量。

集中营里的生活似乎就是一个接一个地排队，才能够得到所需要的每样东西——早上打一壶热水、冬天领一桶煤渣、上一次公共厕所、一个星期冲一次澡，以及每天早上令人痛恨的点名。早上七点半，无论天气如何，除了生病和执勤的人以外，其他的人都要到外头指定的地方集合，清点人数，而这要花上一个小时的时间。成年人都认为是浪费时间，但年轻人却不这么认为。

从芝罘学校的男孩子身上，埃里克看到了他和罗伯特住在布莱克西斯的"旧谷仓"时的那种"游戏精神"——每件事都可以变成游戏。日本守卫对芝罘的孩子用日语数数的能耐印象深刻。他们会用日语从一数到十。有一次在点名的时候，队伍里面的四个男孩叫着"Itchy-knee-scratchy-flea"（意为：膝盖痒痒抓跳蚤），把每个人笑得半死，弄得那些守卫一头雾水。

埃里克很喜欢教孩子们打篮球和一种类似棒球的英国游戏。有一次，一位好心的成年人发现一群男孩子在黄昏的时候朝小树林走去。他跑去一看，才发现是埃里克带着他们在集中营遍处探险。这些孩子远离父母，埃里克很快成为他们最爱的叔叔。

他在青少年当中极受欢迎，以至于室友要在门上挂上牌子，以说明埃里克"在家"还是"不在家"。

有些青少年起初可能是出于英雄崇拜的心理而对埃里克产生兴趣，但他们后来日益尊敬埃里克，主要是因为他关心他们并且随时找得到他。当集中营中那些没有宗教信仰的青少年反对埃里克"不在星期天安排比赛"的方针时，他允许他们使用运动设备，打球，作游戏。但是有场曲棍球比赛因为没有大人在场，导致双方打起架来。所以埃里克在下一个星期天下午就上场去当裁判。

"烦闷"令许多成年人对什么事都无动于衷，却诱使青少年想去尝试一些新经验。有些从天津和北京来的青少年，在一间没有人使用的地下室和一位默许他们这么做的成年人的房间里，举行性爱派对。得知此事，一群怒气冲天的父母向集中营的纪律委员会兴师问罪，要求他们采取一些措施。埃里克和几个宣教士教师自愿策划一些周间晚上的活动，青少年可以根据自己的爱好来选择参加。自那以后，埃里克一个星期有几个晚上待在游乐室，参与跳方块舞、玩西洋棋的活动，或帮助某个孩子用从四处搜集来的木片搭建模型船。

有个星期五晚上，科特里尔没有在他分派的轮值时间出现在游乐室，埃里克正巧经过，发现那些活动没有人监督。他找到科特里尔，很严肃地责备了他一顿。科特里尔从来没见过埃里克生气，有点吃惊。埃里克认真地解释他们所要承担的责任是什么，以及为什么切实贯彻执行这些责任是那么重要。埃里克所担心的是，这些年轻人似乎觉得未来被剥夺了，正在挣扎着寻找现今生存的意义，很需要大人的关注。

到1944年的春天，18岁的玛格瑞特(Margaret Vinden)已经有将近五年的时间没见到宣教士父母了。她最要好的朋友凯莉(Kari Torjeson)是个金发碧眼、皮肤白皙的女孩。她活泼大方，极其以自己的挪威血统为傲。1939年，她的父亲在日本人轰炸山西教会时丧生。从此，那份忧伤始终挥之不去。诺曼(Norman Cliff)本来已经准备到英国读大学，却因珍珠港事变无法实现梦想。有些大人说："开头的5年最难熬了。"这些年轻人却怀疑是否永无自由之日。

然而，埃里克在教会中讲道或带领他们查经时，却很少涉及"明天会怎么样"这个主题，而是集中在"今天会发生什么事"。他在一个小组讨论里面，朗读马太福音5章43节中耶稣所说的话："要爱你们的仇敌，为那逼迫你们的人祷告。"然后问他们：这只是一个理想，还是真的可以照着去做？他们能够爱集中营里的守卫以及所有的日本人吗？大部分人认为这只是个崇高的目标。

"我原来也是这么想，"埃里克说，"但我发现下面的话说，'要为那逼迫你们的祷告'。当我们开始祷告时，就是以上帝为中心；我们恨人时，就是以自我为中心。我们花许多时间为喜欢的人祷告，不会花时间为不喜欢和憎恨的人祷告，但耶稣告诉我们，要为仇敌祷告。我已经开始为那些守卫祷告，而这样做彻底改变了我对他们的态度。或许你们也愿意试试看！"

* * * * * * * * * * * * * * * * * *

从1944年的圣灵降临周开始，埃里克连续几个星期二的晚上，讲到圣灵的四个恩赐或四个果子——仁爱、诚实、谦卑和信心。每个星期在讲信息前，他们会唱一首诗歌《仁慈圣灵与我同住》(Gracious Spirit, Dwell With Me)的其中一段。5 月 23 日他们唱：

> 恩典的灵与我同住，使我显出你的恩慈；
> 透过你话医治帮助，你的生命从我流露；
> 愿以勇敢谦卑行事，见证基督我的救主。

唱完诗以后，埃里克双手扶着讲台侧边，轻声地告诉听众一个发生在体坛的真实故事，他常常在讲道时援引：

> 几年以前，我坐在一个大看台上观看一场重要的比赛——美国和英国最优秀的运动选手之间的较量。这是一场障碍赛跑。跑了几圈之后，选手之间就相当明显地分出高下－只有最前面的两位竞争者相差不到十米。
>
> 跑在最前面的那个人在跨越时脚撞到跳栏的顶端，把它给踢倒了。那个失误本身影响不大，他只是摇晃了一下，便继续向前跑。但那个倒下来的跳栏给第二个人留下一个机会，他可以直接跑过去，而不用跳过去。
>
> 落后十米意味着相差两秒！
>
> 他在一瞬间作了一个决定，突然转向旁边，从隔壁的那个跳栏上跳过去，然后再回到里道上继续奔跑。
>
> 我还记得当时自己无比激动，观众一同喝彩。那是当天最美的一件事！
>
> 这位选手没有跑赢。我不记得是谁赢得那场比赛，但我永远不会忘记那一幕。

如果不是根植于内心深处那种运动精神的引导，他是不可能那样作的。

运动是很美好的事情，而最美妙的一部分，不是取得超人般的成就，而在于它所表现的精神——拿掉那种精神，它就是死的！

圣灵之于基督徒的生命，就像运动精神之于运动，而且更加丰富。没有上帝的灵在我们的生命当中，即使是最好的表现，也只不过像丁尼生(Tennyson)所描写的女子莫德(Maud)那般：

完全的美丽，大家都承认她的确美丽；
但是，到底缺憾在哪里？
由于她的眼睛下垂，看不到她的眼神，
以致我所看到的是：
缺欠的无瑕；冰冷的匀称；空无的华丽；
虽然完美，却毫无生气、毫无价值！

从运动的角度来看——
惊人的表演、漂亮的交锋、卓越的控时、绝佳的风采，若没有运动精神支撑，虽然完美，却毫无生气、毫无价值！

愿主向我吹气，
使我充满爱心，
使我能爱我主所爱，
行主所要我行。

每周只有大约五十个人，在大教堂用帘子隔开的一个角落，听埃里克演讲。但对许多来的人，这些演讲显然是他们人生以及认识上帝的转折点。他们以埃里克所喜爱的诗歌的最后一节，来结束聚会：

大能的灵与我同住，使我显出你的能力；

若无你的大能传布，无助之人必定失误；

靠主能力希望得固，坚持到底果实结出。

——托马斯·林奇(Thomas Toke Lynch)

* * * * * * * * * * * * * * * * * *

1944 年 6 月 9 日晚上，有两个人从潍坊集中营逃走：一个是英美烟草公司的行政人员狄兰(Laurence Tipton)，一个是在北京的天主教学校教英文的恒安石(Arthur Hummel)。他们在一个精确计算的时间，通过三位营友的相助翻墙而去。这个逃跑计划非常保密，直到第二天守卫发现人丢了，在那里怒气冲冲地叫嚣时，大家才知道。日本人马上采取报复手段，但没有施暴。所有单身男士都从医院楼上的房间被移到集中营中心的建筑物里，而且，每天要集合两次，接受日本人的点名。

许多人认为这两个逃跑的人自私，让其他人受到危害，但事实上，他们是为了集中营的好处，甘冒生命危险。

有几个月的时间，比利时神父雷蒙德 (Father Raymond DeJaegher) 通过一位帮忙清理集中营公厕粪便的苦力，与外界沟通。这位苦力眼睛盯着雷蒙德神父，假装弯下身来擤鼻涕或吐痰，把暗藏信息的防水小纸球扔到地上。雷蒙德神父会装作无心地捡起小纸球，并在一个约定的地方留下向外求助的信息。

经由雷蒙德神父联系，有消息说中国游击队的将领王将军要直捣集中营，释放囚犯。狄兰和恒安石逃亡之后，想办法与王将军取得联系，很快将消息偷偷带进集中营，给九人会议组织提供了关于战事进展的准确情况。

潍坊集中营里的人绝非被自己的国家忘记，只是他们的政府爱莫能助。青岛的瑞士领事耶格先生(Mr. Egger)经常到集中营探望，把营里的情况报告给英国和美国政府。他不停地想办法带来药品和食物，分送给集中营里的人，并提供一些"慰劳金"，让营中的人可以去福利社买东西。1944 年 7 月，耶格先生将美国红十字会送来的两百包食物分给美国公民，收到的人就和朋友分享奶粉、午餐肉罐头、巧克力、香烟等。大家的士气因此短暂地稍微上升。

但是，当芝罘学校 16 岁青年布莱恩(Brian Thompson)，在点名时因为碰到下垂的铁丝网而触电死亡时，大家的士气再度下沉！所有的事情看起来毫无疑义，每个人都迫切渴望有些许的改变！

只有年轻人还能够鼓起一些热情来参与日本指挥官赞助的两项比赛。诺曼和他的团队赢了"杀兔比赛"，他们总共杀了 68 只兔子，急着去领取奖品———一罐沙丁鱼；内地会创办人戴德生(Hudson Taylor)10 岁的曾孙戴绍仁(John Taylor)成为"杀蝇冠军"，展示出他那装了整整 3500 只死苍蝇的瓶子。

* * * * * * * * * * * * * * * *

随着秋天和冬天渐渐逼近，集中营的代表一再请求日本指挥官，让他们能从当地的中国零售商手里购买食物和衣服。

"这些东西是奢侈品，"指挥官说，"你们拥有的东西比我们拥有的还好。"

埃里克继续写信给芙萝，努力把潍坊的情况告诉她，以让她安心。

1944 年 8 月 24 日

"和其他十一个人住在一间通风的大房间，健康，享受阅读。一直在回想你们每个人的样子。深深地爱你们每一个人。样样充足。很想念你。爱你的埃里克。

他不知道自己的母亲已于 9 月 22 日在爱丁堡过世。芙萝在信中把母亲过世的消息告诉他，猜想着消息寄到他手中之前，他可能已经在遣返的途中。

埃里克在 10 月 25 日的信中说：

绝佳的天气，开始冬季的活动，繁忙的教学开始。冬天的比赛，孩子的晚间俱乐部，宗教活动。一直在忙，记念你们每个人，在这特别的时刻献上我特别的爱。埃里克。

他不想让她担心——生平第一次觉得，身体里面有些情况不对劲。

第二十章

冲刺终线

1944～1945 年

Localité-Locality-Ortschaft WEIHSIEN
Province-County-Provinz SHANTUNG
Pays-Country-Land CHINA

Message à transmettre — Mitteilung — Message
(25 mots au maximum, nouvelles de caractère strictement personnel et familial) —
(nicht über 25 Worte, nur persönliche Familiennachrichten) — (not over 25 words,
family news of strictly personal character).

SIMPLE HARDY LIFE UNDER PRIMITIVE
CONDITIONS, LIVING WITH JOHN AND BEAR
IN SMALL ROOM. GOOD FELLOWSHIP, GOOD
GAMES. TEACHING IN SCHOOL GOOD
SUNLIGHT. BOUNDLESS LOVE
EXAMINED BY D. B/ 650

Date-Datum APRIL 16th 1943.

DESTINATAIRE — EMPFÄNGER — ADDRESSEE
Nom-Name LIDDELL (MRS) Nationality BRITISH
Prénom-Christian Name-Vorname FLORENCE JEAN

埃里克在集中营期间与家人的通信，按规定每封信不能超过 25 个英文字。

胜利后，美国 B-29 飞机向潍坊空投补给品。

救世军乐团摆姿势照相。摄于 1945 年 8 月。（潍坊照片由科特里尔提供）

　　11 月的一个晚上，科特里尔在他们的寝室里第一次留意到埃里克的变化。有位室友用花生油来煎面包时，埃里克的反应不对。

　　"你在煎什么？"埃里克躺在床上，声音虚弱地问。

　　"平时吃的东西，"有人随口回答。

　　"味道好难闻！"埃里克有气无力地闭着眼睛说。

　　那种缺少幽默感的评论和酸涩的声调一点都不像埃里克。不过，由于在集中营里每个人都被艰苦的工作和营养不良耗损得很厉害，科特里尔认为是疲倦使然，便没有把它放在心上。

　　几天以后，埃里克为他那天的评论向科特里尔道歉。

　　"我最近头痛得厉害，"埃里克说："一痛起来，我就只想在黑暗和安静的地方躺下来。"

　　埃里克走开时，科特里尔注意到他的脚步失去弹力；当他步履艰难地走在小道上时，看起来既迟缓又笨拙。

　　日子一天天过去，科特里尔注意到埃里克其他的改变。埃里克讲话变得比较慢，以前那些风趣的妙语现在逐渐减少；而且，显得更渴望见到芙萝和孩子，经常望着她们的照片悲叹说，莫琳已经三岁，他却从来没有见过。

　　1 月初，埃里克和集中营里许多人一样，感染上流行性感冒和鼻窦炎。医生治疗后，病情并没有好转，他的头痛愈发剧烈，经常躺在床上好几个小时，用湿布盖在眼睛上。他常常动弹不得，无法去参加点名。许多青少年十分依赖埃里克叔叔的活力和鼓舞，他的病使得集中营里更加气氛消沉，似乎近期看不到什么改变的希望。

1月的一个下雪天，营里面的人听到有人在大叫："大家看看有什么东西从大门进来了！你能相信吗?！"整个集中营突然活跃起来。一辆又一辆装载着盒子（上面有美国红十字会的标示）的二轮马车，辘辘驶过主要的街道，直接往教堂而去。由于去年夏天发生过同样的事情，所有的人都清清楚楚地知道每个盒子里面是些什么。一群憧憬着果酱和午餐肉的男人很快聚在一起，开始把这些令人垂涎的盒子搬进教堂。两个小时之后，有个拿着花名册的男人宣布："总共 1500 盒，营里每个人一盒还绰绰有余！"

但是，指挥官发布的正式公告说，由于一小群美国人宣称应该只给他们，因此这些盒子的分发要延缓。此时，面对这批急需的食物，人们由狂喜突然转为对这样的决定无法置信。照这些人的理论，每个美国人应该拿到七盒半，而营里其他人什么都拿不到！有个折中方案说，美国人拿一盒半，其他人各拿一盒，但少数人仍坚持所有盒子都应归美国人，拒绝接受这些方案。

争论持续了两个星期，那些盒子一直留在教堂里面，有人看管着。指挥官后来宣布说，潍坊集中营里的每个人各拿一盒，多出来的就送给其他集中营的营犯。一月的最后一天，人们总算能够打开厚纸板盒，高高兴兴地看到里面一共有四个格子，每一格都有奶粉，香烟，罐装的奶油、午餐肉、奶酪、浓缩巧克力、糖、咖啡、果酱、鲑鱼和葡萄干。傍晚之前，人们开始交易，一盒十六根的香烟□两条巧克力，一罐咖啡换两罐午餐肉。这比大家所能记得的任何一个圣诞节都还要难忘。

但埃里克病得太重，无法享受。从萧张县来的护士巴肯坚持让埃里克住院治疗，在医院里她可以特别照顾他。埃里克有好几天显出抑郁的症状。"未来似乎像一面空白的墙，"他告诉巴肯，

"我完全看不到前景。"

初步的诊断认为，他是因为疲劳过度而导致神经衰弱。埃里克思索这个诊断时，有一种灵性失败的感觉。"只有一件事令我烦恼，"他告诉朋友，"我觉得已经将一切交托给主了，不应当在这样的事情上失败才对！"

2月11日（星期天），他有一次轻微的中风，这使得他走路有些吃力，一只眼的视力有所下降。但几天之后，他就能够起身在医院里走动，并告诉每个人他觉得好多了。在医生的许可下，一批又一批的朋友来看他。有人问埃里克他的头痛有没有好一点，他回答说："要答复这个问题，我需要知道我的脑子里面到底是怎么回事？"

如今在医院病理室工作的科特里尔，无意中听到医生在谈论埃里克的病情。中风令他们警觉埃里克可能患有脑瘤，但医院没有 X 光仪器，无法确定这个诊断。他们所能做的，就是提供一个安静的地方给他休息，以及给他补充营养的食物，希望这样能够让他有起色。

17 岁的乔伊丝（Joyce Stranks）在医院的厨房工作，经常顺便过来和埃里克聊聊。埃里克做过她的垒球教练，指导过她学化学，甚至在 1 年前和她一起参加圣诞节的表演。乔伊丝每天的灵修都是照埃里克那本《门徒训练手册》的进度而行。一月份他们讨论"降服"这个题目。埃里克在《手册》上面写道："我们开始这个阅读课程时，首先应当将自己的生命降服于上帝，并献上自己来遵行他的旨意。上帝的旨意向我们一步一步地显明。当我们顺服所知道的那一步时，他就向我们启示更多。'降服'意味着我们准备好去跟随上帝的引导，无论他引导我们到哪里去或如何引导，也无论代价是什么。"

医院里面每天探病的时间很短，有时候乔伊丝觉得自己是在打扰埃里克，但他总是带着笑容来欢迎她。他似乎很高兴听到发生在集中营里面的事，而且告诉她自己很欣赏她父亲指挥的救世军乐团的精彩演奏。

即使在冬天，每个星期天下午，救世军乐团也会在医院外面演奏圣诗。2月18日他们收到埃里克的请求，请他们弹《我灵镇静》。当《芬兰颂》的旋律回荡在埃里克的房间时，他默想着极其喜爱又熟悉的歌词：

> 我灵镇静，上主今在你旁！
> 忧痛十架，你要忍耐担当；
> 信靠天父，为你安排主张；
> 万变之中，唯主信实永长。
> 我灵镇静，天友最是善良，
> 经过荆棘，引到欢乐地方。

3天之后，2月21日，可能经由朋友帮忙协助打字，埃里克口述了一封短信给芙萝："承担太多责任，轻微的神经衰弱，在医院休息一个月之后觉得好很多。医生建议我换工作，放弃教书和体育，负起一些像烤面包之类的体力工作。很好的改变。真高兴收到你7月写的信。乐嘉立夫人的身体好了很多，戴维斯和奈玛正在准备在4月18日举行的婚礼。我以后会再写信告诉你细节，真希望你能一起庆祝。乔伊丝在我住院期间帮了很多忙，不断告诉我周围发生的事情！很享受大家的慰问。特别的爱给你和孩子。"

同一天，埃里克正和乔伊丝谈到完全降服上帝时，突然抽筋，失去知觉。这个女孩吓得赶快跑去找巴肯。巴肯出于对埃里克的关心，斥责乔伊丝打扰了埃里克。

"不管怎样你都不应该待在这里！"巴肯责备着，一面拉上埃里克床边的帘子。乔伊丝站在那里泪如泉涌。有个男人手扶着她，把她带开。

埃里克昏迷后没醒过来，到晚上 9 点 20 分，便过世了。

第二天早上，埃里克的死讯传遍白雪覆盖的集中营，令人震惊，无法置信："他怎么会走了呢……他才 43 岁……""我两天前还看到他在医院外面走动……""我太太烤了个特别大的蛋糕，上个星期喝茶的时候还和他一起分享……""我听到他说觉得好很多……""上帝为什么让埃里克死……"。

这个平常很能控制情绪的男人，想到失去了营里大家共同喜爱和欣赏的埃里克时，忍不住在潍坊的街道上公然恸哭。

乔伊丝一想到要去停尸间看埃里克的尸体就很退缩，她不愿意相信他已经死了，但在父母温柔的劝导下，她同意去了。乔伊丝在父亲斯特兰克斯(Leonard Stranks)和巴肯的陪同下，强迫自己去看这具了无声息的年轻人的躯体。对她和对其他许多人而言，这位死者正是"基督的爱"的缩影。当她看到埃里克的时候，一种奇妙的感觉油然而生，他脸上所呈现的是宁静和安详。乔伊丝心里面知道他已经不在那里了。的确，埃里克曾经在他们中间生活和欢笑，但他已经到深爱他的主那里去。

乔伊丝默默地走出去，虽然因为痛苦而麻木，但感受到一种奇特的平安。埃里克叔叔已经走了，他在天父的家里。他自由了！

那天是科特里尔生平最难过的日子之一，他参与了确定埃里克死因的病理检验。检验结果显示，一个肿瘤深藏在埃里克的左脑，无法通过开刀治疗。埃里克不是神经衰弱，也不是灵性失败。即使在世界上最好的医院接受治疗，医生也会束手无策。

* * * * * * * * * * * * * * * * *

退休的伦敦会宣教士贝勒森大夫，于 2 月 24 日（星期六）主
领了一个简短的安葬礼拜。他在悼词里面传达了一个一再回响的
主题。

> 埃里克如此奉献自己的生命，并带给人深远的影
> 响，他的秘诀是什么？——就是他像主耶稣那样，完全
> 地降服于天父的旨意！他的生命由上帝所掌管的。他以
> 从未减退的委身以及热切的决心来跟随救主耶稣基督，
> 使人看到真正的信仰是什么，以及它所带给人的力量。

许多聚在那里参加安葬礼拜的人，对"信仰"这样的词汇并不
熟悉，但他们都很清楚地从埃里克谦卑和服侍人的生命中，了解
到跟随基督的人应当是什么样子。

贝勒森大夫在结束时说："如果说有谁响应了救主的呼召，那
就是我们的朋友埃里克！我们虽然在世上再也看不到他那容光焕
发的脸庞，但他一定会继续活在所有认识他的人的心里，以及他
们的生命里。"

戴维斯带领大家作结束祷告之后，护棺的人小心翼翼地抬起
粗糙的木棺，缓缓走向集中营的墓园。抬棺的人当中，有一位是 18
岁的梅卡夫(Stephen Metcalf)，他曾经帮埃里克保管集中营里的运
动器材。几个星期以前，埃里克把自己唯一的一双跑鞋给了他，说：
"你冬天会需要这双鞋。"梅卡夫看了一眼自己脚上那双埃里克用
胶带和细绳修补的鞋，小心地沿着白雪覆盖的小道，走进集中营里
标示着"禁止入内"、只允许小支安葬队伍进入的日本人区域。

他们挤在一起抵御强劲的寒风，反复朗诵"八福"，然后把棺木安顿到冰冻的地底下。当他们这么做的时候，梅卡夫心里想："这就是尊荣这样一位伟人的做法吗？就这样吗？"

埃里克的追思礼拜在一个星期之后的 3 月 3 日举行。800 位不同国籍、不同阶层的人，挤满了集中营的教堂，还有些人站在外头。卡伦主持这个追思礼拜，对那些共济一堂的人说："今天下午，我们在这里不是要来回想一个悲剧，也不是要详述无法弥补的失落。我们在这里，首先也是最重要的，是要借着这个追思礼拜，为埃里克活出这么美好的生命、打了这么精彩的胜仗、跑完这么卓绝的赛程，来感谢上帝；并要从他所给我们树立的榜样上得到灵里的更新。"

在读完登山宝训以及保罗"爱的颂歌"（哥林多前书 13 章）这些经文之后，会众一齐唱《我灵镇静》。

备受尊敬的集中营纪律委员会会长泰德(Ted McLaren)，赞赏埃里克是一位杰出的运动员。他回想起他们在苏格兰国际橄榄球队同为队友的日子，说："埃里克在球场上从未显出些许的坏脾气或拙劣的行为。这两者与他无缘。埃里克有许多次被对手欺骗，或至少他们比赛时的行为很可疑，但他从未以牙还牙。他对付的方法向来就是——打得更好，让对手看起来像二流的球员！"

乐嘉立回忆埃里克在新学书院教职员当中所扮演的角色；巴肯回想她和埃里克一起在萧张县做乡村工作的日子；之后，卡伦表达了他对埃里克深深的赞赏。

芝罘学校的校长布鲁斯(P. A. Bruce)最后一个发言。如果不是听到他的话，很少有人知道，在去年的暑假，埃里克为了给集中营购买急需的垒球设备，打算卖掉爱丁堡市政府赠送给他的金表和表链。

"后来，我们及时收到一笔'慰劳金'，"布鲁斯说，"正好解了燃眉之急，不需要他做出牺牲。但是埃里克之前已甘心乐意地仔细衡量过，并准备好作出牺牲，好叫许多人能够享受打球的乐趣。"

追思礼拜结束之后很久，当人们回想这位在他们当中的平凡人活出了这么不平凡的人生时，还不断在私底下的交谈中赞扬他。

有一位从天津来的妓女告诉邻居，埃里克怎么帮她在她独居的房间墙上搭了个架子。"他是第一个为我做某些事而不求回报的男人。"

埃里克的室友——一位英国商人简单地说："他的生活远胜过他的讲道。"

有一位不知名的营友在个人日记上写着："埃里克不是特别聪明，也不是明显能干，但他人很好。他天性保守，倾向于活在自己的世界里，却又慷慨地献出自己。保守并没有阻碍他与大家和睦相处或者让别人来认识他；但他始终不愿表露自己最深沉的需要和痛苦。因此，当他承担许多人的重担时，却很少有人能够帮他承担他的重担。

"他的确不像伟大的赛跑选手，但他是个伟大的运动员。他不是一个伟大的领袖，也不是一个很有激发力的思想家，但他知道自己应该做什么，而且也做到了！他是主耶稣基督的真门徒，是教会得胜的圣徒当中，配得最高地位的那一位。我们失去了最优秀的榜样，但得到最美好的回忆。"

* * * * * * * * * * * * * * * *

在多伦多，当春天临近时，似乎有一层烟幕垂下，任何人、甚至包括伦敦会总部的负责人，都没有收到任何从中国来的消息。

芙萝和三个女儿还在期盼埃里克的来信，但一封也没有收到。芙萝在接近他们俩结婚 11 周年纪念日时，热切地希望有关欧洲战场胜利在即的传言是真的。如果这样的话，明年他们肯定会再度相聚！4 年来她第一次去想他们团聚的事。届时，埃里克会骄傲地看到，他的妻子既成熟又有责任心，不再是结婚时毛躁又冲动的年轻女孩。

3 月中旬，在苏格兰医院工作的罗伯特，收到伦敦会总部布朗的询问："如果埃里克被遣返的话，会去哪里？"

"如果埃里克可以选择的话，"罗伯特回道，"他当然会去加拿大。"

布朗在 5 月 1 日收到英国副首相前一天写的信。

阁下先生钧鉴：

我奉丘吉尔先生的指示，很遗憾地通知您，上海瑞士代表打来电报说，埃里克牧师已于 1945 年 2 月 21 日在潍坊集中营过世，死因未述。

恭请

钧安

戴维生(I. W. O. Davidson)

布朗震惊地把这个消息打电报给加拿大联合会阿姆斯特朗牧师(Rev. A. E. Armstrong)在多伦多的办公室，然后打电话给罗伯特，请他转告珍妮和欧内斯特。

同一天，《多伦多之星》晚报头版，用像男性手掌那么大的字，宣布"希特勒死了"的消息。有关即将打败德国的谈论令其他的消息黯然失色。多伦多城已经计划进行盛大的庆祝，来迎接欧洲战争结束。但在较小的舞台上，一出更令人心痛的戏剧正在上演。

5月2日，阿姆斯特朗牧师随同前一年从潍坊集中营遣返回加拿大的乔治牧师(Rev. George King)，敲响了格洛斯特街21号的大门。芙萝请他们进来，马上预感到他们带来了坏消息。她第一个反应是，两个从军的弟弟芬莱或肯尼遭遇不测。

"出了什么事吗？是不是我的弟弟？"她问。

"不是你弟弟，"乔治牧师答道，"是埃里克。"

埃里克?! 这不可能。他又没有去打仗，而且他是那么强壮，芙萝脑海里从来没想过会有什么事发生在他身上！

她想知道埃里克是在什么时候去世的，到底是怎么回事，但他们所能告诉她只是他在2月21日这一天去世。他已经走了两个月，而她竟然不知道！

莫琳和海瑟听到母亲的恸哭，马上冲进客厅。这样的消息令芙萝难以置信，她又如何告诉两个女儿？

她把她们搂进怀里之前，勉强说道："爸爸到天上和爷爷在一起了！"

翠西放了学蹦跳着回到家时，发现满屋都是脸色忧凄的朋友，大部分人都在哭。她在那天赛跑中得了第一名。当她得知父亲在中国过世时，喜悦心情立刻一消而散。她不肯相信，告诉自己那是个误会，爸爸很快就会出现在门口，然后一切便会恢复正常。但在内心深处某个地方，她知道爸爸真的走了！

珍妮在她爱丁堡家中的客厅接到电话，得知二哥过世的消息。她向来不是容易哭的人，这回却发出痛苦的呜咽，跌跌撞撞地冲到外头，觉得胸口要爆炸开来。"他们拷打他吗？"她怀疑，"是他们害死他的吗？"

埃里克在日本集中营去世的消息经由报纸和收音机传开来

时，所有的苏格兰人都哀恸不已。

5月4日（星期五），《多伦多之星》发布了埃里克的照片以及一篇短文，标题为："埃里克牧师死于日本集中营"。文章提到第二天下午要在卡尔登街联合会堂举行追思礼拜。

在追思礼拜上，与埃里克同在集中营生活6个月的乔治牧师，以及曾经是天津合众会堂的牧师费贺尼(Rev. T. T. Faichney)，为埃里克致悼词。

朋友们发自内心的赞赏以及同情安慰的话语，支撑着因悲伤而麻木的芙萝。有时候她觉得很想跳下桥去，跟埃里克一起走，但她知道，为他们女儿的缘故她必须继续活下去。她们是她的责任，更是她的呼召，也是她与埃里克生命的延续。

5月7日，席卷多伦多城的狂喜似乎在嘲笑她的悲伤。即使第二天才会正式宣布为"欧洲胜利纪念日"(V-E Day)，届时学校和公司都要关门庆祝，人们还是提前一天迫不及待地成群结队冲到城中区的市政府大厦。在那里，从大楼上抛下的彩色纸带在空中飞舞，陌生的人们在街上互相拥抱，手舞足蹈。

但也有成千上万的人，在胜利的喜悦中混杂着深深的失落感。当地一份报纸上，一个家具店为庆祝胜利刊登了一则令人扎心的广告。他们使用了一张触动人心的照片：一位年轻太太和一个小女孩，眺望窗外，翘首等待一位永远无法回来的男人。旁边写着："在这个胜利的日子，我们心中同样纪念所有那些使这一天梦想成真，为此牺牲的人。"

第二十一章

继续赛跑

立在潍坊第二中学的"埃里克纪念碑"。(照片由 David Michell 提供)

加拿大安大略省

多伦多格洛斯特街 21 号

1945 年 5 月 11 日

布朗先生敬悉：

　　自从阿姆斯特朗博士以及乔治牧师将您通过电报传来的噩耗告诉我之后，已经过了一个多星期。我要先对您以及伦敦会同仁在电报中表达的同情致上谢意。

　　埃里克的死讯是个极为震惊的打击，我至今还是很难相信。但我非常清楚地感受到在英格兰、苏格兰，以及在加拿大这里，无数的朋友们给我们的祷告和关心。

　　我的第一个反应是，"难怪近来总觉得他离我那么近"。自从我回到加拿大以来，从未曾像最近这几个星期这样常常梦到他。每次在梦中，他都在这里，我们是那样的快乐，每件事是那样的逼真。我的反应是："这只是你一厢情愿的想法罢了！"

　　然后，在为暑假和秋天作计划时，我好像碰到石墙一般。起先看来很棒的计划似乎就是有拦阻。我不知道从什么时候起变得这么容易感受到约束，真是不明白为什么。我感受到计划确实会有一些改变，但看不到会是什么改变。

有个想法闪进我的脑海里："是不是埃里克真的要回家了？我们也许需要去英国和他相聚？这不会又是一厢情愿的想法吧?！"我从来没有觉得他会离我而去，即使得知他的死讯之后，我仍是这么真切地意识到埃里克的快乐，也看到他灿烂的笑容和明亮的眼睛。

这是一次奇特又美妙的经历。我有时候被一种不真实的痛感或对未来的恐惧感所麻痹和吞没，然后里面却涌出信仰的力量来带领我度过，奇妙地坚固了我的信心。回顾以往，我有那么多可以感谢的事。上帝的供应是那么奇妙，我们曾经那么快乐过。我知道上帝按自己的心意在行事，即使在这样悲伤的事上也能够产生美好的果效。

亲人、朋友（包括中国的朋友），甚至不认识的人对我的仁慈和体恤，都令我不胜感激。

我的心为珍妮、罗伯特和欧内斯特伤痛。我真希望上个星期六的追思礼拜他们也在场。从潍坊集中营遣返的乔治牧师，以及我们的好朋友——有5年的时间在天津基督教合众会堂的费贺尼牧师，都表达了对埃里克美好、真诚的赞扬。

我今天也听说，这个星期天，加拿大有好几个教会都会悼念埃里克。

请原谅我拉拉杂杂地讲了一大堆。我还不曾与您见过面，但始终记得埃里克是多么的敬重您，以及他1940年6月在英国南部述职时，是多么高兴地去您家拜望。

我希望您和其他的朋友知道，我能够感受到你们的祷告和关心，但请务必为我们节哀。

我觉得埃里克和我在一起的短暂年日所享有的快乐，就像许多一辈子生活在一起的夫妇那么多。感谢上帝，使我有幸成为埃里克的妻子。

我只希望三个讨人喜爱又令我安慰的女儿，会学效埃里克的榜样，并跟随她们主耶稣基督的脚踪行。

芙萝　谨上

又及：我会另外写一封关于公事方面的信给您。

同一天，芙萝下定决心去面对一个有着 3 个小孩的 33 岁单身母亲所必须赶快处理的事情。下面是她说过要写的那封信。

加拿大安大略省
多伦多格洛斯特街 21 号
1945 年 5 月 11 日

布朗先生敬悉：

要谈到公事，我的头脑还是觉得相当迷糊和麻木。但我知道有几件事必须马上讨论，需要听听您的意见。

首先，我随函附上一份自我们来加拿大以后，加拿大联合会的财务办公室给我的账目清单。

自从回乡以来，你们已经两次提高了给我们的津贴，而在英国奉献金钱的人却得在战争年间拮据度日，这一点令我觉得很亏欠。

但由于战争期间这里的物价高涨，我发现如果不是你们加钱的话，我们绝对不可能生活下去。过去，我必须依赖极为有限的存款去付医生的账单。

我想准确知道，在这四年期间，我是透支了薪水，还是有剩余？有多少钱已经通过瑞士的政府给了埃里克？是不是通过瑞士政府的安排，埃里克在集中营的时候可以拿到一些钱？

我们保险的款项里面也会有扣除额。

照我的了解，伦敦会将会在丈夫过世之后，继续照常支付6个月的津贴给遗孀，在这种情况下，6个月是从2月21日算起，还是从5月3日算起？

另一个令我挂心的事情是，我有资格领退休金吗？我知道埃里克一直到第一次述职时才正式加入伦敦会，我忘了有关退休金的规定，如果我有资格的话，会是多少数额呢？阿姆斯特朗博士非常好心地说，如果你们因为战争的缘故不可能直接寄钱给我，我可以通过他们提取。

现在讲一讲关于保险的事。埃里克有两份保险，一份是与差会一起在澳大利亚互助协会投保的保单，一份是在加拿大宏利人寿保险总公司投保的保单。

我这里有第二份保单。我给他们打过电话，他们说只要一些小障碍处理掉的话，就会一切就绪。他们会马上与伦敦的办公室联系。

1.他们必须有埃里克的死亡证明。但他们告诉我，他们办公室的人也许可以从外交部拿到证明。

2.这份保单是用英镑计算。

3.这份保单针对的是遗产,但我不是被保人。

我在离开天津之前,和埃里克一起到伦敦会的保险箱里,取出我们所有的文件和证书。我们原以为每件事都是妥妥当当的,但是当我打开装着他的遗嘱的信封时,发现那一份遗嘱是他在我们结婚之前写的,明确声明当他结婚后就不具法律效力。

我想不通怎么会有这种事发生。我知道他写了另一份遗嘱,因为我看过。我们一定是不小心毁掉了第二份遗嘱,却留下了第一份,这不像埃里克会做的事。起先我不觉得担心,因为除了保险之外,绝对不用去操心财产和所有物之类的事。但我不知道英国的法律会怎么处理这种情况。

我实在很抱歉要为这些事来打扰您,但我不知道还能怎么做。

乔治牧师以及这里懂保险的人都帮了我很多忙。这里也有一位差会办公室的人认识的律师,但我们还没有和他联系,因为我们认为最好先写信问问您。

我知道罗伯特或欧内斯特都很乐意担起这个责任,以减轻您的负担,只要您告诉他们该做什么。

我知道这些事都需要花时间,但最终总会水落石出的。

这是一封最不公事化的信,希望您能原谅我给您和戴蒙德先生(Mr. Howard Diamond)带来这么多麻烦。

若是能尽快得知与伦敦会之间财务上的关系,我会很感激,因为在我不晓得财务状况如何时,我必须暂时搁置其他的计划。

很显然我必须再去当护士，但我很感谢上帝，因为自己还年轻力壮，有一技之长。

考虑到三个小孩，我必须马上采取行动。

谢谢您！

芙萝　谨上

刚刚守寡的芙萝正在艰难度日，苏格兰人则预备要向最受他们爱戴的运动冠军致敬。5 月 27 日（星期天）晚上，有上千的人挤在爱丁堡晨曦公理会教堂来纪念埃里克。第二天晚上，满堂的苏格兰人又一次在格拉斯哥敦达斯街公理会教堂向他致敬。在这两个追思礼拜当中，汤姆森都讲到埃里克在灵里深刻的委身，罗伯特则描述埃里克在中国的服侍。体育界、教育界和基督教人士，都表达了对埃里克的高度赞誉。珍妮、恩尼和他们的家人都参加了这两个追思礼拜，第一次得知许多埃里克从未提及的成就。罗伯特 18 岁的女儿佩吉参加完这两个追思礼拜，才知道她的二叔是那么有名的人。

* * * * * * * * * * * * * * * * *

学年结束时，芙萝决定带三个女儿，休伦湖畔的小城艾伯特港（Port Albert）过暑假——多伦多以西 200 公里。在保险单、宣教士退休金、薪水等等杂乱事物还未理出头绪的当儿，她需要离开一段时间，去思想、去疗伤、去筹划。

她以每月 25 美金的价格，向一对美国夫妇租了一间好几年没有人住的乡间小屋，把它打扫干净，和三个女儿搬进去，过了 3

个月没有电话没有报纸的生活。翠西认为这是个"纯净的天堂"。她们每天出去散步、谈话、游泳、唱歌。芙萝考虑着她要和三个女儿过什么样的生活。

当美国在日本投下一颗原子弹时，芙萝她们四个人还在湖边享受宁静的生活。8 月 15 日，美国总统杜鲁门宣布太平洋战争结束，并宣告该日为日本宣布投降的日子。

对于潍坊集中营中的 1500 个人而言，战争于两天之后结束。一架美国 B-24 四引擎轰炸机低空飞过集中营，7 位空降兵跳伞成功，降落在附近的高粱田里。欢呼的营犯越过吃惊的守卫，冲出前门迎接那些伞兵，把他们带进集中营。

史台葛少校(Major Stanley Staiger)以及毕业于芝罘学校的莫吉米(Ensign Jimmy Moore)带着救援队进入"乐道院"，接管集中营的事务。救世军乐团站在一个小斜坡上，演奏《快乐日再临此地》(Happy Days Are Here Again)，以及他们暗中练习了好几个月的各国国歌组曲。

第二天开始，直到后来他们撤离，B-29 巨无霸轰炸机空投了大量的食物和军服，来鼓舞营犯的士气。

大部分潍坊集中营里的人，在两个月之内，都陆续上路回家，但有不少宣教士自愿直接回到他们以前的宣教站。卢克逊和卡伦回天津去看新学书院还留下些什么，并重新为伦敦会的财产向中国政府提出所有权的声明。卡伦发现他的公寓被洗劫一空，写了 30 年的日记以及他个人的藏书都失踪了。他在城里做二手货交易的店里到处搜寻，重新买回一些他最珍贵的书籍。他和卢克逊开始书院建筑物的修建工程，并和以前的学生联络，计划于 1946 年 1 月 1 日重新招收学生。他们的心显然还在中国。卢克逊写信给伦敦会的伦敦办事处："如果你在这里，就会体会到，目前中国人最需要我们帮助他们重新整顿基督教事工。我们岂能在这时离开他们？”

* * * * * * * * * * * * * * * * * * * *

秋天将近时，芙萝知道她必须先租房子，再去上班。她的母亲安妮在得知埃里克过世之后几个星期，曾经说：“现在只剩我们两个老寡妇在一起了！”芙萝很快就接受了她已成为寡妇的现实，但并没有准备继续住在家里。她找住处找得很辛苦，最后总算在多伦多城中区以东3公里的一栋楼（布朗宁街184号）里租到了三个房间。除了芙萝和三个女孩之外，女房东和她两个女儿，以及两位女秘书，都住在这栋楼里，大家共同使用厨房并分摊费用。

搬进去几个星期之后，芙萝和三个女孩在多伦多城中区，与成千上万的人一起欢迎打仗回来的士兵和水手。群众列队街旁，看着这些男人列队朝着国会的建筑物和女王公园行进。游行队伍在那里解散，他们与家人团聚。8岁的海瑟着迷地看着一位戴着帽子和面纱的美丽少妇投入丈夫的怀抱。她感受到剧痛——不是为自己，而是为她的母亲。“我希望妈妈没有看到他俩，”她自语到，“否则妈妈会很难过。不公平！太不公平了！”

10月中旬，芙萝收到从加拿大红十字会寄来的信，里头有三封埃里克生前寄出的信。两封是1944年寄出的，最后一封是用打字机打的，是他过世当天寄出的。当芙萝渐渐了解埃里克最后几个月的日子是怎么过的，心里又掠过一股新的忧伤。红十字会随后又送回埃里克的一些日用物品，包括他在爱丁堡大学所穿的那件蓝色的运动夹克。这些东西同样带给芙萝苦乐参半的感觉。她虽然已经决定不沉湎过去，却处处触景伤情。

12月，埃里克在集中营的一位室友修贝勒(Eugene Huebener)

寄来一封信，里头有一张照片，一个墓碑的小木头十字架上刻着埃里克的名字。

"我们所有的人对他的死都感到极度震惊，"修贝勒写道，"有一段时间，我感到生命中出现了一个很大的空洞。经过祷告之后，我平静下来，好像埃里克在安慰我说，他已经去到更好的地方。今天我试着去过一个以他为榜样的生活，因为他在世的日子就好像基督在世上时一样。因为基督活着，我知道埃里克也活着，并且我知道他的灵魂会到你那里，一样去安慰你。

"与其为这极大的失落向你慰问，我更想向你祝贺，因为你对埃里克的爱和帮助，使他向许许多多人展示了这一生应该如何生活。谢谢你！"

圣诞节过后两天，芙萝写信给伦敦会的同工诺斯科特先生(Mr. William C. Northcott)，描述她最近的景况。

　　上个暑假您要我不时地让您知道我财务方面进展的情形。

　　到目前为止没有什么进展。我们只能希望在上海的办公室碰巧发现埃里克的遗嘱影印本。罗伯特已经写信去要，到目前为止还没有回音。如果那里还是找不到，我们就必须采取法律途径，才能够拿到保险的钱。罗伯特有个律师来处理这件事。

　　我自从暑假找公寓、装箱、搬迁和安家，一直十分忙碌。但现在已经走上正轨了，我们都很高兴安顿下来。我们的女房东是从爱丁堡来的，待人极为亲切！我能找到地方住真是太幸运了，带着三个小孩去找房于实在是折磨人。

孩子们在新的学校和教会都很开心。我 1 月 7 日也要开始上班——做护士。我从星期一到星期四每天做六个小时，这样星期五还有时间做家事以及周末和孩子在一起。

1945 年的除夕夜，多伦多准备庆祝 6 年以来第一次西线无战事。那些付得起钱的人在豪华的皇家橡木大酒店或爱德华国王大酒店预定晚餐和舞会；其他人则前往向阳道的皇宫皇家舞厅、国王大道俱乐部，或广受欢迎的西泽洛马厅等大众舞厅去庆祝。这些对芙萝一点都没有吸引力，尤其是在这么重大的一年的最后一晚。

她帮三个女孩盖好被子之后，走下楼，从衣柜里拿出埃里克那件在爱丁堡大学时穿的运动夹克。这件衣服从前是色彩鲜明的紫蓝色，在潍坊无尽的艰难岁月里，已经褪色而且磨损。她快快地穿上夹克，紧紧地裹住自己，独自坐在那里回想过去这个暑假在艾伯特港所作的决定。她在内心深处已经决定，要以她和埃里克所计划的那种方式来生活，并且抚养他们的女儿。

她会坦然地和女儿们谈论她们所知不多却深爱的父亲；当她们因为觉得被遗弃而生气时，她会试着去帮助她们了解，埃里克是多么的爱她们。

她会编制预算，不会浪费钱在不必要的花费上，但绝不会让她们觉得很穷酸。她们的房子会经常有朋友光顾，充满笑声、歌声和祷告。她们会去参观美术馆和博物馆——倒不是因为这些是免费的，而是因为这些值得去看。

她会找到办法来付跳舞课的学费，每个月她会轮流带三个女儿出去共度专属于她们母女的一天。她们会到像"蓝厅"那种餐桌上铺着白桌布，上面摆着瓷器和水晶的高雅餐厅一起吃晚餐。她不是用那种场合来教她们礼节，而是借这个机会专心地与每一个女儿相处。她们会一起谈话，有一段很开心的时光。她们在家会吃有营养的食物，她会变换花样，而不是什么东西都煮着吃。

芙萝站起来，走到窗户边。一阵风将斜型屋顶上的白雪卷起，虽然在夜里，布朗宁街依然白雪皑皑。她们待在房子里，既温暖又安全。在天上，安稳在天父膀臂里的埃里克也在那里看顾着她们。

外面的树木显得毫无生气，但芙萝知道它们只是在等待！树干结实牢固，树根深入土地，树枝向上分叉。届时在太阳的照射下，它们会复苏过来，叶子会长出来。她知道，春天就会来到！

埃里克的赛跑已尽，但她的赛跑正要开始。她立誓要甘心、热切地奔跑，然后在赛程将近时，昂首挺胸，在得胜的喜悦中冲刺终线。埃里克先走了，但有一天，她会再与他相会。

她不需要诗歌本，也不需要钢琴的伴奏，轻声地唱着：

> 我灵镇静，光阴如飞过去；
> 那日与主，永远同在一处；
> 失望惊慌，那日都要消除；
> 重享纯爱，忘记一切愁烦；
> 我灵镇静，那日眼泪抹干，
> 将来欢聚，永享恩眷平安。

后　记

　　芙萝留在加拿大，于 1951 年与元配去世的默里（Murray Hall）结婚，1955 年生了一个女儿甄妮。默里于 1969 年去世之后，芙萝三度至苏格兰拜访埃里克的家人。她很欣赏《烈火战车》特别的试映片，但因为生病而无法参加首映式。

　　埃里克和芙萝的三个女儿翠西、海瑟、莫琳，共有九个孩子，都住在加拿大。

　　埃里克（1902 年 1 月 16 日～1945 年 2 月 21 日）
　　芙萝（1911 年 11 月 25 日～1984 年 6 月 14 日）

　　罗伯特再也没有回到中国。他在苏格兰是位极受人爱戴的外科医生。罗伯特的两个儿女也都是医生，女儿佩吉住在爱丁堡，儿子拉尔夫住在澳大利亚。1958 年罗伯特和妻子丽雅移民到澳大利亚，和儿子拉尔夫一起从事开荒性的医疗布道工作。

　　罗伯特（1900 年 8 月 27 日～1973 年 5 月 30 日）
　　丽雅（1895 年 6 月 29 日～1982 年 4 月 30 日）

　　珍妮于 1929 年离开中国，余生待在爱丁堡。
　　她的两个女儿罗斯玛丽（Rosemary Sommerville）和琼（Joan

Sommerville）住在爱丁堡。

查尔斯（1877 年 12 月 26 日～1966 年 7 月 27 日）

珍妮（1903 年 10 月 3 日～1994 年 6 月 8 日）

欧内斯特于 1941 年遭受严重的脑伤，余生都饱受影响，经常忘记哥哥埃里克的生平故事，但极其敬佩哥哥。欧内斯特在苏格兰从事银行的工作。

他唯一的女儿苏珊（Susan Liddell）住在爱丁堡。

欧内斯特（1912 年 12 月 4 日～1975 年 2 月 11 日）

艾丽（1911 年 4 月 18 日～1997 年 2 月 16 日）

玛丽（埃里克的母亲）于 1944 年 9 月 22 日在爱丁堡过世。

詹姆斯·利迪尔（1870 年 9 月 6 日～ 1933 年 11 月 11 日）

玛丽（1870 年 10 月 2 日～1944 年 9 月 22 日）

安妮（芙萝的母亲）一直住在安大略省直到 94 岁高龄去世。她的七个亲生子女都从事不同的专业。

麦肯齐（1880 年 2 月 3 日～1943 年 11 月 13 日）

安妮（1884 年 3 月 13 日～1978 年 8 月 12 日）

天津新学书院第二次世界大战以后在伦敦会的赞助下重新

开放。卡伦从 1947 年继续在书院任教，直到政府于 1950 年接管为止。他回到英国，于 1951 年退休。

1953 年在全市私立中学改为公立学校时，该校改名为天津第 17 中学，原校舍在 1976 年的地震中全部被毁。1980 年重建新校舍。在二楼的一个房间，有个玻璃盒存放了埃里克于 1929 年 11 月 25 日在民园体育场赢得的 400 米金牌。另外也展示了埃里克 Discipleship 一书的中文改编版《基督徒生活纪律》（*The Disciplines of the Christian Life*）。

潍坊集中营被解放后，那些被囚禁的人士大多回到了自己的国家，现主要散居在欧美和澳大利亚，他们相互联络、组织潍县集中营营友会、建立网站、撰写回忆录。多次回潍坊故地重游。潍坊市第二中学即在集中营旧址上建成。学校里面有展室专门用来展览前长老会差会以及潍坊市议会中心的历史。

1991 年 6 月 9 日，在该校举行了埃里克·利迪尔运动场纪念碑揭幕仪式。爱丁堡大学捐赠的纪念碑上，一面用中英文铭刻着埃里克的生平略记，另一面镌刻着摘自以赛亚书 40 章 31 节的经文："他们应可振翅高飞，为展翼的雄鹰；他们应可竞跑向前，永远不言疲累。"

2007 年 8 月 10 日，英国奥林匹克委员会首席执行官赛蒙·克雷格先生在北京奥运会一周年倒计时庆祝活动期间，专程前来潍坊悼念埃里克。

芝罘学校在抗日战争结束后，因北方政局变化，没有在烟台复校，而是去了内地会总部上海。1947 年，内地会买下江西牯岭美国学校的四层都铎式大楼的校舍，将芝罘学校迁到那里。4 年后芝罘学校的师生撤离庐山，他们也是最后一批离开牯岭的外侨。他们到了香港。此后，芝罘学校先后在日本、菲律宾、新加坡、马来西亚四地建校。2001 年，芝罘学校在马来西亚的最后一所学校停办，拥有百年历史的芝罘学校终于画上了句号。该校目前在北美、英国、澳大利亚、新西兰设四个校友会。

埃里克·利迪尔大事年表

1898	父亲詹姆斯·利迪尔抵达中国,在朝阳县受训服侍
1899	母亲玛丽·雷丁抵达中国,10月在上海结婚,婚后住在朝阳
1900	父母为躲避义和团,抵达上海;长子罗伯特在上海出生;年底迁至天津
1902	次子埃里克在天津出生,随父母移居河北萧张县
1903	长女珍妮在萧张县出生
1907	随父母回苏格兰述职
1908	罗伯特和埃里克就读苏格兰布莱克西斯宣教士子弟学校
1912	宣教士子弟学校迁至莫亭汉姆,后改为爱尔兰书院,幼弟欧内斯特在北京出生
1914	第一次世界大战爆发;因母亲患胆结石,全家提前回国述职;罗伯特和埃里克均开始展现在田径、板球、橄榄球等运动项目上的天赋
1920	埃里克自爱尔兰书院毕业;母亲带着妹妹珍妮和弟弟欧内斯特回英国述职
1921	埃里克入读爱丁堡大学;开始参加赛跑,麦科查担任其教练;与兄长罗伯特一起代表学校打橄榄球;父亲回英国述职
1922	埃里克入选苏格兰国家橄榄球队;父亲、母亲、妹妹珍妮和弟弟欧内斯特回中国

1923　　　向上帝祷告，表达愿意服侍他的心愿；应汤姆森的邀请，
　　　　　开始参与格拉斯哥学生布道团的活动；信仰之路上的重
　　　　　大转折点

1924　　　7月参加巴黎奥运会，赢得200米铜牌及400米金牌；自
　　　　　爱丁堡大学毕业，进入苏格兰公理会学院进修；首次接
　　　　　触牛津团契；与汤姆森开始布道聚会；兄长罗伯特携妻
　　　　　子丽雅启程赴中国医疗宣教

1925　　　埃里克到天津新学书院任教；参与基督教合众会堂服侍

1926　　　埃里克初遇芙萝

1929　　　父亲中风，与母亲、妹妹珍妮和弟弟欧内斯特回英国

1930　　　埃里克与芙萝在天津订婚；芙萝赴加拿大修读护士课
　　　　　程；埃里克正式加入伦敦会

1931　　　埃里克回英国述职，再入苏格兰公理学院进修

1932　　　埃里克在苏格兰按立为牧师，之后回到中国，继续在天
　　　　　津新学书院任教

1933　　　兄长罗伯特到河北萧张县担任伦敦会医院院长，父亲在
　　　　　苏格兰去世

1934　　　埃里克与芙萝在天津结婚

1935　　　长女翠西出生

1937　　　次女海瑟出生；被伦敦会调派到河北萧张县去从事乡村
　　　　　工作，深刻体会老百姓的忧患，芙萝及女儿留在天津；完
　　　　　成《登山宝训》研习手册

1939　　　埃里克回英国述职

1940　　　埃里克全家回到中国

1941   2月,宣教士被迫撤离萧张县,埃里克被指派在天津近郊
        乡村工作
        5月,芙萝带着女儿回加拿大
        9月,幼女莫琳在多伦多出生
        12月,珍珠港事变
1942   1月,天津所有侨民被迫迁至英租界;埃里克编撰《每日
        祈祷手册》和《门徒训练手册》
1943   4月,被拘禁在山东潍坊集中营
        9月,中国内地会芝罘学校的师生抵达潍坊集中营
1944   11月,埃里克开始身染重疾
1945   2月,埃里克去世
        8月,第二次世界大战结束

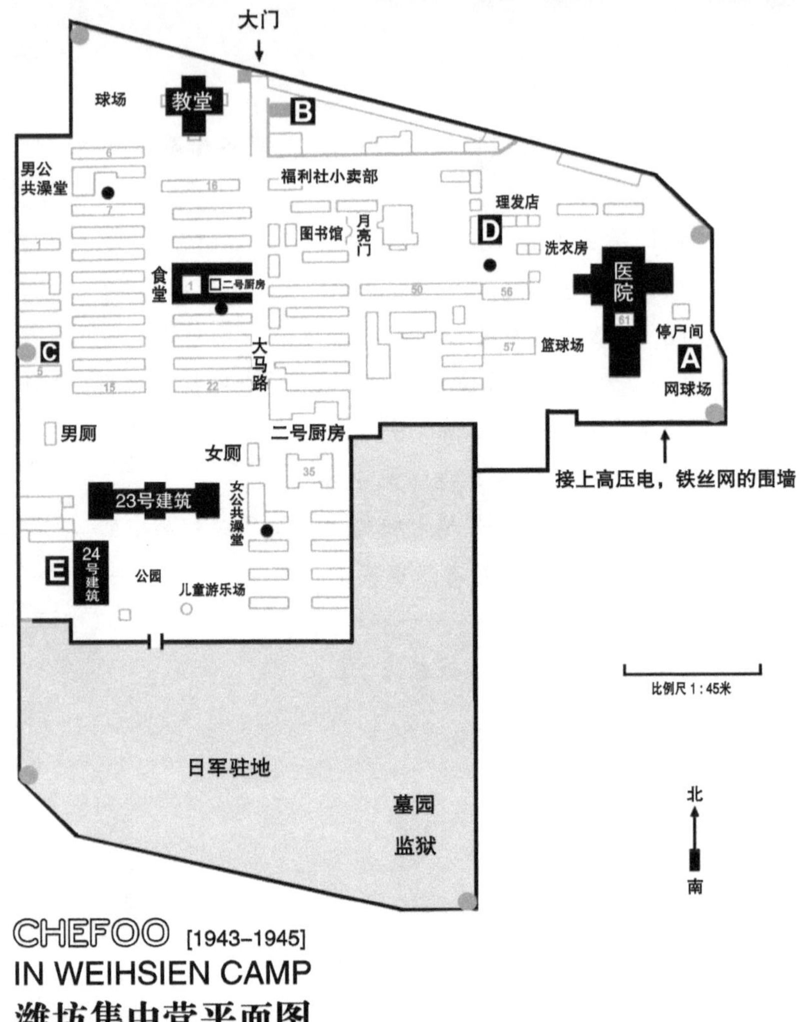

CHEFOO [1943–1945]
IN WEIHSIEN CAMP
潍坊集中营平面图

芝罘学校学生居住的大楼
岗楼与哨位
水塔
A．布莱恩在此触电身亡
B．哨位。胜利那天，日军在此投降
C．提普顿和翰莫尔逃亡之处
D．救世军乐团练习地点
E．物资交换站

此地图取自《芝罘杂志》78期（1985年12月）。芝罘学校校友会出版，蒙允使用

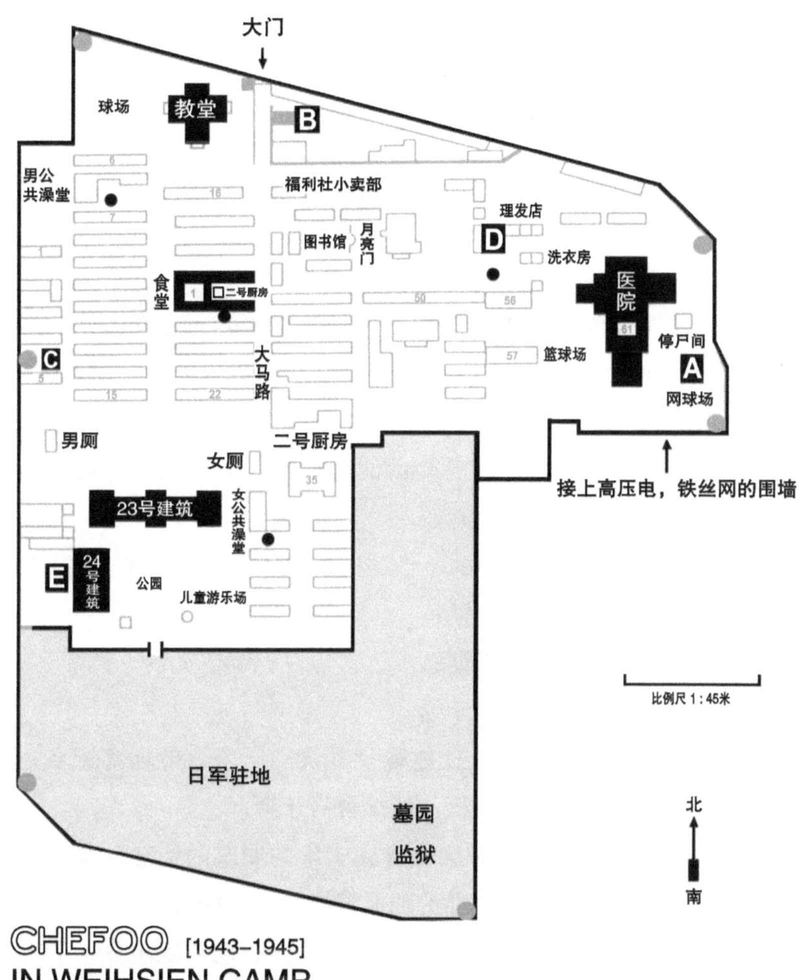

CHEFOO [1943–1945]
IN WEIHSIEN CAMP
潍坊集中营平面图

芝罘学校学生居住的大楼

岗楼与哨位

水塔

A. 布莱恩在此触电身亡

B. 哨位。胜利那天，日军在此投降

C. 提普顿和翰莫尔逃亡之处

D. 救世军乐团练习地点

E. 物资交换站

此地图取自《芝罘杂志》78期（1985年12月）。芝罘学校校友会出版，蒙允使用

出版后记

在 2008 年北京奥运会即将拉开帷幕之际，在众多体坛巨星的传记纷纷问世之时，我们为何单单选择出版埃里克·利迪尔的传记？

因为他不只是一位奥运冠军，更是中国人民的朋友。

为了夺冠，他用了几年的时间打拼；可是，为了做中国人民的朋友，他付出了一生的心血。

是的，可以说，他的一生都情系中华大地和这片土地上的人民。

为了中国，他生于斯；

为了中国，他死于斯；

为了中国，他奔走于斯。

千千万万的中国人让他魂牵梦绕。于是，他远离家乡，远离亲人，远离奥运的锦绣前程，选择舍身于斯。

出版这本传记是对这位挚爱中华的朋友的纪念。相信读者阅读本书后，会从字里行间感受到那颗热爱中国的心。

其实，说到纪念，60 多年来，世界各地对埃里克·利迪尔的纪念活动从来没有停止过。

- 1990 年，被他救助过的人在香港发起成立了"利迪尔纪念基金会"；
- 1991 年 6 月 9 日，潍坊市政府组织中外来宾举行了利迪尔纪念碑揭幕仪式；

- 2005 年 8 月 17 日，为了纪念潍坊集中营解放 60 周年，潍坊市政府在乐道广场隆重地向埃里克·利迪尔纪念碑敬献花篮，参加仪式的中外各界人士达 1000 多人；
- 2007 年 8 月 10 日，身兼英国奥林匹克委员会首席执行官和 2008 年英国奥林匹克代表团团长双重身份的西蒙·克莱格先生，在北京奥运会一周年倒计时庆祝活动期间，专程前往潍坊祭奠埃里克·利迪尔。

埃里克和中国人民结下了如此深厚的情谊，为中国的教育事业作出了如此巨大的贡献，但知道他的中国读者还是很少。所以，我们非常乐意把他介绍给大家，相信读者会从他的人格魅力和人生信念中得到心灵上的巨大激励。

本书的作者大卫·麦卡斯蓝曾获得章伯斯传记奖。他文笔细腻，文风严谨。在写作本书前，他曾花费大量时间和精力采访相关当事人，所收集的史料非常翔实。在本书中，他还为我们提供了大量珍贵的照片和图表。

读者反馈意见征求表

为了解读者对本书的反馈意见，促进读者与编著人员的交流，恳请您花几分钟时间填写以下表格。提供反馈意见的读者将成为我们的"金牌读者"，可以通过E-mail收到最新的图书资讯和读书分享，免费获得新书试读篇章，受邀撰写书评，免费参加作者交流、演讲、主题沙龙等活动。

读者提供反馈意见的方法：

1. 直接填写本表并寄回：北京市西城区西直门外大街1号院西环广场2号楼15层C4室
   市场部　邮编：100044。

2. 发送电子邮件至：**sales@zdlbooks.com**

3. 登陆**www.zdlbooks.com**，网上直接提交反馈意见。

姓名：	性别：	年龄：
居住地：	教育程度：	宗教信仰：
手机号码：	E-mail：	
联系地址：	邮政编码：	
学校名称/专业/职业领域：		

您是通过何种途径知道这本书的：

　　□广告　　　　　□报刊　　　　　□书店陈列

　　□网络推荐　　　□他人介绍　　　□其他方式（请注明）

您是在何处购得此书的：

　　□新华书店　　　□民营书店　　　□商场、超市书店

　　□网上书店　　　□小书摊　　　　□邮购

　　□书市或图书节　□其他（请注明）

哪些因素促使您购买了这本书：

　　□个人兴趣　　　□朋友推荐　　　□报刊推荐

　　□网络推荐　　　□封面/装帧设计　□图书内容

　　□作者/译者　　　□价格优惠　　　□其他（请注明）

您对本书的封面、装帧、文笔、内容等方面的评价和建议：

本书带给您哪些益处，您最深的感受和心得：

您希望收到哪类图书的试读本或交流活动信息：（填写数字即可）_______________

1. 理论根基/历史　　2. 传记/见证　　3. 人生励志/工作相关　　4. 人际关系/心理医治

5. 小说/散文/诗歌　　6. 儿童类读物　　7. **CD/DVD** 音乐制作　　8. 情感/婚姻家庭/亲子教育